개정판

개정 누리과정과 안전교육 표준안에 기반한

영유아 안전교육

개정판

개정 누리과정과 안전교육 표준안에 기반한

영유아 안전교육

이현정

KNOWLEDGE COMMUNITY 공동체

머리말

미래 아이들이 살아갈 지속가능한 사회를 만들기 위해 우리는 끊임없이 여러 가지 노력을 하면서 살아가야 합니다. 안전한 삶을 누리고자 하는 것은 모든 인간의 기본 욕구이며, 안전하고 행복한 삶을 영위하는 것은 아이들이 누릴 권리임이 틀림없기 때문입니다.

우리가 살고 있는 지금은 인구의 증가, 급격한 산업화, 천연자원 남용, 사회구조 붕괴 등의 심각한 사회현상이 나타나고 있으며, 연간 안전사고율은 해마다 증가하고 있습니다. 특히 영유아기는 안전사고의 위험성이 높은 시기로 성인에 비해 사망 및 중상의 비율이 높은 편입니다. 영유아 관련 전공자나 현장업무를 하고 있는 분들이라면 하루걸러 영유아 관련 안전사고 소식이 들려올 때마다, 안심하고 아이들을 키울 수 있는 안전한 환경과 안전 시스템 구축에 대한 절실함에 공감하시리라 생각됩니다.

영유아교육기관에 근무하고 있는 교사에게는 안전의식을 정비하고, 상황별 안전지식과 대처 기술을 갖추는 노력이 절대적으로 필요합니다. 이에 기존의 이론 위주의 안전지식이 아닌 실무현장에서 적용할 수 있는 영유아를 위한 구체적인 안전관리 지식과 기술을 제공하기 위해 이 책을 집필하게 되었으며, 2020년 초판이 나온 이후로 학교안전교육 실시 기준 고시와 기타 영유아 안전 관련 법령의 일부 개정에 따라 내용을 반영하고, 새로운 데이터와 현상을 담아 보고자 개정판을 출간하게 되었습니다.

제1장 영유아 안전관리의 이해에서는 영유아 안전의 개념과 필요성에 대해 이해하고, 안전사고의 원인에 대해 설명하였으며, 관련 법령 및 정책에 대해 다루었습니다.

제2장 영유아교육기관과 안전관리에서는 영유아 안전사고 및 관리의 필요성과 안전사고 발생 현황에 대해 이해하고, 안전관리와 평가지표에 대해 설명하였으며, 영유아교육기관의 안전사고 대처법을 상세하게 안내하였습니다.

제3장 영유아교육기관과 안전교육에서는 표준보육과정과 개정 누리과정 속의 영유아 안전을 살펴보고, 영유아교육기관의 안전교육 계획 및 운영에 대해 다루었습니다.

제4장 영유아 안전교육의 실제에서는 교육부 학교안전교육 7대 표준안에 기반하여 생활 안전, 교통 안전, 폭력 및 신변 안전, 약물 및 사이버 중독, 재난 안전, 직업 안전, 응급처치에 대한 체계적인 설명과 함께 실제 사례를 구체적으로 제시하였습니다.

이 책은 기본적으로 영유아 교사가 되기 위해 준비하는 학생들의 안전 관련 과목의 교재로 구성하였습니다. 좋은 교사가 되기 위하여 열정적으로 준비하고 있는 예비교사들과 영유아교육 현장에서 사랑과 정성으로 아이들과 함께하고 있는 현직 교사들에게도 유용하게 사용될 수 있기를 희망하며, 우리 아이들의 안전하고 행복한 교육환경 구성에 일조하기를 바랍니다.

집필을 위한 자료조사에 도움을 주신 영유아교육기관 원장님들과 선생님들 그리고 번뜩이는 아이디어를 모아준 제자들에게 사랑을 전하며, 끝으로 책의 편집과 출판을 위해 열심히 수고해 주신 공동체 출판사 관계자 여러분께 감사의 마음을 전합니다.

2024년 7월

저자 **이현정**

차례

머리말 5

Chapter 1 | 영유아 안전관리의 이해

1. 영유아와 안전 11
2. 영유아 안전관리 관련 법령 및 정책 18

Chapter 2 | 영유아교육기관과 안전관리

1. 영유아교육기관의 안전사고 및 관리 41
2. 영유아교육기관의 안전평가 44
3. 영유아교육기관의 안전사고 대처 46

Chapter 3 | 영유아교육기관과 안전교육

1. 영유아교육과정과 안전교육 85
2. 영유아교육기관의 안전교육 계획 및 운영 89
3. 영유아교육기관의 안전교육 교수-학습방법 118

Chapter 4 | 영유아 안전교육의 실제

1. 생활 안전 127
2. 교통 안전 174
3. 폭력 및 신변 안전 197
4. 약물 및 사이버 중독 218
5. 재난 안전 243
6. 직업 안전 276
7. 응급처치 287

부록 | 1. 역할놀이를 통한 상황중심 안전교육 프로그램 사례(20회) 333
2. 유아교육기관 안전교육 관련 서식 363
3. 학교안전 7대 표준안 관련 안전체험 시설 365
4. 학교안전 7대 표준안 관련 사이트 367

참고문헌 369

Chapter
1

영유아 안전관리의 이해

1. 영유아와 안전
2. 영유아 안전관리 관련 법령 및 정책

Chapter 1

영유아 안전관리의 이해

1 영유아와 안전

1) 영유아 안전의 개념 및 필요성

안전이란 위험이 생기거나 사고가 날 염려 없이 신체적·정신적으로 편안한 상태를 의미하는 것으로, 세계보건기구(WHO)에 의하면 안전이란 건강과 복지를 보전하기 위하여 위험과 신체적·정신적·물질적인 해로움을 가져오는 조건들이 조절되는 상태를 뜻한다. 안전을 재난이나 사고를 당하는 일이 없도록 대책이 세워져 있는 상태로 보는 것은 소극적인 개념이며, 재난이나 사고가 발생하지 않도록 잠재되어 있는 위험 요인을 예측하여 체계적인 대책이 수립되어 있는 상태로 보는 것이 적극적 개념이다.

인간은 누구나 안전한 삶을 누리고자 하는 기본 욕구를 지니고 있으나, 급격한 산업화로 인하여 연간 안전사고율은 해마다 증가하고 있다. 특히 그중에서도 영유아기는 안전사고의 위험성이 높은 시기이다. 발달 특성상 탐구하려는 충동이 강하고, 주변 환경에 호기심이 많은 반면 신체 균형 유지능력 및 운동기능이 충분히 발달되어 있지 않고, 안전과 관련된 문제에 대한 인식능력과 대처능력이 미숙하기 때문에 영유아 안전사고는 성인에 비해 사망 및 중상의 비율이 높은 편이다.

영유아의 안전은 영유아 시기 이후에도 전 생애에 걸쳐 건강하고 행복한 삶을 영위하기 위해 매우 중요하게 다루어져야 한다. 영유아 안전사고를 예방하는 것은 개인적 차원에서뿐만 아니라 국가적 차원에서도 매우 중요하다고 할 수 있다.

2) 영유아 안전사고의 원인

영유아 안전사고의 원인은 크게 물리적 요인과 인적 요인으로 구분되며, 대부분 물리적 요인과 인적 요인이 각각 독립적으로 작용하여 발생하는 것이 아니라 이 두 요인이 상호작용하여 발생하게 된다. 또한 국가 및 사회의 안전과 관련된 제도와 기관 운영 노력 등과 같은 사회적 요인 또한 중요하다.

(1) 물리적 요인

영유아가 가장 시간을 많이 보내는 장소인 가정, 영유아교육기관, 지역사회 등의 실내외 시설 및 설비, 놀이기구, 생활도구 등 물리적 요인이 안전하지 못한 경우 안전사고가 발생한다.

〈표 1-1〉 물리적 요인과 관련된 안전문제

물리적 요인	안전사례
실내외 시설 및 설비	• 시설물 및 설비의 관리 미흡 • 시설물 및 설비의 고장/ 파손으로 인한 위험 • 영유아에게 적절하지 못한 시설 및 설비 • 전기설비 관리 미흡으로 인한 과열 및 누전 • 주방설비 관리 미흡으로 인한 가스 폭발 및 화재

놀이기구	• 놀이기구의 관리 미흡 • 놀이기구의 고장/ 파손으로 인한 위험 • 영유아에게 적절하지 못한 놀이기구 • 놀이기구의 부족으로 인한 사고 • 이동형 놀이기구의 충돌로 인한 사고
생활도구	• 가위, 칼, 스테이플러 등 상해를 입을 수 있는 생활도구 • 다리미, 헤어아이론, 성냥, 라이터, 전기포트, 밥솥 등 화상의 위험이 있는 생활도구

(2) 인적 요인

부모 등의 주양육자와 교사는 영유아 안전사고를 예방하도록 노력하고, 발생하는 안전사고를 잘 대처해야 한다. 영유아에게 위험할 수 있는 요소를 미리 제거하고, 영유아가 조기에 안전에 대한 좋은 습관을 기를 수 있도록 지도하는 것이 중요하다.

〈표 1-2〉 인적 요인과 관련된 안전문제

인적 요인	안전사례
주양육자 및 교사	• 영유아 보호 및 관찰 집중 부족 • 안전교육 미비 • 안전 관련된 행동에 대한 잘못된 모델링
영유아 및 또래	• 규칙을 지키지 않는 경우 • 주의가 산만하거나 충동적인 행동 • 당황하거나 재촉을 받는 경우 • 익숙하지 않은 활동이나 교구 사용 • 정서적으로 불안정한 심리상태 • 또래와의 장난 및 갈등
기 타	• 낯선 사람의 방문 • 교사 대 영유아의 비율

(3) 사회적 요인

영유아가 지속가능한 안전사회에 살아갈 수 있도록, 국가와 사회가 영유아 안전을 보장하기 위한 법제도를 마련하고 유관기관 간에 상호 유기적으로 기능을 수행할 수 있도록 안전체제를 구축하는 것이 중요하다.

〈표 1-3〉 사회적 요인과 관련된 안전문제

사회적 요인	안전사례
영유아 보호구역 관련	• 어린이집, 유치원, 놀이터 등 보호구역 지정 • 영유아 보호구역 내 안전표지 및 안전보호 시설 설치
영유아 시설 관련	• 영유아 시설물에 대한 설치 및 관리방법 규제 • 영유아 시설물에 안전표지 및 안전보호 시설 설치
영유아 제품	• 영유아용품 제조 및 판매에 대한 규제 • 영유아 안전용품 개발 및 보급
영유아교육 관련	• 영유아 안전교육 전문가 양성 • 다양한 안전교육 교재 개발 및 보급 • 영유아 안전체험시설 설치 및 홍보
영유아 안전정책 관련	• 영유아 안전법령의 단일화 • 영유아 안전법령 및 정책 홍보

3) 영유아 안전사고의 현황

우리나라의 14세 이하 아동 안전사고 사망자 수는 통계청 자료에 의하면 인구 10만 명당 2.4명이다(통계청, 2023). 2003년 어린이 안전원년 선포 후 범정부적으로 추진한 '어린이 종합대책'으로 인하여, 연간 아동 안전사고 사망자 수는 2009년 이후 감소하는 추세이나 큰 효과를 나타내지 못하고 있다.

자살, 타살, 질병을 제외한 아동 안전사고 사망자 유형별 현황을 살펴보면, 지난 2005~2019년간 '교통사고'가 가장 큰 비율을 차지하고 있으며, 대체적으로 '익사', '추락', '화재' 순으로 나타났다.

〈표 1-4〉 아동 안전사고 중 교통사고 사망자 수 국제비교(아동 10만 명당) (단위 : 명)

대상국	한 국	OECD 평균	스웨덴	영 국	독 일	일 본
비 율	1.2	0.9	0.4	0.5	0.8	0.5

출처 : 통계청-국가지표 홈페이지.

〈표 1-5〉 연도별 아동 안전사고 사망자 유형별 현황(14세 이하 아동) (단위 : 명)

	2005	2006	2007	2008	2009	2010	2011	2012	2013	2014	2015	2016	2017	2018	2019
계	755	642	538	508	440	386	322	326	287	215	225	196	196	163	167
교통사고	339	316	259	214	201	194	137	131	121	80	103	87	75	54	54
익사	156	78	78	78	62	44	50	53	41	36	28	19	24	18	27
추락	67	58	58	50	39	41	37	36	37	31	28	28	26	28	25
화재	19	42	7	19	10	15	15	14	15	5	10	5	7	8	2
중독	4	5	4	2	5	3	1	1	2	2	–	1	2	4	1
기타	170	143	132	145	123	89	82	91	71	61	56	56	62	51	58

출처 : 통계청-국가지표 홈페이지.

한국소비자원은 어린이는 위험한 상황에 대한 인식과 대처능력 부족으로 안전사고를 당하기 쉬우므로 보호자들의 각별한 주의가 필요하며, 최근 2018년부터 2022년까지 한국소비자원의 소비자위해감시시스템(CISS : Consumer Injury Surveillance System)의 조사에 따르면 14세 이하 어린이 안전사고 건수는 21,642건으로 전체 안전사고 건수의 27.5%를 차지하였고, 코로나19 유행 이전(2019년) 수준을 하회하며 감소 추이를 보인다고 보고하고 있다. 2023년 기준 안전사고가 가장 많이 발생하는 곳은 '주택'으로 전체 사고의 53.1%(41,737건)를 차지했고, '도로 및 인도'가 8.0%(6,315건), '의료서비스시설'이 6.8%(5,245건), '숙박 및 음식점'이 4.9%(3,821건) 등의 순서였다. 2022년의 경우 사회적 거리두기의 전면 해제로 인해 전년 대비 교육시설, 스포츠/ 레저시설, 숙박 및 음식점 등 야외활동 관련 장소에서 어린이 안전사고 접수가 증가하는 추세를 보인다고 보고하고 있다.

〈표 1-6〉 최근 5년간 어린이 안전사고 현황 (단위 : 건)

구 분	2018	2019	2020	2021	2022
전체 안전 사고 건수	72,013	73,007	70,022	74,000	78,596
어린이 안전 사고 건수	24,097	24,971	18,494	15,871	21,642

출처 : 한국소비자원(2023).

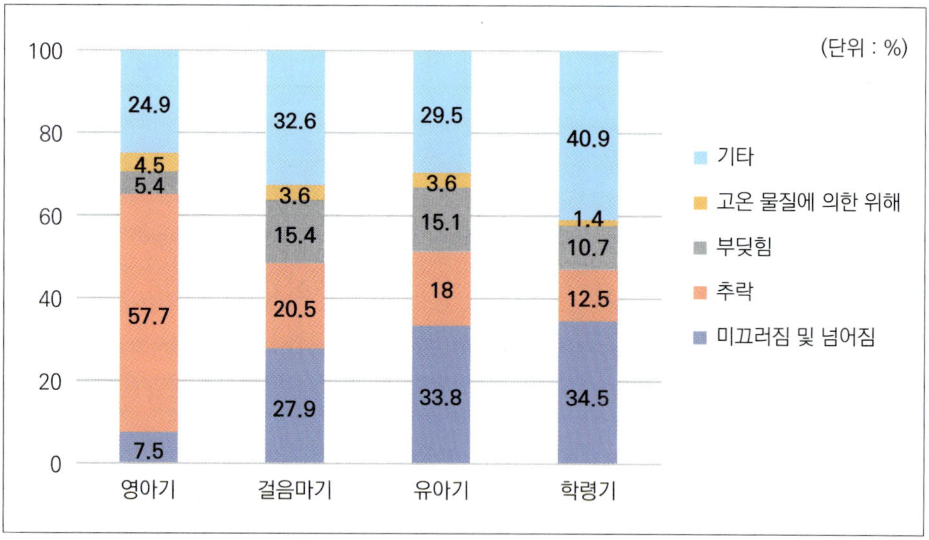

| 그림 1-1 | 발달 단계별 주요 위해 유형(14세 이하 아동)

출처 : 한국소비자원(2023).

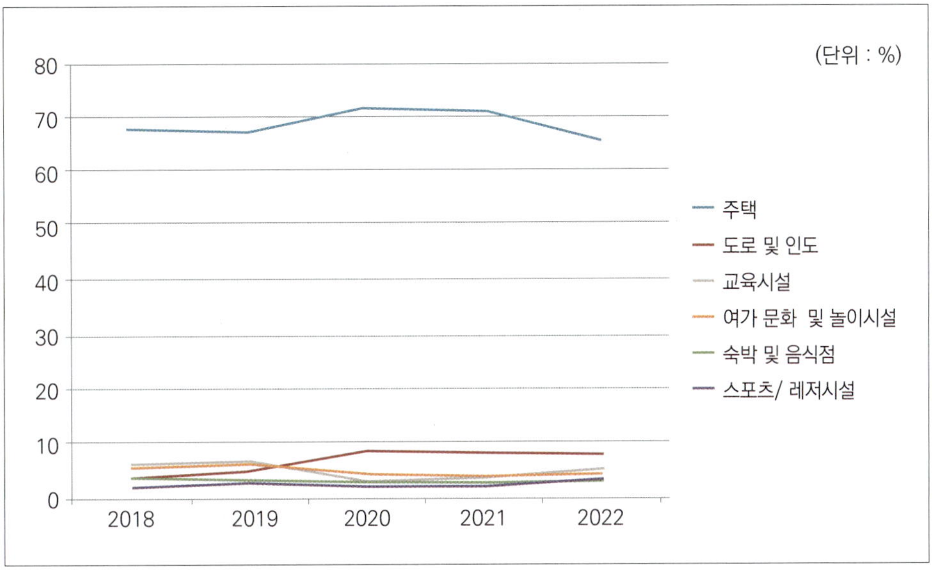

| 그림 1-2 | 최근 위해장소별 주요 어린이 사고 비율(14세 이하 아동)

출처 : 한국소비자원(2023).

2 영유아 안전관리 관련 법령 및 정책

영유아 안전관리 관련 주요 법령 및 정책을 살펴보면, 다음과 같다.

1) 아동복지법

[시행 2024. 2. 9.] [법률 제19605호, 2023. 8. 8., 일부개정]

- **소관부처 :** 보건복지부(아동복지정책과, 아동권리과, 아동학대대응과)

- **목적 :** 아동이 건강하게 출생하여 행복하고 안전하게 자랄 수 있도록 아동의 복지를 보장하는 것을 목적으로 한다.

- **기본 이념**
  - 아동은 자신 또는 부모의 성별, 연령, 종교, 사회적 신분, 재산, 장애유무, 출생지역, 인종 등에 따른 어떠한 종류의 차별도 받지 아니하고 자라나야 한다.
  - 아동은 완전하고 조화로운 인격발달을 위하여 안정된 가정환경에서 행복하게 자라나야 한다.
  - 아동에 관한 모든 활동에 있어서 아동의 이익이 최우선적으로 고려되어야 한다.
  - 아동은 아동의 권리보장과 복지증진을 위하여 이 법에 따른 보호와 지원을 받을 권리를 가진다.

- **영유아 안전 관련 법규**

제4장 아동에 대한 지원서비스 > 제1절 아동 안전 및 건강지원

제30조(안전기준의 설정) 국가는 대통령령으로 정하는 바에 따라 아동복지시설과 아동용품에 대한 안전기준을 정하고 아동용품을 제작·설치·관리하는 자에게 이를 준수하도록 하여야 한다.

제31조(아동의 안전에 대한 교육) ① 아동복지시설의 장, 「영유아보육법」에 따른 어린이집의 원장, 「유아교육법」에 따른 유치원의 원장 및 「초·중등교육법」에 따른 학교의 장은 교육대상 아동의 연령을 고려하여 대통령령으로 정하는 바에 따라 매년 다음 각 호의 사항에 관한 교육계획을 수립하여 교육을 실시하여야 한다. 이 경우 그 대상이 「영유아보육법」 제2조제1호에 따른 영유아인 경우 아동복지시설의 장, 같은 법에 따른 어린이집의 원장 및 「유아교육법」에 따른 유치원의 원장은 보건복지부령으로 정하는 자격을 갖춘 외부전문가로 하여금 제1호의2에 따른 아동학대 예방교육을 하게 할 수 있다.

1. 성폭력 예방

1의2. 아동학대 예방

2. 실종·유괴의 예방과 방지

3. 감염병 및 약물의 오남용 예방 등 보건위생관리

4. 재난대비 안전

5. 교통안전

② 아동복지시설의 장, 「영유아보육법」에 따른 어린이집의 원장은 제1항에 따른 교육계획 및 교육실시 결과를 관할 시장·군수·구청장에게 매년 1회 보고하여야 한다.

③ 「유아교육법」에 따른 유치원의 원장 및 「초·중등교육법」에 따른 학교의 장은 제1항에 따른 교육계획 및 교육실시 결과를 대통령령으로 정하는 바에 따라 관할 교육감에게 매년 1회 보고하여야 한다.

제32조(아동보호구역에서의 영상정보처리기기 설치 등) ① 국가와 지방자치단체는 유괴 등 범죄의 위험으로부터 아동을 보호하기 위하여 필요하다고 인정하는 경우에는 다음 각 호의 어느 하나에 해당되는 시설의 주변구역을 아동보호구역으로 지정하여 범죄의 예방을 위한 순찰 및 아동지도 업무 등 필요한 조치를 할 수 있다.

1. 「도시공원 및 녹지 등에 관한 법률」 제15조에 따른 도시공원

2. 「영유아보육법」 제10조에 따른 어린이집

3. 「초·중등교육법」 제38조에 따른 초등학교 및 같은 법 제55조에 따른 특수학교

4. 「유아교육법」 제2조에 따른 유치원

② 제1항에 따른 아동보호구역의 지정 기준 및 절차 등에 필요한 사항은 대통령령으로 정한다.

③ 국가와 지방자치단체는 제1항에 따라 지정된 아동보호구역에 「개인정보 보호법」 제2조제7호에 따른 고정형 영상정보처리기기를 설치하여야 한다.

④ 이 법에서 정한 것 외에 영상정보처리기기의 설치 등에 관한 사항은 「개인정보 보호법」에 따른다.

제33조(아동안전 보호인력의 배치 등) ① 국가와 지방자치단체는 실종 및 유괴 등 아동에 대한 범죄의 예방을 위하여 순찰활동 및 아동지도 업무 등을 수행하는 아동안전 보호인력을 배치·활용할 수 있다.

② 제1항에 따라 순찰활동 및 아동지도 업무 등을 수행하는 아동안전 보호인력은 그 권한을 표시하는 증표를 지니고 이를 관계인에게 내보여야 한다.

③ 국가와 지방자치단체는 아동안전 보호인력으로 배치하고자 하는 사람에 대하여 본인의 동의를 받아 범죄경력을 확인하여야 한다.

④ 제1항에 따른 아동안전 보호인력의 업무범위·활용 및 제2항에 따른 범죄경력 확인의 절차·범위 등에 필요한 사항은 대통령령으로 정한다.

제34조(아동긴급보호소 지정 및 운영) ① 경찰청장은 유괴 등의 위험에 처한 아동을 보호하기 위하여 아동긴급보호소를 지정·운영할 수 있다.

② 경찰청장은 제1항에 따른 아동긴급보호소의 지정을 원하는 자에 대하여 본인의 동의를 받아 범죄경력을 확인하여야 한다.

③ 제1항에 따른 아동긴급보호소의 지정 및 운영, 제2항에 따른 범죄경력 확인의 절차·범위 등에 필요한 사항은 대통령령으로 정한다.

제35조(건강한 심신의 보존) ① 아동의 보호자는 아동의 건강 유지와 향상을 위하여 최선의 주의와 노력을 하여야 한다.

② 국가와 지방자치단체는 아동의 건강 증진과 체력 향상을 위하여 다음 각 호

에 해당하는 사항을 지원하여야 한다.

1. 신체적 건강 증진에 관한 사항
2. 자살 및 각종 중독의 예방 등 정신적 건강 증진에 관한 사항
3. 급식지원 등을 통한 결식예방 및 영양개선에 관한 사항
4. 비만 방지 등 체력 및 여가 증진에 관한 사항

③ 국가와 지방자치단체는 매년 물가상승률 등을 반영한 급식최저단가를 결정하고 제2항제3호에 따른 급식지원 시 이를 반영하여 지원하여야 한다.

④ 국가와 지방자치단체는 아동의 신체적·정신적 문제를 미리 발견하여 아동이 제때에 상담과 치료를 받을 수 있는 기반을 마련하여야 한다.

⑤ 제2항 및 제4항에 따른 지원서비스의 구체적인 내용은 대통령령으로 정한다. 다만, 제2항제3호 및 제3항에 따른 급식지원의 지원 기준·방법 및 절차 등에 필요한 사항은 대통령령으로 정하는 기준에 따라 해당 지방자치단체의 조례로 정한다.

제36조(보건소) 보건소는 이 법에 따라 다음 각 호의 업무를 행한다.

1. 아동의 전염병 예방조치
2. 아동의 건강상담, 신체검사와 보건위생에 관한 지도
3. 아동의 영양개선

2) 영유아보육법

[시행 2024. 2. 17.] [법률 제19653호, 2023. 8. 16., 일부개정]

- **소관부처 :** 보건복지부(보육정책과)

- **목적 :** 영유아(嬰幼兒)의 심신을 보호하고 건전하게 교육하여 건강한 사회 구성원으로 육성함과 아울러 보호자의 경제적·사회적 활동이 원활하게 이루어지도록 함으로써 영유아 및 가정의 복지 증진에 이바지함을 목적으로 한다.

보육 이념

- 보육은 영유아의 이익을 최우선적으로 고려하여 제공되어야 한다.
- 보육은 영유아가 안전하고 쾌적한 환경에서 건강하게 성장할 수 있도록 하여야 한다.
- 영유아는 자신이나 보호자의 성, 연령, 종교, 사회적 신분, 재산, 장애, 인종 및 출생지역 등에 따른 어떠한 종류의 차별도 받지 아니하고 보육되어야 한다.

영유아 안전 관련 법규

제2장 어린이집의 설치

제15조(어린이집 설치기준) 어린이집을 설치·운영하려는 자는 교육부령으로 정하는 설치기준을 갖추어야 한다. 다만, 놀이터, 비상재해대비시설 및 폐쇄회로 텔레비전의 설치와 관련된 사항은 각각 제15조의2부터 제15조의4까지에 따른다.

제15조의2(놀이터 설치) ① 어린이집을 설치·운영하는 자는 놀이터를 설치하여야 하며 설치에 관한 기준은 교육부령으로 정한다. 다만, 다음 각 호의 어느 하나에 해당하는 어린이집은 그러하지 아니한다.

1. 보육 정원 50명 미만인 어린이집
2. 100미터 이내에 교육부령으로 정하는 기준을 충족하는 놀이터가 설치되어 있는 어린이집

② 제1항에도 불구하고 특별자치도지사·시장·군수·구청장은 제6조제1항에 따른 지방보육정책위원회의 심의를 거쳐 2005년 1월 29일 이전에 인가받은 어린이집이 도심지 및 도서·벽지 등 지역의 여건상 놀이터를 설치하기 곤란한 경우로서 보육상 지장이 없다고 인정하는 경우에는 놀이터를 설치하지 아니하거나 놀이터 설치 기준을 완화하여 변경인가할 수 있다.

제15조의3(비상재해대비시설) ① 어린이집을 설치·운영하는 자는 반드시 1층과 2층 이상 등 종류별 비상재해대비시설을 설치하여야 하며 설치에 관한 기준은 교육부령으로 정한다.

② 제1항에도 불구하고 특별자치도지사·시장·군수·구청장은 2009년 7월 3일 이전에 이미 인가받은 어린이집("기인가 어린이집"이라 한다. 이하 이 조에서 같다)이 비상재해 대비에 지장이 없다고 판단할 경우 종전 인가당시 기준을 적용할 수 있다. 이 경우, 특별자치도지사·시장·군수·구청장은 기인가 어린이집이 비상재해 대비에 지장이 없는지 여부를 판단하기 위해 비상재해대비시설기준 심의위원회를 구성·운영하여야 하며 해당 위원회의 심의를 반드시 거쳐야 한다.

③ 제2항에 따른 비상재해대비시설기준 심의위원회의 위원은 5인 이상으로 하며 다음 각 호의 어느 하나에 해당하는 사람 중에서 특별자치도지사·시장·군수·구청장이 임명하거나 위촉한다. 이 경우 전체 위원의 2분의 1 이상은 제1호부터 제4호까지에 해당하는 사람으로 구성하여야 하며 위원장은 위원 중에서 호선한다.

1. 소방공무원
2. 소방기술사
3. 소방시설관리사
4. 「화재의 예방 및 안전관리에 관한 법률」 제11조에 따른 소방·방재 분야에 관한 전문지식을 갖춘 사람
5. 보육 관련 업무를 담당하는 공무원
6. 「고등교육법」 제2조에 따른 학교에 재직하고 있는 보육 관련 분야 교수

④ 위원의 임기, 운영 및 회의 등에 필요한 사항은 제6조에 따른 지방보육정책위원회 관련 규정을 준용한다.

제15조의4(폐쇄회로 텔레비전의 설치 등) ① 어린이집을 설치·운영하는 자는 아동학대 방지 등 영유아의 안전과 어린이집의 보안을 위하여 「개인정보 보호법」 및 관련 법령에 따른 폐쇄회로 텔레비전(이하 "폐쇄회로 텔레비전"이라 한다)을 설치·관리하여야 한다. 다만, 다음 각 호의 어느 하나에 해당하는 경우에는 그러하지 아니하다.

1. 어린이집을 설치·운영하는 자가 보호자 전원의 동의를 받아 특별자치시장·

특별자치도지사·시장·군수·구청장에게 신고한 경우

2. 어린이집을 설치·운영하는 자가 보호자 및 보육교직원 전원의 동의를 받아 「개인정보 보호법」 및 관련 법령에 따른 네트워크 카메라를 설치한 경우

② 제1항에 따라 폐쇄회로 텔레비전을 설치·관리하는 자는 영유아 및 보육교직원 등 정보주체의 권리가 침해되지 아니하도록 다음 각 호의 사항을 준수하여야 한다.

1. 아동학대 방지 등 영유아의 안전과 어린이집의 보안을 위하여 최소한의 영상정보만을 적법하고 정당하게 수집하고, 목적 외의 용도로 활용하지 아니하도록 할 것
2. 영유아 및 보육교직원 등 정보주체의 권리가 침해받을 가능성과 그 위험 정도를 고려하여 영상정보를 안전하게 관리할 것
3. 영유아 및 보육교직원 등 정보주체의 사생활 침해를 최소화하는 방법으로 영상정보를 처리할 것

③ 어린이집을 설치·운영하는 자는 폐쇄회로 텔레비전에 기록된 영상정보를 60일 이상 보관하여야 한다.

④ 제1항에 따른 폐쇄회로 텔레비전의 설치·관리기준 및 동의 또는 신고의 방법·절차·요건, 제3항에 따른 영상정보의 보관기준 및 보관기간 등에 필요한 사항은 교육부령으로 정한다.

제15조의5(영상정보의 열람금지 등) ① 폐쇄회로 텔레비전을 설치·관리하는 자는 다음 각 호의 어느 하나에 해당하는 경우를 제외하고는 제15조의4제1항의 영상정보를 열람하게 하여서는 아니 된다.

1. 보호자가 자녀 또는 보호아동의 안전을 확인할 목적으로 열람시기·절차 및 방법 등 교육부령으로 정하는 바에 따라 영상정보의 원본 또는 사본 등을 요청하는 경우
2. 「개인정보 보호법」 제2조제6호가목에 따른 공공기관이 제42조 또는 「아동복지법」 제66조 등 법령에서 정하는 영유아의 안전업무 수행을 위하여 요청하

는 경우

3. 범죄의 수사와 공소의 제기 및 유지, 법원의 재판업무 수행을 위하여 필요한 경우

4. 그 밖에 보육 관련 안전업무를 수행하는 기관으로서 교육부령으로 정하는 자가 업무의 수행을 위하여 열람시기·절차 및 방법 등 교육부령으로 정하는 바에 따라 요청하는 경우

② 어린이집을 설치·운영하는 자는 다음 각 호의 어느 하나에 해당하는 행위를 하여서는 아니 된다.

1. 제15조의4제1항의 설치 목적과 다른 목적으로 폐쇄회로 텔레비전을 임의로 조작하거나 다른 곳을 비추는 행위

2. 녹음기능을 사용하거나 교육부령으로 정하는 저장장치 이외의 장치 또는 기기에 영상정보를 저장하는 행위

③ 어린이집을 설치·운영하는 자는 제15조의4제1항의 영상정보가 분실·도난·유출·변조 또는 훼손되지 아니하도록 내부 관리계획의 수립, 접속기록 보관 등 대통령령으로 정하는 바에 따라 안전성 확보에 필요한 기술적·관리적 및 물리적 조치를 하여야 한다.

④ 국가 및 지방자치단체는 어린이집에 설치한 폐쇄회로 텔레비전의 설치·관리와 그 영상정보의 열람으로 영유아 및 보육교직원 등 정보주체의 권리가 침해되지 아니하도록 설치·관리 및 열람 실태를 교육부령으로 정하는 바에 따라 매년 1회 이상 조사·점검하여야 한다.

⑤ 누구든지 이 법의 규정에 따르지 아니하고는 제15조의4제1항의 영상정보를 유출·변조·훼손 또는 멸실하는 행위를 하여서는 아니 된다.

⑥ 폐쇄회로 텔레비전의 설치·관리와 그 영상정보의 열람에 관하여 이 법에서 규정된 것을 제외하고는 「개인정보 보호법」(제25조는 제외한다)을 적용한다.

제5장 건강·영양 및 안전

제31조(건강관리 및 응급조치) ① 어린이집의 원장은 영유아와 보육교직원에 대하여 정기적으로 건강진단을 실시하되, 「국민건강보험법」 제52조 및 「의료급여법」 제14조에 따른 건강검진으로 갈음할 수 있다. 다만, 영유아의 경우 보호자로 하여금 그 검진결과 통보서를 제출하도록 하고 제29조의2에 따른 어린이집 생활기록부에 기록하여 관리하는 등 건강관리를 하여야 한다.

② 어린이집의 원장은 영유아에게 질병·사고 또는 재해 등으로 인하여 위급 상태가 발생한 경우 즉시 응급의료기관에 이송하여야 한다.

③ 제1항에 따른 건강진단의 구체적인 기준과 내용 등 필요한 사항은 교육부령으로 정한다.

제31조의2(어린이집 안전공제사업 등) ① 어린이집 상호 간의 협동조직을 통하여 어린이집의 안전사고를 예방하고 어린이집 안전사고로 인하여 생명·신체 또는 재산상의 피해를 입은 영유아 및 보육교직원 등에 대한 보상을 하기 위하여 교육부장관의 허가를 받아 어린이집 안전공제사업(이하 "공제사업"이라 한다)을 할 수 있다.

② 공제사업을 위하여 설립되는 어린이집 안전공제회(이하 "공제회"라 한다)는 법인으로 하며, 주된 사무소의 소재지에 설립등기를 함으로써 성립한다.

③ 어린이집의 원장은 공제회의 가입자가 된다.

④ 공제회에 가입한 어린이집의 원장은 공제사업의 수행에 필요한 출자금과 다음 각 호의 공제료 등을 공제회에 납부하여야 한다. 다만, 제2호와 제3호의 공제료는 어린이집의 원장이 선택하여 납부할 수 있다.

1. 영유아의 생명·신체에 대한 피해를 보상하기 위한 공제료
2. 보육교직원 등의 생명·신체에 대한 피해를 보상하기 위한 공제료
3. 어린이집의 재산상의 피해를 보상하기 위한 공제료

⑤ 공제회의 기본재산은 회원의 출자금 등으로 조성한다. 다만, 교육부장관은 공제회의 주된 사무소의 설치 및 운영에 필요한 비용의 일부를 지원할 수 있다.

⑥ 공제회의 회원자격, 임원에 관한 사항 및 출자금의 부담기준에 관한 사항은 정관으로 정한다.

⑦ 공제회의 설립허가 기준 및 절차, 정관기재사항, 운영 및 감독 등에 관하여 필요한 사항은 대통령령으로 정한다.

⑧ 공제회는 공제사업의 범위, 공제료, 공제사업에 충당하기 위한 책임준비금 등 공제사업의 운영에 관하여 필요한 사항을 포함한 공제규정을 정하여 교육부장관의 허가를 받아야 한다. 공제규정을 변경하고자 하는 때에도 또한 같다.

⑨ 공제회에 관하여 이 법에 규정된 것을 제외하고는 「민법」 중 재단법인에 관한 규정을 준용한다.

⑩ 이 법에 따른 공제회의 사업에 대하여는 「보험업법」을 적용하지 아니한다.

⑪ 어린이집의 원장이 제4항제3호의 공제료를 납부하는 경우 「사회복지사업법」 제34조의2에 따른 보험가입의무를 이행한 것으로 본다.

⑫ 제7조제6항에 따라 공제회에 가입한 육아종합지원센터의 장은 제4항 각 호의 공제료를 선택하여 납부할 수 있다. 다만, 시간제보육 서비스나 영유아의 체험 및 놀이공간을 제공하는 육아종합지원센터의 장은 제4항제1호의 공제료를 의무적으로 납부하여야 한다.

제31조의3(예방접종 여부의 확인) ① 어린이집의 원장은 영유아에 대하여 매년 정기적으로 「감염병의 예방 및 관리에 관한 법률」 제33조의4에 따른 예방접종통합관리시스템을 활용하여 영유아의 예방접종에 관한 사실을 확인하여야 한다. 다만, 영유아에 대하여 최초로 보육을 실시하는 경우에는 보육을 실시한 날부터 30일 이내에 확인하여야 한다.

② 어린이집의 원장은 제1항에 따른 확인 결과 예방접종을 받지 아니한 영유아에게는 필요한 예방접종을 받도록 보호자를 지도할 수 있으며, 필요한 경우 관할 보건소장에게 예방접종 지원 등의 협조를 요청할 수 있다.

③ 어린이집의 원장은 영유아의 예방접종 여부 확인 및 관리를 위하여 제29조의2에 따른 어린이집 생활기록에 예방접종 여부 및 내역에 관한 사항을 기록하

여 관리하여야 한다.

제32조(치료 및 예방조치) ① 어린이집의 원장은 제31조에 따른 건강진단 결과 질병에 감염되었거나 감염될 우려가 있는 영유아에 대하여 그 보호자와 협의하여 질병의 치료와 예방에 필요한 조치를 하여야 한다.

② 어린이집의 원장은 다음 각 호의 어느 하나에 해당하는 영유아, 어린이집 거주자 및 보육교직원을 교육부령으로 정하는 바에 따라 어린이집으로부터 격리시키는 등 필요한 조치를 할 수 있다.

1. 제31조에 따른 건강진단의 결과나 그 밖에 의사의 진단 결과 감염병에 감염 또는 감염된 것으로 의심되거나 감염될 우려가 있는 자
2. 「감염병의 예방 및 관리에 관한 법률」 제2조제15호의2에 따른 감염병의심자

③ 어린이집의 원장은 제1항의 조치를 위하여 필요하면 「지역보건법」 제10조와 제13조에 따른 보건소 및 보건지소, 「의료법」 제3조에 따른 의료기관에 협조를 구할 수 있다.

④ 제2항에 따라 협조를 요청받은 보건소·보건지소 및 의료기관의 장은 적절한 조치를 취하여야 한다.

⑤ 어린이집의 원장은 간호사(간호조무사를 포함한다)로 하여금 영유아가 의사의 처방, 지시에 따라 투약행위를 할 때 이를 보조하게 할 수 있다. 이 경우 어린이집의 원장은 보호자의 동의를 받아야 한다.

제33조(급식 관리) 어린이집의 원장은 영유아에게 교육부령으로 정하는 바에 따라 균형 있고 위생적이며 안전한 급식을 하여야 한다.

제33조의2(어린이집 차량안전관리) 어린이집의 원장은 영유아의 통학을 위하여 차량을 운영하는 경우 「도로교통법」 제52조에 따라 미리 어린이통학버스로 관할 경찰서장에게 신고하여야 한다.

3) 학교안전사고 예방 및 보상에 관한 법률(약칭 : 학교안전법)

[시행 2022. 3. 25.] [법률 제18463호, 2021. 9. 24., 일부개정]

- **소관부처 :** 교육부(교육안전정책과)

- **목적 :** 학교안전사고를 예방하고, 학생·교직원 및 교육활동참여자가 학교안전사고로 인하여 입은 피해를 신속·적정하게 보상하기 위한 학교안전사고보상공제 사업의 실시에 관하여 필요한 사항을 규정함을 목적으로 한다.

- **영유아 안전 관련 법규**

제2장 학교안전사고 예방

제5조(학교안전사고의 예방에 관한 책무) ① 교육부장관, 특별시·광역시·특별자치시·도 및 특별자치도(이하 "시·도"라 한다. 이하 같다)의 교육감(이하 "교육감"이라 한다), 학교장 및 「사립학교법」의 규정에 따라 사립학교를 설치·경영하는 자(이하 "학교장 등"이라 한다)는 학교안전사고를 예방하고 학교시설을 안전하게 관리·유지하기 위하여 노력하여야 한다.

② 교육부장관 및 교육감은 학교안전사고의 예방을 위하여 필요한 시설물을 설치하고 학교안전사고의 발생 위험성이 있는 시설물을 보수·관리하는 데 필요한 예산을 우선 지원하는 등 학교안전사고의 예방을 위하여 필요한 조치를 하여야 한다.

제6조 삭제

제7조 삭제

제8조(학교안전교육의 실시) ① 학교장은 학교안전사고를 예방하기 위하여 교육부령으로 정하는 바에 따라 학생·교직원 및 교육활동참여자에게 학교안전사고 예방 등에 관한 다음 각 호의 교육(이하 "안전교육"이라 한다)을 실시하고 그 결과를 학기별로 교육감에게 보고하여야 한다.

1. 「아동복지법」 제31조에 따른 교통안전교육, 감염병 및 약물의 오남용 예방 등 보건위생관리교육 및 재난대비 안전교육

2. 「학교폭력 예방 및 대책에 관한 법률」 제15조에 따른 학교폭력 예방교육
3. 「성폭력방지 및 피해자보호 등에 관한 법률」 제5조에 따른 성폭력 예방에 필요한 교육
4. 「성매매방지 및 피해자보호 등에 관한 법률」 제5조에 따른 성매매 예방교육
5. 「초·중등교육법」 제23조에 따른 교육과정이 체험중심 교육활동으로 운영되는 경우 이에 관한 안전사고 예방교육
6. 그 밖에 안전사고 관련 법률에 따른 안전교육

② 삭제

③ 교육부장관 및 교육감은 다음 각 호의 사항이 포함된 안전교육에 필요한 교재와 프로그램을 개발·보급하고, 학교장의 요청이 있는 경우 교육부령으로 정하는 안전교육을 담당할 강사를 알선하는 등 안전교육에 필요한 지원을 하여야 한다.

1. 안전사고 예방 및 대책에 관한 사항
2. 재난대비 훈련 및 안전에 관한 사항
3. 그 밖에 교육부장관이 필요하다고 인정하는 사항

④ 학교장은 필요에 따라 안전교육을 이론교육과 실습교육으로 병행하여 실시하되, 안전교육을 효율적으로 실시하기 위하여 교원 또는 교육활동참여자로 하여금 담당하게 하거나 교육부령으로 정하는 바에 따라 전문교육기관·단체 또는 전문가에 위탁하여 실시할 수 있다.

제8조의2(학교장의 교육활동 안전대책 점검·확인 의무) ① 학교장은 교육활동을 직접 실시하는 경우 학교안전사고 예방을 위하여 안전대책을 점검·확인하는 등 필요한 조치를 강구하여야 한다.

② 학교장은 교육활동을 관련 기관 또는 단체 등에 위탁하여 실시하는 경우 학교안전사고 예방을 위하여 다음 각 호의 사항을 점검·확인하여야 한다.

1. 위탁할 기관 또는 단체 등의 설립 인가·허가 등의 여부
2. 교육활동 중에 발생하는 사고로 인한 손해배상 책임을 담보하기 위한 보험 등의 가입 여부

3. 「청소년활동 진흥법」 제10조제1호에 따른 청소년수련시설의 경우 같은 법 제36조에 따라 인증을 받은 청소년수련활동 프로그램을 실시하는지의 여부
4. 「청소년활동 진흥법」 제10조제1호에 따른 청소년수련시설의 경우 같은 법 제18조, 제18조의2, 제18조의3, 제19조 및 제19조의2에 따른 안전점검 및 안전교육 실시, 종합평가 결과 및 이에 따른 개선조치 이행 등의 여부
5. 그 밖에 관계 법령에 따라 실시되는 교육활동 프로그램의 안전점검, 안전대책 등의 여부

③ 제2항에 따른 학교장의 점검·확인 요청을 받은 기관 또는 단체의 장, 지방자치단체의 장 등은 이에 따라야 한다.

④ 제1항부터 제3항까지의 규정에 따른 학교장의 교육활동 안전대책 점검·확인의 절차, 방법, 범위, 그 밖에 필요한 사항은 대통령령으로 정한다.

제8조의3(학교안전사고 예방·대책 전담부서) 교육감은 시·도교육청에 학교안전사고 예방 및 대책을 담당하는 전담부서를 설치·운영하여야 한다.

제9조(명예학교안전요원 위촉) 학교장은 학부모 또는 지역 주민 등을 명예학교안전요원으로 위촉하여 학교안전사고의 예방을 위한 순찰, 교통지도 등의 활동을 하게 할 수 있다.

제10조(안전조치 및 안전사고관리 지침 등) ① 삭제

② 삭제

③ 교육부장관은 학교 안팎의 교육활동 중에 발생한 사고와 위급상황에 효율적으로 대처하게 하기 위하여 교육활동에 따른 안전사고관리 지침을 제정하여 시·도교육청 및 학교에 보급하여야 한다.

④ 학교장 및 인솔교사는 교육활동 중 발생한 사고 및 위급상황에 대하여 안전사고관리 지침에 따라 즉시 안전조치를 취한 후 교육부장관 또는 교육감에게 즉시 보고하여야 하고, 교육부장관 또는 교육감은 지원 대책을 신속하게 수립·시행하여야 한다.

제10조의2(학교안전사고 예방활동 단체에 대한 지원) ① 교육부장관 및 교육감은 「비영

리민간단체 지원법」 제4조제1항에 따라 등록된 비영리민간단체 중 학생의 등교·하교 시 교통지도활동 등 학교안전사고 예방활동에 참여하는 비영리민간단체(이하 이 조에서 "단체"라 한다)에 대하여 그 활동에 필요한 예산을 지원할 수 있다.

② 학교장은 교육부장관이 정하는 바에 따라 단체로부터 학생들의 안전사고 예방과 관련한 의견을 정기적으로 들어야 하며, 그 내용을 학교운영에 반영하여야 한다.

③ 학교장은 제2항에 따라 시장·군수·구청장 또는 관할 경찰서장의 협조가 필요하다는 의견을 들은 경우 해당 기관에 협조를 요청하여야 한다.

④ 제3항에 따라 요청을 받은 해당 기관의 장은 특별한 사유가 없으면 협조하여야 한다.

제10조의3(상담 지원 등) ① 교육부장관 및 교육감은 학교안전사고로 피해를 입은 학생·교직원 및 교육활동참여자, 그 가족에 대하여 심리적 안정과 사회 적응을 위한 상담 및 심리적 치료 등의 필요한 지원을 제공하여야 한다.

② 제1항에 따른 지원대상의 범위 등 지원에 필요한 사항은 대통령령으로 정한다.

4) 중대재해 처벌 등에 관한 법률(약칭 : 중대재해처벌법)

[시행 2022. 1. 27.] [법률 제17907호, 2021. 1. 26., 제정]

- **소관부처 :** 법무부(공공형사과), 환경부(화학물질정책과), 고용노동부(중대산업재해감독과), 산업통상자원부(산업일자리혁신과), 국토교통부(시설안전과), 공정거래위원회(소비자안전교육과), 중소벤처기업부(인력정책과)

- **목적 :** 사업 또는 사업장, 공중이용시설 및 공중교통수단을 운영하거나 인체에 해로운 원료나 제조물을 취급하면서 안전·보건 조치의무를 위반하여 인명피해를 발생하게 한 사업주, 경영책임자, 공무원 및 법인의 처벌 등을 규정함으로써 중대재해를 예방하고 시민과 종사자의 생명과 신체를 보호함을 목적으로 한다.

● 영유아 안전 관련 법규

제2장 중대산업재해

제3조(적용범위) 상시 근로자가 5명 미만인 사업 또는 사업장의 사업주(개인사업주에 한정한다. 이하 같다) 또는 경영책임자 등에게는 이 장의 규정을 적용하지 아니한다.

제4조(사업주와 경영책임자 등의 안전 및 보건 확보의무) ① 사업주 또는 경영책임자 등은 사업주나 법인 또는 기관이 실질적으로 지배·운영·관리하는 사업 또는 사업장에서 종사자의 안전·보건상 유해 또는 위험을 방지하기 위하여 그 사업 또는 사업장의 특성 및 규모 등을 고려하여 다음 각 호에 따른 조치를 하여야 한다.

1. 재해예방에 필요한 인력 및 예산 등 안전보건관리체계의 구축 및 그 이행에 관한 조치
2. 재해 발생 시 재발방지 대책의 수립 및 그 이행에 관한 조치
3. 중앙행정기관·지방자치단체가 관계 법령에 따라 개선, 시정 등을 명한 사항의 이행에 관한 조치
4. 안전·보건 관계 법령에 따른 의무이행에 필요한 관리상의 조치

② 제1항제1호·제4호의 조치에 관한 구체적인 사항은 대통령령으로 정한다.

제5조(도급, 용역, 위탁 등 관계에서의 안전 및 보건 확보의무) 사업주 또는 경영책임자 등은 사업주나 법인 또는 기관이 제3자에게 도급, 용역, 위탁 등을 행한 경우에는 제3자의 종사자에게 중대산업재해가 발생하지 아니하도록 제4조의 조치를 하여야 한다. 다만, 사업주나 법인 또는 기관이 그 시설, 장비, 장소 등에 대하여 실질적으로 지배·운영·관리하는 책임이 있는 경우에 한정한다.

제6조(중대산업재해 사업주와 경영책임자 등의 처벌) ① 제4조 또는 제5조를 위반하여 제2조제2호가목의 중대산업재해에 이르게 한 사업주 또는 경영책임자 등은 1년 이상의 징역 또는 10억 원 이하의 벌금에 처한다. 이 경우 징역과 벌금을 병과할 수 있다.

② 제4조 또는 제5조를 위반하여 제2조제2호나목 또는 다목의 중대산업재해에 이르게 한 사업주 또는 경영책임자 등은 7년 이하의 징역 또는 1억 원 이하의 벌금에 처한다.

③ 제1항 또는 제2항의 죄로 형을 선고받고 그 형이 확정된 후 5년 이내에 다시 제1항 또는 제2항의 죄를 저지른 자는 각 항에서 정한 형의 2분의 1까지 가중한다.

제7조(중대산업재해의 양벌규정) 법인 또는 기관의 경영책임자 등이 그 법인 또는 기관의 업무에 관하여 제6조에 해당하는 위반행위를 하면 그 행위자를 벌하는 외에 그 법인 또는 기관에 다음 각 호의 구분에 따른 벌금형을 과(科)한다. 다만, 법인 또는 기관이 그 위반행위를 방지하기 위하여 해당 업무에 관하여 상당한 주의와 감독을 게을리하지 아니한 경우에는 그러하지 아니하다.

1. 제6조제1항의 경우 : 50억 원 이하의 벌금
2. 제6조제2항의 경우 : 10억 원 이하의 벌금

제8조(안전보건교육의 수강) ① 중대산업재해가 발생한 법인 또는 기관의 경영책임자 등은 대통령령으로 정하는 바에 따라 안전보건교육을 이수하여야 한다.

② 제1항의 안전보건교육을 정당한 사유 없이 이행하지 아니한 경우에는 5천만 원 이하의 과태료를 부과한다.

③ 제2항에 따른 과태료는 대통령령으로 정하는 바에 따라 고용노동부장관이 부과·징수한다.

부칙 〈제17907호, 2021. 1. 26.〉

제1조(시행일) ① 이 법은 공포 후 1년이 경과한 날부터 시행한다. 다만, 이 법 시행 당시 개인사업자 또는 상시 근로자가 50명 미만인 사업 또는 사업장(건설업의 경우에는 공사금액 50억 원 미만의 공사)에 대해서는 공포 후 3년이 경과한 날부터 시행한다.

② 제1항에도 불구하고 제16조는 공포한 날부터 시행한다.

제2조(다른 법률의 개정) 법원조직법 중 일부를 다음과 같이 개정한다.

제32조제1항제3호에 아목을 다음과 같이 신설한다.

아. 「중대재해 처벌 등에 관한 법률」 제6조제1항·제3항 및 제10조제1항에 해당하는 사건

5) 어린이집 안전공제사업

- **어린이집 안전공제회 설립의 법적 근거**

영유아보육법 제31조의2

어린이집 상호 간의 협동조직을 통해서 어린이집의 안전사고를 예방하고 어린이집 안전사고로 인하여 생명·신체 또는 재산상의 피해를 입은 영유아 및 보육교직원등에 대한 보상을 하기 위하여 보건복지부장관의 허가를 받아 어린이집 안전공제사업을 할 수 있다.

- **주요 업무**

  - 안전사고 예방사업
  - 어린이집 안전사고에 대한 보상
  - 어린이집 안전사고 관련 통계 산출
  - 어린이집 안전사고와 관련한 분쟁사안 조정
  - 영유아 및 어린이집 종사자 등에 대한 복리 후생 사업

- **공제회 당연가입 및 보상범위 확대**

영유아보육법 제31조의2제3항 및 제4항

– 어린이집의 원장은 공제회의 가입자가 된다.

– 공제회에 가입한 어린이집의 원장은 공제사업의 수행에 필요한 출자금, 다음의 공제료 등을 공제회에 납부해야 한다.

  - 영유아의 생명·신체를 보상하기 위한 공제료
  - 보육교직원 등의 생명·신체를 보상하기 위한 공제료
  - 어린이집의 재산상의 피해를 보상하기 위한 공제료

● 사업방향

어린이집 운영 안전망 구축	영유아 보육 안전망 구축	보육교직원 안전망 구축	공제회 만족도 제고 및 역량개발
• 어린이집 맞춤형 종합보상체계 마련 – 신규 특약 개발 • 안전사고 관련 의료 및 법률 자문 • 어린이집 안전관리 컨설팅 개시(시범)	• 어린이집 안전사고에 대한 공제상품별, 유형별 통계자료 생산 • 안전사고 분석 및 사례집 발간 • 학부모 및 대국민 홍보 및 보육교직원 안전교육을 통한 안전사고 예방 강화	• 보육교직원 상해공제 담보 강화 – 치료비 보장 확대 • 보육교직원 대상 공제 상품 연구 • 보육교직원 복지증진사업 개발	• 사고처리 효율성 및 고객만족도 제고 – 사고처리절차 신속성 및 적절성 제고 – 사고처리 알림 서비스 제공 및 CS 강화 • 직무역량 개발 – 직무역량 등 개발을 위한 전문교육 강화 • 전산시스템 개발 및 내부 워크숍 실시

출처 : 어린이집안전공제회 홈페이지.

6) 학교(유치원) 안전공제사업

● 학교안전공제회 설립의 법적 근거

학교안전사고 예방 및 보상에 관한 법률 제28조

교육부장관은 학교안전사고 예방 사업과 학교 안전공제사업을 효율적으로 수행하기 위하여 학교안전공제중앙회를 설립한다.

● 주요 업무

• 학교안전사고의 예방과 신속·적정한 보상업무 수행

• 기금조성에 관한 근거를 마련함으로써 실질적인 학교안전망 구축

● 공제회 당연가입 및 보상범위 확대

– 유치원, 초·중·고등학교

– 평생교육시설(고등학교 이하 학력인정)

– 재외한국학교

- 교육활동 중에 발생한 사고로서 학생·교직원 또는 교육활동참여자의 생명 또는 신체에 피해를 주는 사고
- 매 사업연도마다 교육부장관이 고시한 공제료 산정기준에 따라 시·도 공제회가 산정
- 공제급여 : 요양급여, 장해급여, 간병급여, 유족급여, 장의비, 위로금

● 수행사업

- 학교안전사고 예방정책의 수립을 위한 조사·연구
- 학교안전사고 예방 및 보상에 관한 법률 제62조의 규정에 따른 학교안전공제 보상재심사위원회의 운영
- 학교안전공제 제도에 대한 조사·연구
- 학교안전공제 공제급여의 지급기준 등에 대한 조사·연구
- 학교안전사고 예방 및 보상에 관한 법률 제2조제1호라목의 한국학교에 대한 안전공제사업
- 그 밖에 학교안전사고 예방 및 학교 안전공제사업의 수행과 관련하여 공제회의 업무를 지원하는 데 필요한 사업
- 피공제자 등의 권익보호 및 복지향상 등을 위한 수익사업

Chapter
2

영유아교육기관과 안전관리

1. 영유아교육기관의 안전사고 및 관리
2. 영유아교육기관의 안전평가
3. 영유아교육기관의 안전사고 대처

Chapter 2

영유아교육기관과 안전관리

1 영유아교육기관의 안전사고 및 관리

1) 영유아교육기관에서의 안전관리의 필요성

최근 여성들의 사회진출이 증가하면서 유치원이나 어린이집에 입학하는 영유아 수는 점점 증가하고 있으며, 이로 인해 영유아교육기관의 진학 연령이 하향화되고 있고, 보육 및 교육 시간이 증가하고 있다. 또한 취업모가 증가하면서 영유아 종일반 수요 증가 및 시간연장제 시행으로 인해 영아들이 기관에서 보내는 시간이 길어짐에 따라 영유아교육기관의 안전은 매우 중요한 문제로 대두되고 있다.

영유아는 주변 환경에 대한 끊임없는 호기심과 흥미를 가지고 활발하게 탐색하고 반응하면서 발달하기 때문에 영유아교육기관의 물리적인 환경은 매우 중요하게 다루어져야 한다(NAEYC, 2006). 영유아교육기관의 물리적 환경은 교육적으로 풍부하면서도 안전하게 구성되어야 하며 안전사고의 원인이 될 수 있는 시설이나 설비, 놀잇감 등을 사전 점검함으로써 적절하게 대처가 이루어져야 한다. 영유아 발달 특성상 안전사고로부터 자유로울 수는 없으나 안전에 대해 민감한 태도를 가지고, 지속적인 점검을 통해 영유아들에게 안전사고의 원인이 될 수 있는 요소를 제거하고 안전을 위협하는 요인을 철저히 관리하여야 한다. 또한 영유아들에게 안전한 환경을 제공하도록 노력한다면 많은 사고를 예방할 수 있을 것이다. 이에 교육부는 유아발달 및 안전을 고려한 바람직한 유치원 환경 조성을 위해 「고등학교 이하 각급학교 설립·운영 규정」과 유아교육법 시행규칙 개정안을 입법 예고하였다(교육부, 2016a).

영유아교육기관에서의 안전관리는 영유아가 일상생활을 하기 위한 안전관리 관련 지식, 태도, 기술 등의 능력을 길러주기 위한 안전교육은 물론 영유아교육기관에서 발생하는 크고 작은 안전사고를 신속하고 정확하게 처리하여 영유아의 피해를 최소화할 수 있는 사고처리까지 포함한다. 영유아들에게 일단 사고가 일어나면 그 상태가 어떠하든지 영유아들에게는 신체적·심리적 고통과 함께 장·단기적 손상이 발생한다. 이러한 손상의 치유과정에서 시간과 에너지, 경제적인 손실이 초래되므로 영유아교육기관은 사고의 원인을 사전에 제거하고 점검하여 안전이 보장된 환경을 제공할 필요가 있다.

일반적으로 영유아교육기관에서 발생하는 안전사고는 우연히 일어나는 우발적인 사건이 아니라 영유아가 주변 환경과 상호작용하는 과정에서 발생하는 경우가 많다. 보통 영유아교육기관의 설비 자체에서 오는 구조적인 문제, 안전장치의 부족, 영유아에게 부적절한 물리적 환경 등의 요인, 교사들의 안전에 대한 이해와 안전의식의 부족, 감독 소홀 등이 있다(어린이집안전공제회, 2010). 한국소비자원(2016)은 어린이 안전사고는 안전의식 제고를 통해 사전에 예방할 수 있는 경우가 대부분이므로 사고를 줄이기 위한 보호자의 적극적인 노력이 필요하며, 더불어 어린이 스스로 위험한 상황으로부터 자신을 보호할 수 있도록 어릴 때부터 안전에 대한 인식과 습관을 심어주는 지속적인 안전교육이 무엇보다 중요함을 강조했다.

그러므로 영유아들에게 안전관리는 사회구성원으로 자라나기 위해 자신에 대한 보호뿐 아니라 타인의 안전을 존중하는 인간 개개인의 존엄을 배우고 타인과의 관계를 형성하는 데 필요한 교육인 것이다.

2) 영유아교육기관에서의 안전사고 발생 현황

최근 통계인 2022년도 유치원에서의 안전사고 장소별 현황을 살펴보면 교실에서 약 45%(4,257건) 이상의 사고가 발생하였으며, 다음으로 부속시설 1,772건, 운동장 1,728건, 통로 789건, 교외활동 469건 순으로 나타났다. 따라서 유치원은 교실 활동에 대한 안전지도를 강화해야 한다.

〈표 2-1〉 유치원에서의 장소별 안전사고 현황 (단위 : 건)

구 분	사고 발생 건수
교실	4,257
통로	789
부속시설	1,772
운동장	1,728
교외활동	469
계	9,015

출처 : 학교안전공제중앙회 홈페이지.

2 영유아교육기관의 안전평가

학부모들은 영유아교육기관에서 아무리 좋은 교육환경과 우수한 교재·교구로 교육을 한다고 해도, 우선적으로 영유아들이 안전하게 보호되기를 원하고 있다. 영유아교육기관도 질적인 발전을 위해 어린이집 평가지표와 유치원 평가지표인 통합지표가 제시되고 있다. 교사들은 특히 평가지표에 제시되어 있는 내용 중 안전에 관한 부분을 숙지할 필요가 있다.

1) 어린이집의 안전관리와 평가지표

안전한 교육환경에는 시설 및 설비와 같은 물리적 환경뿐만 아니라 원장과 교사가 영유아교육기관에서 생활하는 영유아의 일과 전반에 걸쳐 안전하게 지낼 수 있도록 보호하는 것까지도 포함된다. 따라서 원장과 교사는 영유아가 안전한 시설 및 설비 환경 속에서 놀잇감을 안전하게 사용하며, 또래와 안전하게 놀이할 수 있도록 지도해야 한다. 또한 영유아가 항상 교사의 보호하에 있도록 해야 하며, 영유아를 안전하게 부모에게 인계하여야 한다. 또한 다양한 안전교육과 정기적인 소방훈련을 통해 영유아와 교직원 모두 위험 상황에 적절히 대처하는 방법과 사고를 예방하는 지식 및 태도를 기를 수 있도록 해야 한다.

이에 따라 각 영유아교육기관에서는 안전에 대한 평가에 대하여, 2017년 국무조정실 유보통합추진단에서 관계부처 합동 '유치원·어린이집 평가체계 통합방안'에서 제시하여 시행하고 있는 공통평가 지표 및 평가방식을 반영하고 있다. 평가지표의 교육(보육)과정 및 상호작용, 교육(보육)환경 및 운영관리, 건강·안전, 교직원으로 구성된 4개 영역 중 건강·안전 영역에 대한 평가항목은 실내외 공간의 청결 및 안전, 급·간식, 건강 증진을 위한 교육 및 관리, 등·하원의 안전, 안전교육과 사고 예방이다.

〈표 2-2〉 평가인증 통합지표 중 안전관리 항목

■ 실내외 공간의 청결 및 안전

	평가항목
1	실내외 공간을 청결하고 쾌적하게 관리한다.
2	실내외 공간과 설비를 위험요인 없이 안전하게 관리한다.
3	실내외 공간의 놀잇감 및 활동자료와 위험한 물건을 안전하게 관리한다.

■ 급·간식

	평가항목
1	영양의 균형을 고려한 급 · 간식을 제공하고 있다.
2	식자재의 구입 · 보관 및 조리공간을 위생적으로 관리하고 있다.
3	조리 및 배식과정을 청결하고 위생적으로 관리하고 있다.

■ 건강 증진을 위한 교육 및 관리

	평가항목
1	손 씻기, 양치질 등 청결한 위생습관을 실천한다.
2	교사는 영유아의 건강상태를 살펴보고 적절하게 지원한다.
3	영유아와 보육교직원의 건강증진을 위한 예방관리와 교육을 실시한다.

■ 등·하원의 안전

	평가항목
1	교사는 영유아의 출석을 확인하며 인계규정에 따라 귀가지도를 한다.
2	영유아는 등원부터 하원까지 성인의 보호 하에 있다.
3	등 · 하원용 차량을 운행할 경우 안전요건을 갖추어 관리한다.

■ 안전교육과 사고 예방

	평가항목
1	영유아를 대상으로 안전교육을 지속적으로 실시하고 있다.
2	보육교직원은 안전교육을 받고 영유아 학대 예방 지침을 준수한다.
3	안전설비를 비상시 효율적으로 사용할 수 있도록 관리하고 있다.

출처 : 보건복지부·한국보육진흥원(2024).

3 영유아교육기관의 안전사고 대처

1) 응급처치

(1) 심폐소생술

① 심폐소생술(CPR : Cardiopulmonary Resuscitation)

심정지란 여러 가지 원인에 의하여 혈액순환을 담당하는 심장이 뛰지 않음으로써 수 분 이내에 적절한 응급처치가 실시되지 않으면 사망하게 되는 상태를 말한다. 심정지는 부정맥, 기도폐쇄, 호흡부전, 대량 실혈, 쇼크, 뇌 손상 등 다양한 원인에 의하여 발생한다.

사망의 과정은 심정지가 발생한 직후부터 시작되는데, 보통 심정지 상태가 1분 경과할 때마다 생존율은 7~10%씩 감소한다. 임상적 사망 상태로 뇌에 산소공급이 차단된 채 5분 이상 경과되면 뇌손상이 시작되고, 10분 이상 경과되면 소생 가능성이 희박해지면서 생물학적 사망으로 진행된다. 임상적 사망이란 심정지로 인해 호흡, 순환, 뇌 기능이 정지된 상태를 말하나, 혈액순환이 회복되면 심정지 이전의 중추신경 기능을 회복할 수 있는 상태를 의미한다.

이때 심폐소생술은 심장이 마비된 상태에서도 혈액이 순환할 수 있게 하여 뇌손상을 지연시키고 심장의 자발순환을 회복시키는 데 결정적인 역할을 한다. 그러나 심폐소생술이 시행된다 하더라도 모든 심정지 환자가 소생되는 것은 아니기 때문에, 얼마나 신속하고 정확하게 심폐소생술이 시행되었느냐에 따라서 환자의 생존율이 결정되는 만큼 중요한 응급처치이다. 특히 영유아의 심정지는 호흡의 문제로 뇌나 심장으로 산소가 충분히 전달되지 못해 발생하는 경우가 많기 때문에 초기에 정확한 심폐소생술을 시행하는 것이 무엇보다도 중요하다.

② 생존사슬의 단계

'생존사슬(chain of survival)'이란 심정지 환자의 소생 가능성을 높이기 위해 도입된 개념으로, 심정지 환자를 소생시키기 위한 일련의 과정은 사슬과 같이 연결되어 있기 때문에 이 모든 과정이 신속하고 적절히 시행되는 것이 중요하다. 사슬의 마지막 단계를 제외하고는 모두 현장을 발견한 목격자에 의해 시행되므로 심정지 환자의 생존 가능성에 있어서 목격자의 역할은 매우 결정적이다.

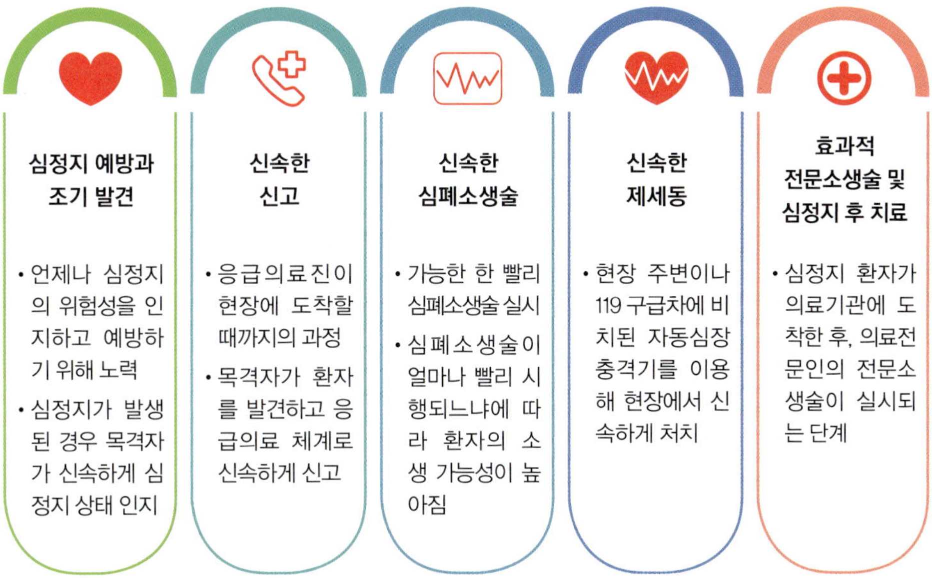

| 그림 2-1 | 생존사슬의 단계
출처 : 대한심폐소생협회 홈페이지.

2) 감염병 관리

(1) 감염병의 개념

영유아기는 계속되는 성장과 발달로 신체적·정신적 성숙이 이루어지는 중요한 시기이다. 따라서 부모나 교사는 영유아의 건강을 유지하고 질병을 예방하기 위한 기초지식을 가지고 초기에 적절하게 대응할 수 있어야 한다. 현재 영유아의 감염병은 예방접종 실시로 그 발생률이 현저하게 감소되었고, 항생제, 항독소의 사용으로 인한 심각한 합병증도 크게 감소되었으나 아직도 여전히 발생하고 있으며, 항생제 남용으로 인한 내성균의 감염이 증가하고 있다. 특히 영유아는 성인에 비해 면역체계가 미숙하여 감염성 질환이 발생하기 더욱 쉽다.

감염병은 바이러스, 세균, 곰팡이, 기생충 등 특정 병원성 미생물의 침입과 번식으로 인해 유발되는 질환으로, 영유아기에는 영유아교육기관이나 또래 놀이집단에서 다른 영유아와 함께 접촉함으로써 감염병을 일으키는 특정 병원균에 노출될 가능성이 높다. 교사와 부모는 영유아의 면역력을 증가시키고 감염병의 발생과정을 정확하게 숙지하여 예방할 수 있도록 하며, 이미 감염병에 걸린 영유아를 다른 영유아와 격리시키는 등의 적절한 대처가 필요하다.

(2) 감염병의 발생과정

감염병은 다음에 열거된 여섯 가지 요인의 연쇄적 작용으로 인하여 발생한다.

① **병원체(etiological agents)** : 병원체는 감염성 질환을 일으킬 수 있는 병원성 미생물로, 인체에 침입할 수 있는 병원체는 세균, 바이러스, 리케치아, 원충류 및 병원성 진균 등이 있다.

② **병원소(reservoir of infection)** : 병원체가 증식해서 다른 숙주에게 전파될 수 있는 형태로 저장되는 장소로 인간병원소와 동물, 곤충 등과 같은 동물병원소, 음식, 공기, 물, 흙 등의 무생물 병원소가 있다. 주로 환자나 보균자와 같은 인간병원소가 문제시되지만 일본뇌염, 발진열, 페스트와 같은 인수공통질환인 경우에는 동물병원소가 중요하다.

③ **병원소로부터 병원체의 탈출(exit go agents from reservoir)** : 병원소에 병원

체가 아무리 많아도 병원소로부터 병원체가 탈출하지 못하면 감염병은 전파될 수가 없다. 탈출경로는 병원체가 성장하는 숙주 체내의 장소와 관련이 있는데, 보통 호흡기, 소화기, 비뇨생식기, 피부, 혈액 등이 있다. 보통 홍역, 결핵은 호흡기계 전염병으로 호흡, 기침, 재채기 등을 통해 병원소로부터 병원체가 탈출하게 된다.

④ 전파(transmission) : 탈출된 병원체가 여러 전파경로를 통해 새로운 숙주에 도달하는 과정을 의미한다. 병원체가 중간역할을 하는 매개체(vehicles) 없이 병원소에서 직접 새로운 숙주에게 전파되는 것을 직접 전파라 하며, 매개체의 중간역할을 통해 간접 전파되는 것을 간접 전파라 한다. 보통 일본뇌염은 작은 빨간집 모기가 매개체가 되어 간접 전파된다.

⑤ 새로운 숙주 내 침입(entry to new host) : 새로운 숙주에게 침입하는 양식은 탈출양식과 대체로 일치한다. 병원체가 새로운 숙주에 침입하여 명백한 증상 및 증후를 나타내기까지의 기간을 잠복기라 한다. 보통 호흡기계 전염병은 기침, 재채기 등을 통해 호흡기계를 거쳐 병원체가 탈출하기도 하고, 침입하기도 한다.

⑥ 숙주의 감수성(susceptibility) 및 저항력 : 새로운 숙주의 체내로 침입이 성공해도 반드시 감염을 일으키거나 발병하는 것이 아니고, 새로운 숙주의 감수성이 높을 경우와 저항력을 가지고 있지 않을 경우에 감염 또는 발병이 일어난다. 만일 숙주가 침입한 병원체에 대하여 충분한 저항력, 즉 면역을 가지고 있다면 발병하지 않는다.

(3) 감염병의 종류

「감염병의 예방 및 관리에 관한 법률」 제2조에 규정된 감염병은 다음과 같다 (법률 제20090호, 2024. 1. 23., 일부개정).

① **제1급감염병** : 생물테러감염병 또는 치명률이 높거나 집단 발생의 우려가 커서 발생 또는 유행 즉시 신고하여야 하고, 음압격리와 같은 높은 수준의 격리가 필요한 감염병을 말한다. 다만, 갑작스러운 국내 유입 또는 유행이 예견되어 긴급한 예방·관리가 필요하여 질병관리청장이 보건복지부장관과 협의하여 지정하는 감염병을 포함한다.

② **제2급감염병** : 전파가능성을 고려하여 발생 또는 유행 시 24시간 이내에 신고하여야 하고, 격리가 필요한 감염병을 말한다. 다만, 갑작스러운 국내 유입 또는 유행이 예견되어 긴급한 예방·관리가 필요하여 질병관리청장이 보건복지부장관과 협의하여 지정하는 감염병을 포함한다.

③ **제3급감염병** : 그 발생을 계속 감시할 필요가 있어 발생 또는 유행 시 24시간 이내에 신고하여야 하는 감염병을 말한다. 다만, 갑작스러운 국내 유입 또는 유행이 예견되어 긴급한 예방·관리가 필요하여 질병관리청장이 보건복지부장관과 협의하여 지정하는 감염병을 포함한다.

④ **제4급감염병** : 제1급감염병부터 제3급감염병까지의 감염병 외에 유행 여부를 조사하기 위하여 표본감시 활동이 필요한 감염병을 말한다. 다만, 질병관리청장이 지정하는 감염병을 포함한다.

⑤ **기생충감염병** : 기생충에 감염되어 발생하는 감염병 중 질병관리청장이 고시하는 감염병을 말한다.

⑥ **세계보건기구 감시대상 감염병** : 세계보건기구가 국제공중보건의 비상사태에 대비하기 위하여 감시대상으로 정한 질환으로서 질병관리청장이 고시하는 감염병을 말한다.

⑦ **생물테러감염병** : 고의 또는 테러 등을 목적으로 이용된 병원체에 의하여 발생된 감염병 중 질병관리청장이 고시하는 감염병을 말한다.

⑧ **성매개감염병** : 성 접촉을 통하여 전파되는 감염병 중 질병관리청장이 고시하는 감염병을 말한다.

⑨ **인수공통감염병** : 동물과 사람 간에 서로 전파되는 병원체에 의하여 발생되는 감염병 중 질병관리청장이 고시하는 감염병을 말한다.

⑩ **의료관련감염병** : 환자나 임산부 등이 의료행위를 적용받는 과정에서 발생한 감염병으로서 감시활동이 필요하여 질병관리청장이 고시하는 감염병을 말한다.

〈표 2-3〉 감염병의 종류

군	감염병	
제1급	에볼라바이러스병 라싸열 남아메리카출혈열 두창 탄저 야토병 중증급성호흡기증후군(SARS) 동물인플루엔자 인체감염증 디프테리아	마버그열 크리미안콩고출혈열 리프트밸리열 페스트 보툴리눔독소증 신종감염병증후군 중동호흡기증후군(MERS) 신종인플루엔자
제2급	결핵(結核) 홍역(紅疫) 장티푸스 세균성이질 A형 간염 유행성이하선염(流行性耳下腺炎) 폴리오 b형헤모필루스인플루엔자 한센병 반코마이신내성황색포도알균(VRSA) 감염증 카바페넴내성장내세균목(CRE) 감염증	수두(水痘) 콜레라 파라티푸스 장출혈성대장균감염증 백일해(百日咳) 풍진(風疹) 수막구균 감염증 폐렴구균 감염증 성홍열

제3급	파상풍(破傷風) B형 간염 일본뇌염 C형 간염 말라리아 레지오넬라증 비브리오패혈증 발진티푸스 발진열(發疹熱) 쯔쯔가무시증 렙토스피라증 브루셀라증 공수병(恐水病) 신증후군출혈열(腎症候群出血熱) 후천성면역결핍증(AIDS) 크로이츠펠트–야콥병(CJD) 및 변종크로이츠펠트–야콥병(vCJD) 황열 뎅기열 큐열(Q熱) 웨스트나일열 라임병 진드기매개뇌염 유비저(類鼻疽) 치쿤구니야열 중증열성혈소판감소증후군(SFTS) 지카바이러스 감염증 매독(梅毒)
제4급	인플루엔자 회충증 편충증 요충증 간흡충증 폐흡충증 장흡충증 수족구병 임질 클라미디아감염증 연성하감 성기단순포진 첨규콘딜롬 반코마이신내성장알균(VRE) 감염증 메티실린내성황색포도알균(MRSA) 감염증 다제내성녹농균(MRPA) 감염증 다제내성아시네토박터바우마니균(MRAB) 감염증 장관감염증 급성호흡기감염증 해외유입기생충감염증 엔테로바이러스감염증 사람유두종바이러스 감염증
기생충 감염병	회충증 편충증 요충증 간흡충증 폐흡충증 장흡충증 해외유입기생충감염증

구분		
세계보건기구 감시대상 감염병	두창 신종인플루엔자 콜레라 황열 웨스트나일열	폴리오 중증급성호흡기증후군(SARS) 폐렴형 페스트 바이러스성 출혈열
생물테러 감염병	탄저 페스트 에볼라열 두창	보툴리눔독소증 마버그열 라싸열 야토병
성매개 감염병	매독 클라미디아 성기단순포진 사람유두종바이러스 감염증	임질 연성하감 첨규콘딜롬
인수공통 감염병	장출혈성대장균감염증 브루셀라증 공수병 중증급성호흡기증후군(SARS) 큐열	일본뇌염 탄저 동물인플루엔자 인체감염증 변종크로이츠펠트-야콥병(vCJD) 결핵
의료관련 감염병	반코마이신내성황색포도알균(VRSA) 감염증 반코마이신내성장알균(VRE) 감염증 메티실린내성황색포도알균(MRSA) 감염증 다제내성녹농균(MRPA) 감염증 다제내성아시네토박터바우마니균(MRAB) 감염증 카바페넴내성장내세균목(CRE) 감염증	

전염병 관리의 일반적인 원칙

전파과정의 차단

감염원을 확인하여 병원소를 제거하고 병원소로부터 병원체의 탈출이 일어나지 못하도록 하여 전파되지 않도록 한다. 이를 위하여 환자 및 보균자를 격리하고 감염영유아를 잘 치료하여 감염력을 감소시키고, 감염 발생 우려 장소와 시설에 대한 소독과 청결을 철저히 한다.

감염받기 쉬운 사람에게 노출되는 것을 방지하고 감염원을 확인하는 것이 가장 중요하다. 디프테리아나 성홍열 같은 세균성 질환은 처음에는 발진이나 인후통같이 경한 바이러스 질환처럼 시작되지만 심한 후유증을 남기므로 이를 예방하기 위해서 적절한 치료가 필요하다. 다음의 사정내용은 전염성 질환을 규명하는 데 도움이 된다. ① 최근에 감염원에 노출되었는가, ② 발열이나 발진 같은 전구 증상이 있는가, ③ 예방접종을 하였는가, ④ 병력이 있는가 등이다.

면역 증강

감수성이 있는 영유아에게 예방접종을 실시함으로써 저항력을 증가시키는 것은 전염병 관리상 매우 중요한 위치를 차지한다. 예방접종은 권장기준에 따라 실시하되 미숙아나 질병이 있는 경우는 반드시 의사의 처방에 따라야 한다.

조기진단과 치료

전파 방지나 면역 증강의 방법으로도 예방되지 못하고 질병이 발생하였을 때는, 조기 진단과 치료로써 환아의 고통을 최소화하고, 합병증 및 후유장애, 사망을 적게 한다. 필요에 따라 격리(2차 예방)가 필요하다.

(4) 감염병 신고의무자

① 의사, 한의사

② 기타 신고자 : 제1군 감염병(의자, 환자, 병원체 보유자 포함)만 해당

- 세대를 같이하는 세대주, 가족
- 학교, 병원, 관공서, 회사, 흥행장, 예배장, 선박, 각종의 사무소 또는 사업소, 음식점, 여관, 기관의 장, 관리인, 경영자 또는 대표자
- 육해공군 소속부대에 있는 소속부대의 장

(5) 영유아교육기관에서 감염병 환자(의심환자) 발생 시 대처 방법

- 아픈 영유아가 발생하면 즉시 다른 영유아들과 격리한다.
- 아픈 영유아의 증상을 잘 관찰하여 건강기록지에 기록한다.
- 다음의 증상을 유의하여 지켜본다 : 평소와 다른 행동, 기침, 발열, 식욕저하, 충혈, 설사, 잠만 자려고 함, 발진, 구토 등
- 장기적 격리가 필요하면 집에서 영유아를 돌보도록 조치한다.
- 만약 영유아가 법정감염병이 의심되면 관할 보건소로 보고하며, 보건소 또는 협력 의사의 지시에 따른다.
- 만약 영유아교육기관에 데리고 있지 못할 만큼 영유아의 상태가 좋지 않으면 다음과 같은 조치를 하면서 보호자를 기다려야 한다.
  - 가능한 한 격리된 방에 아픈 영유아를 격리한다.
  - 한 명의 교사가 전담하여 영유아를 돌본다.
  - 아픈 영유아가 가지고 논 장난감을 구별하고, 사용 후에는 소독을 한다.
  - 물놀이를 하지 않도록 한다.
- 만약 영유아가 아픈 상태이지만, 영유아교육기관에 있어도 될 정도의 상태라면 다음의 사항을 잘 준수하도록 한다.
  - 손을 자주 씻게 도와준다.
  - 교사도 자주 손을 씻는다.
  - 아픈 영유아와 함께 물놀이를 하지 않는다.
  - 놀이시설 및 장난감을 자주 소독한다.

- 감염병 확진 환자, 의심환자 발생 시 보건소 감염병 예방팀과 담당부서에 감염병 발생 신고보고서를 제출한다.

(6) 영유아기에 흔한 감염병 관리

① 수두(chicken pox)

- 원인 : 수두바이러스(varicella virus)
- 잠복기간 : 13~17일
- 호발 연령 : 2~9세
- 감염경로 : 비말감염(인두분비물) 또는 수포의 진물과의 직접 접촉

- 임상증상
  - 전구기 : 급성 발열, 권태감, 식욕부진, 두통 증상이 24시간 지속된다.
  - 발진 : 발진은 단계적으로 변화되는데 3~4일간 반점에서 구진, 수포, 농포, 가피의 순서로 진행(가피 형성)된다. 같은 시기에 모든 종류의 발진을 동시에 볼 수도 있다. 수포가 생기는 부위는 먼저 가슴, 배 등 몸통에서 시작하여 얼굴, 어깨, 사지로 퍼진다. 보통 수포는 노출된 부위보다는 두피, 겨드랑이, 결막, 구강 등과 같이 가려진 부위에 더 많이 발생하는 경향이 있다. 수포는 매우 가려워서 긁게 되면 2차 감염을 일으킬 수 있다. 일반적으로 수두의 발진은 표재성이기 때문에 완치할 경우 흉터가 남지 않으나, 큰 발진이나 딱지는 흉터가 될 수 있다. 심한 경우 출혈성 수두가 생길 수 있지만 매우 드물다.
  - 고열, 가려움증

- 치료와 간호

최초의 발진이 생기기 1일 전부터 6일 이내까지 전파가 가능한 기간이므로

이 기간 동안 환아의 등원을 중지하도록 한다. 수두는 합병증이 없으면 특별한 치료가 필요하지는 않다. 수두로 인한 합병증에는 보통 중이염, 기관지염, 폐렴 등이 흔하다. 가장 중요한 것은 피부 위생을 유지하는 것이다. 가려움증이 심하다면 칼라민 로션을 발라준다. 전분을 물에 풀어 바르거나 목욕을 시키는 것도 가려움증에 좋다. 영유아 및 아동이 수포를 긁지 못하게 손톱을 정리해 주고 손 싸개를 해서 2차 감염이 생기지 않도록 예방한다. 열이 있는 경우에는 해열제(아스타민노펜 등)를 사용하지만, 아스피린은 레이증후군이 발생할 수 있기 때문에 금기한다. 보통 수포에 딱지가 생기면 전염되지 않는다.

② 풍진(german measle)

- 원인 : 풍진바이러스(rubella virus)
- 잠복기간 : 14~21일
- 호발 연령 : 3~10세
- 감염경로 : 비말감염(인두분비물), 분변, 소변, 혈액 등

- 임상증상
  - 전구기 : 영유아 및 아동의 2/3 정도는 임상 증상이 나타나지 않으며, 1~5일 전부터 미열, 두통, 불안, 권태감, 비염이나 결막염, 식욕부진 등이 나타나며 발열은 2~3일간 지속된다. 림프선(귀나 목 뒤) 증대(1~5일 지속 후 발진 1일 전 소실), 인후통이 있다.
  - 발진 : 귀 뒤나 목 뒤의 림프절 비대와 통증으로 시작되어 발진이 나타난다. 발진은 얼굴에서 나타나기 시작하여 2~3시간 내에 머리, 상지 몸통, 팔, 다리 등 온몸에 급속히 확산된다. 불규칙한 분홍색 홍반성 구진이 나타나며 발진이 있는 동안에 전염력이 매우 높다.

• 치료와 간호

풍진은 합병증이 있지 않으면 특별한 치료가 필요하지는 않다. 일단 환아의 편안함을 최우선으로 하고 열이 있으면 해열제를 복용하도록 한다. 보통 발진 발생 7일 전부터 발진 후 5일까지 전염력이 있다. 선천성 감염은 감염기간이 다양하며, 10~12개월 동안 바이러스가 검출된다. 영유아 및 아동의 풍진은 대체적으로 질병의 경과가 수월하나, 임신 초기(1기 : 3개월까지)의 여성은 풍진을 앓게 되면 심각한 합병증으로 태아가 선천적 시력상실, 청각상실, 심장결손, 뇌손상 등을 입을 수 있으므로 노출을 절대적으로 피해야 한다.

③ B형 간염(B type hepatitis)

• 원인 : B형 간염바이러스(hepatitis B virus)
• 잠복기간 : 45~160일(평균 120일)
• 감염경로 : 경피감염(오염된 혈액, 주사침)

• 임상증상

– 만성보균자 : 증상이 없다.
– 만성 간염, 활동성 간염 : 피로, 오심, 구토가 나타날 수 있으며, 근육통 및 미열이 있을 수 있다. 소변의 색깔이 진해지고 심할 경우 황달, 간문맥압 항진, 간경화, 간비대, 림프절 비대가 나타난다. 1~5㎜ 크기의 발진이 안면, 엉덩이, 사지에 나타날 수 있다. 담즙의 피부 침착으로 심한 가려움증이나 우울 상태가 올 수 있으며 치명적인 경우 사망에 이르기도 한다. 감염된 지 1~2주경에 재생 불량성 빈혈이 발생될 수 있다.

• 치료와 간호

24시간 내에 B형 간염 면역 글로불린을 투여하고 1개월 후에 한 번 더 주사한다. 안정을 요하며, 식이요법이나 항바이러스제 등으로 치료한다. B형 간염 항원 양성 기간 동안에 전염력이 있으므로 가정이나 영유아교육기관에서는 환자나 감염자의 혈액 등의 체액을 주의해야 한다. 손 씻기 등의 개인위생을 철저히 하며, 식이는 단백질이 풍부한 고단백 식이와 균형 잡힌 음식을 제공한다. B형 간염은 예방이 가장 중요하기 때문에 모든 국민이 B형 간염 예방접종을 해야 한다.

④ 홍역(measles)

- 원인 : measles virus, rubeola
- 잠복기간 : 7~14일
- 호발 연령 : 2~8세
- 감염경로 : 비말감염(비인두 분비물), 혈액, 소변 등

- 임상증상
  - 전구기 : 3~5일간 지속되며 발열, 전신쇠약, 24시간 후 콧물, 기침, 결막염이 나타나며, 결막염 이후 Koplik 반점(중앙이 흰청색을 띤 작고 불규칙한 홍색 반점, 어금니 바깥쪽 구강 점막에 발진 2일 전까지 관찰됨)이 나타난다. Koplik 반점은 홍역의 가장 특징적인 증상으로 대개 12~18시간 내에 사라진다.
  - 발진기 : Koplik 반점이 나타난 후 1~2일 후에 발진이 시작되며, 귀 뒤, 뺨의 뒤쪽, 목의 외상부에서 홍반성 구진이 시작해 24시간 이내에 얼굴, 목, 팔과 상부 몸통으로 퍼지고, 2일째에는 대퇴부, 3일째에는 발까지 퍼진다. 3~4일 후에는 홍반성 구진이 갈색으로 변했다가 심한 부위는 쌀겨 같은 모양으로 피부가 벗겨진다. 발진은 서로 융합되며, 보통 나타났던 순서대로 사라진다. 발진 출현 후 2~3일간이 가장 증상이 심하며,

40℃ 이상의 고열을 동반한다.

- 회복기 : 발진이 7~10일 내에 사라진다. 전신쇠약, 식욕부진, 전신성 임파선염 등이 나타날 수 있으며, 영유아에게는 중이염, 폐렴 등이 나타나기도 한다. 호흡기 합병증이 흔하게 나타나며, 주로 기관지염, 폐렴, 크룹(croup) 등으로 나타난다. 아주 종종 급성 중이염이나 뇌염으로 발전하는 경우도 있다.

• 치료와 간호

홍역은 접촉자의 90% 이상이 감염될 정도로 강한 전염력을 가지고 있기 때문에 전염되지 않도록 조심한다. 전염력이 있는 기간은 발진이 나타나기 4일 전부터 사라진 후 5일째까지인데 보통 전구기에 가장 심하다. 일단 홍역이 확인된 환아는 4일간 등원을 정지시킨다. 합병증이 없다면 기침, 발열 등에 대한 대중요법을 실시한다. 혹시 열성경련이 올 수도 있으므로 열성경련에 대한 응급처치를 알아둔다. 안정된 환경과 수분을 공급하며, 피부는 미지근한 물로 씻고 깨끗하게 유지해 준다. 따뜻한 생리 식염수로 눈을 세척하고, 분비물과 가피를 제거하고, 코 주위의 피부는 바셀린을 발라 보호한다.

⑤ 볼거리(유행성 이하선염)

• 원인 : paramyxo virus

• 잠복기간 : 14~21일

• 호발 연령 : 5~14세

• 감염경로 : 비말감염(타액), 직접 접촉

• 임상증상

- 전구기 : 1~2일간 발열, 두통, 근육통, 전신쇠약, 식욕부진, 구토, 이통

(씹을 때 심해짐) 등이 나타난다.

– 이하선염 : 이하선(귀밑의 침샘)의 증대를 보이며, 1~3일째 부종이 최고조이며 통증과 압통이 있어 침이나 음식을 삼키기가 어렵다. 보통 3~7일 이내 차차 가라앉는다.

– 합병증 : 10일 이상 지속되고 심할 경우, 악하선염(턱밑 침샘의 염증), 설염, 난소염, 고환염, 부고환염, 췌장염, 청력 장애, 심근염, 혈소판감소증, 뇌염이나 뇌수막염 같은 심각한 합병증을 유발할 수 있다.

• 치료와 간호

이하선염이나 다른 증상 발현 전 7일부터 발현 후 9일까지 전염력이 있다. 그러므로 이하선염 진단을 받은 뒤 이하선의 부종이 가라앉을 때까지 약 2주간 등원을 정지시킨다. 대부분은 자연치유되기 때문에 증상에 따라서 치료를 달리 한다. 열이 있으면 해열제를 투여하고, 통증이 있다면 진통제를 투여한다. 턱에 압통이 있기 때문에 죽 종류의 액체 상태나 부드러운 유동식을 제공한다. 신 음식은 침 분비를 촉진시켜 통증을 악화시키기 때문에 삼가야 한다. 목에 온습포와 냉습포를 적용하면 통증 완화에 좋다. 수분을 충분히 제공해 준다.

⑥ 백일해(whooping cough)

• 원인 : bordetella pertussis
• 잠복기간 : 7일
• 호발 연령 : 영유아기에 특히 많이 발병
• 감염경로 : 직접접촉, 비말감염

• 임상증상

– 전구기 : 상기도 감염 증상 1~2주간 카타르 증상(밤에 심해지는 짧고 마

른기침)이 나타난다.

- 발작기 : 4~6주 정도 지속된다. 밤에 짧고 발작적인 기침, 수탉 울음소리를 내고, 얼굴이 붉거나 푸르게 변하고 눈이 돌출되며 혀를 내민다. 끈적끈적한 점액이 제거될 때까지 계속되며 발작 후 구토를 자주 한다.
- 회복기 : 기침의 강도가 약해지고 전반적인 증세가 호전된다.

• 치료와 간호

발작 시 환아를 잘 달래고 편안하게 해준다. 먼지, 연기, 온도 변화, 활동, 흥분, 환기는 발작을 유발할 수 있다. 구토로 인해 영양장애가 생기지 않도록 부담이 없는 음식을 제공한다. 진정제를 투여하여 안정과 숙면을 취할 수 있도록 하며, 흡인기로 가래를 빼내어 주어도 좋다. 또한 기침이나 구토로 인해 기도가 폐쇄되는 징후를 세심하게 관찰한다. 전염력이 있는 기간은 약 3주 정도이고 치료를 받는 경우에는 5일 정도이다. 심해질 경우, 합병증으로 기관지폐렴과 질식이 있을 수 있으며, 때로 발작과 함께 뇌 손상이 있을 수 있다.

〈어린이집 감염병 발생 현황보고서 서식 예시〉

보육통합정보시스템 감염병 발생 보고서 양식

〈작성 방법〉
- 보고 질환 : 수족구병 등 12가지 감염병 외 기타 감염병
  ※ 질병종류는 유행정도에 따라 변경될 수 있음
- 보고대상자 : 해당질병으로 '의사진단을 받은 아동'에 한하여 연령별 아동 수 기재
- 보고시기 : 매주 월요일에 보고(지난주 월~토에 발생한 현황을 집계하여 보고)

보고대상기간	년 월 주(전주 월~토까지)						
연령별 / 질병명	0세	1세	2세	3세	4세	5세 이상	보육교직원
수족구병	명	명	명	명	명	명	명
풍진	명	명	명	명	명	명	명
유행성 결막염	명	명	명	명	명	명	명
인플루엔자(유행성 독감)	명	명	명	명	명	명	명
장염	명	명	명	명	명	명	명
홍역	명	명	명	명	명	명	명
유행성이하선염(볼거리)	명	명	명	명	명	명	명
전염성농가진	명	명	명	명	명	명	명
수두	명	명	명	명	명	명	명
무균성수막염	명	명	명	명	명	명	명
결핵	명	명	명	명	명	명	명
성홍열	명	명	명	명	명	명	명
기타 감염병	명	명	명	명	명	명	명
아동상태	▫ 자택격리 중: ○명 ▫ 등원중: ○명 ▫ 사망: ○명 ▫ 기타 ( ) 직접입력						
조치사항	(해당 사항을 모두 체크) ▫ 어린이집 소독 실시 ▫ 타 아동의 감염 여부 확인(검진실시 등) ※ 의심 증상 아동은 즉시 병원내원 조치 ▫ 각 가정에 감염병 발생사실 공지 ▫ 기타 ( ) 직접입력						
조치계획	(해당 사항을 모두 체크) ▫ 어린이집 소독 실시 ▫ 타 아동의 감염 여부 확인 ▫ 각 가정에 감염병 발생사실 공지 ▫ 기타 ( ) 직접입력						
교직원 상태	▫ 자택격리 중 : ○명 ▫ 출근 중 : ○명 ▫ 사망 : ○명 ▫ 기타 ( ) 직접입력						
조치사항	(해당사항을 모두 체크) ▫ 보육시설 소독 실시 ▫ 어린이집 내 감염 여부 확인(검진실시 등) ※의심 증상 아동은 즉시 병원내원 조치 ▫ 각 가정에 감염병 발생사실 공지 ▫ 기타 ( ) 직접입력						
조치계획	(해당사항을 모두 체크) ▫ 보육시설 소독 실시 ▫ 어린이집 내 감염 여부 확인(검진실시 등) ▫ 각 가정에 감염병 발생사실 공지 ▫ 기타 ( ) 직접입력						

출처 : 보건복지부(2024).

〈유치원 감염병 발생 현황보고서 서식 예시〉

감염병 환자 발생 현황

(20 . . .)

교사	총인원	확진자	의심자

<table>
<tr><th>내용</th><th>반</th><th>성명</th><th colspan="3">건강상태 및 치료 상황</th></tr>
<tr><td rowspan="4">1. ( )
확진으로 결석자</td><td></td><td></td><td colspan="3"></td></tr>
<tr><td></td><td></td><td colspan="3"></td></tr>
<tr><td></td><td></td><td colspan="3"></td></tr>
<tr><td></td><td></td><td colspan="3"></td></tr>
<tr><td rowspan="5">2. ( )
의심으로 결석자</td><td></td><td></td><td colspan="3"></td></tr>
<tr><td></td><td></td><td colspan="3"></td></tr>
<tr><td></td><td></td><td colspan="3"></td></tr>
<tr><td></td><td></td><td colspan="3"></td></tr>
<tr><td></td><td></td><td colspan="3"></td></tr>
<tr><td rowspan="6">3. ( )
의심으로
진료의뢰자 및
조퇴자</td><td>반</td><td>성명</td><td>건강상태</td><td>병원진단
결과</td><td>상담 및 지도내용</td></tr>
<tr><td></td><td></td><td></td><td></td><td></td></tr>
<tr><td></td><td></td><td></td><td></td><td></td></tr>
<tr><td></td><td></td><td></td><td></td><td></td></tr>
<tr><td></td><td></td><td></td><td></td><td></td></tr>
<tr><td></td><td></td><td></td><td></td><td></td></tr>
<tr><td>4. 보건교육</td><td colspan="5">예 가정통신문, 학급/ 복도 게시물, 유인물 배부, 유치원 홈페이지 탑재</td></tr>
<tr><td>5. 보건/ 신고</td><td colspan="5">예 감염병 환자관리 등록 · 보고
보건소 신고(신고방식에 ‘○’ 표시 : 전자문서, 팩스, 전화 등)
(신고 받은 담당자 이름 : 전화 : 시간 :)</td></tr>
</table>

출처 : 교육부(2023).

(7) 예방접종

예방접종은 부작용이 있긴 하지만 생명을 위협하고 불구를 일으키는 무서운 전염병을 가장 효과적으로 예방하는 수단이다. 실제로 소아마비, 천연두와 같은 전염병이 예방접종을 통해 거의 자취를 감추었다. 예방접종을 실시하기 전에 현재 예방접종 상태, 예방접종으로 인한 과거의 반응, 과거와 현재의 질병에 관하여 조사하여야 하고 예방접종의 목적과 가능한 부작용에 대하여 알아야 한다. 예방접종에 대한 기록 관리를 잘 하도록 하고 부모에게 예방접종의 기록을 잘 보관하도록 지도한다.

예방접종의 원리는 몸에 약간의 특이항원을 넣어 스스로 특이항체를 만들어 내도록 하는 원리이다. 예방접종약은 항원이며 과도하거나 특이체질인 경우에는 병에 걸리거나 과민반응을 일으킬 우려가 있다.

예방접종의 금기에는 중증의 열성질환, 면역계 이상 질환, 최근 수혈이나 면역 글로불린의 투여, 전신성 스테로이드제의 투여가 있다. 그러나 가벼운 감기, 미숙아, 항생제 사용, 비특이성 알레르기, 경련의 가족력, 예방접종 부작용의 가족력, 진행되지 않는 상태인 정지성 중추신경질환의 경우 절대 금기사항이 아니므로 예방접종이 가능하다. 예방접종에는 반드시 맞아야 하는 기본접종과 원하면 맞도록 하는 임의접종이 있다.

① 백신의 분류

- **약독화 생백신** : 인위적으로 병원체의 독성을 약화시킨 것으로 이들 백신에 포함된 바이러스는 변형되고 약독화되어 질병을 일으키지 못하고 면역 체계만을 활성화시킨다. 실제 질병에 걸려서 만들어진 능동면역과 유사한 면역반응을 보이며, 소량으로도 면역 유도가 가능하지만 열이나 빛에 약하고, 인체 내 항체가 존재하는 경우에는 면역유도 효과를 기대할 수가 없으며, 드물게는 백신이 독성을 회복하게 되면 질병을 유발할 수 있다는 단점

이 있다. 예를 들면, 경구용 소아마비, MMR, 홍역, 풍진, 수두백신 등이 있다.

• 비활성화 백신 : 병원체를 배양해서 열이나 화학약품 등으로 비활성화 시킨 것으로 면역반응을 유발할 수 있는 바이러스나 세균의 일부가 살아 있지 않기 때문에 사람을 감염시키지 못한다. 생백신에 비해서 많은 양이 필요하고 여러 번 접종해야 하지만 독성을 회복하거나 질병을 일으키지 않으며 인체 내의 항체에 영향을 받지 않는다는 장점이 있다. 단, 생백신에 비해 면역 효과가 오래 가지 않기 때문에 추가접종이 필요하다. 그 종류에는 인플루엔자, 주사용 폴리오, B형 간염, A형 간염, 디프테리아, 백일해, 파상풍, 콜레라 등이 있다.

② 안전하게 예방주사 맞히기

• 접종 전 주의사항

– 토요일은 피하고 가능한 한 오전에 접종하는 것이 좋은데, 그 이유는 접종 후 이상이 있을 경우 바로 진찰을 받아야 하기 때문이다.
– 접종 전날 목욕시키고, 당일 아침에는 열이 있는지 꼭 확인한다. 만일 감기 기운이 있다면 의사와 반드시 상의해야 한다.
– 육아수첩을 꼭 챙기고, 기저귀와 얇은 이불도 가져간다.
– 다른 사람이 영유아를 데려갈 때는 영유아의 건강 상태와 이번에 접종할 것이 무엇이며 몇 차 접종인지 자세하게 적어 같이 보낸다.
– 접종 당일, 영유아의 컨디션이 좋지 않다면 접종을 미룬다.

• 접종 후 주의사항

– 접종 종류와 다른 접종 날짜를 육아수첩에 기록하고 영유아별 건강기록부에도 기록한다.

- 접종 부위를 5분 이상 많이 문질러 준다. 잘 문질러 주지 않으면 주사 부위에 멍울이 생길 수 있다.
- 부작용이 일어날 수 있으므로, 접종 후 병원에 30분 정도 머물면서 영유아의 상태를 관찰한다.
- 귀가(원) 후 푹신한 이불 위에서 엎어 재우지 않는다. 영유아가 호흡곤란을 일으킬 수도 있기 때문이다.
- 접종 당일과 다음 날은 많이 놀게 하지 말고, 하루 정도는 목욕을 시키지 않는다.
- 접종 부위에 더러운 것이 묻지 않도록 조심하고, 만일 더러워지면 물로 닦아낸다.
- 주사 맞은 자리가 붓는 것은 흔한 증상이며, 심하지 않으면 걱정하지 않아도 된다. 그러나 접종한 부위가 많이 붓거나 영유아가 많이 아파할 때는 찬물 찜질을 해주고, 그래도 호전되지 않으면 의사와 상담한다.
- 접종한 후 며칠 동안은 영유아의 상태를 자세히 살핀다. 접종 후 이틀 이내에 고열이 나고 계속해서 울거나, 3일 이내에 경련을 일으킨다면 즉시 병원으로 가야 한다.

• 의사와 상담해야 할 경우

- 접종 전에 열이 높거나 구토 증상이 있을 때
- 접종한 다음에 발열, 발진이나 경련을 일으킨 적이 있을 때
- 미숙아로 태어나 발육 상태가 나쁜 경우
- 약을 사용해서 발진이 생겼던 경우

③ 백신의 종류

• BCG

BCG 백신은 약화된 'mycobacterium tuberculosis' 종류의 하나로 현재 결핵의 예방을 위해 사용되고 있으며, 영유아에 국한하여 그 결핵 방어력을 분석한 결과 75% 이상으로 나타났다. 즉, BCG 예방접종을 했다고 하더라도 결핵에 걸릴 수 있지만, 신장결핵처럼 치명적인 결핵이 되는 확률이 적다.

BCG 접종 후 약 한 달이 지나면 접종 부위가 붓고 곪으며 딱지가 생기고 약간의 흉터를 남긴다. 때때로 임파선이 붓기도 한다. 접종 부위가 곪더라도 짜거나 소독할 필요는 없다. 하지만 접종 부위가 붉고 열감이 심하며 고름이 심하고 계속되는 경우는 감염 여부를 확인해야 한다. 신생아기에 실시하고 있는 접종방법으로는 0.1㎖를 피내에 주사하여 팽진을 만드는 방법과 국소적 부작용을 최소화하기 위한 경피용 주사가 있다.

• B형 간염

우리나라의 B형 간염 항원(HBs Ag) 양성률은 성인에서 4~12.3%, 소아에서 2.9~5.5%로 높은 보균율을 가지고 있으며 어머니로부터 신생아로의 수직감염과 가족 내 접촉이 주전파경로로 생각된다. 제일 중요한 접종 대상은 B형 간염 항원(HBs Ag) 양성인 어머니에게서 태어난 신생아인데 이런 경우 출생 즉시(12시간 이내) B형 간염 면역 글로불린(HBIG)과 간염예방접종을 함께 해야 한다. 제품의 종류에 따라 0-1-2개월에 접종하는 것이 있고(헤파신), 0-1-6개월에 접종하는 것(헤파박스, 유박스, 엔제릭스 등)이 있다. 접종부위는 대퇴부이고, 둔부주사는 위험하기도 하고 면역효과가 떨어지므로 피하는 것이 좋다. 비교적 안전한 예방주사이나 부작용으로는 접종부위가 붓고 아프고, 미열과 권태감, 관절통과 구토 등이 있다. 이후 항체검사를 실시하여 항체가 생기지 않을 경우 다시 한번 3차례의 스케줄로 예방주사를 하고 접종 3개월 후 항체검사를 실시한다.

• 디프테리아, 파상풍, 백일해(diphtheriae, tetanus, pertussis)

디프테리아 발생이 드문 것은 예방접종의 성과이다. 그러나 감염 발생의 감소로 집단면역력 또한 감소하므로 지속적인 예방접종이 필요하다. 국내의 예방접종은 DTaP(디프테리아 톡소이드, 파상풍 톡소이드, 정제 백일해 항원) 혼합백신으로 하며 기본접종은 생후 2개월에 시작하여 8주 간격으로 3회, 추가접종은 15~18개월과 4~6세에 접종한다. 디프테리아와 파상풍은 외독소에 의한 질환으로 감염되었더라도 면역 획득이 이루어지지 않으므로 예방접종을 해야 한다.

백일해 예방접종에 대한 논란이 많으나 정제 백일해 사백신(aP)은 이전의 전세포 사백신에 비하여 부작용이 적다. 경미한 부작용으로는 종창, 발적, 동통과 발열, 식욕부진, 보챔, 구토 등이 있으며 심한 부작용으로는 심한 기면, 일시적 저긴장성 저반응 상태(hypotonic hyporesponsive state), 일시적 경련, 아나필락시스 반응이 있다. 다음과 같은 경우는 재접종을 해서는 안 된다. 즉, 접종 7일 이내 뇌증(다른 이유로 설명되지 않으며 심하고 급성으로 발생하는 중추신경계 질환), 즉각적 아나필락시스 반응이 있을 때이다. 그러나 접종 후 3일 이내 발열과 동반되거나, 동반되지 않는 경련이 발생한 경우와 접종 후 48시간 이내 3시간 이상 고성으로 몹시 우는 경우, 접종 후 48시간 이내 저긴장성 저반응 상태를 보인 경우, 접종 후 48시간 이내 40.5℃ 이상의 발열이 있는 경우는 재접종이 개별적으로 검토되어야 한다.

접종 후 접종부위를 5분 이상 문질러 주어 멍울이 생기지 않도록 하고 접종 때마다 접종부위를 다르게 한다. 주사부위가 붓고 아파하며 열이 나는 경우는 해열 진통제를 먹이고 찬찜질을 해 준다.

• 소아마비(polio)

소아마비 발생은 세계적으로 감소하고 있으며 국내에도 1980년 후반부터는 감염보고가 없다. 국내에서는 경구용 소아마비 약독화 생백신이 시용되고 있으며 소아마비 바이러스 1, 2, 3형이 혼합되어 있다. 이는 투여방법이 쉽고 장관 면역을 유도할 수 있다. 면역성도 높아서 2회 접종 후 소아마비 바이러스에 대한 항체가 90% 이상 생긴다. 기본접종 3회는 생후 2, 4, 6개월에 실시하고 추가접종은 4~6세에 한다. 소아마비 접종약을 먹인 후 30분가량 아무것도 먹이지 않아야 하는데, 이것은 음식 섭취로 인하여 구토가 생기는 것을 예방하기 위함이다. 만일 소아마비 예방약을 먹은 후 10분 이내에 토한 경우 다시 같은 양을 한 번 더 먹인다.

• 홍역, 풍진, 이하선염(measles, rubella, mumps)

2000년 말부터 전국적으로 홍역이 발생하여 임시 휴교령을 내린 곳도 있었고, 초등학교 취학 어린이(70만 명)를 대상으로 2차 접종 확인사업을 실시하여 입학 시 예방접종 확인서를 제출해야 입학이 가능하도록 조치하기도 하였다. 홍역은 모체에서 받은 면역체가 있어 12~15개월에 1차 접종을 하지만 홍역이 유행하는 시기에는 6~15개월에 홍역 단독 접종을 하기도 한다. 홍역, 풍진, 볼거리(이하선염)를 함께 MMR로써 주사한다.

부작용으로는 발열, 발진, 소양감, 아주 드물게 신경계 부작용, 혈소판 감소성 자반증 등이 있다. 예방접종의 금기사항으로는 젤라틴이나 네오마이신, 계란에 대하여 과민반응이 있는 경우이다. 12~15개월에 1차 접종을 하고 4~6세에 추가접종을 한다.

• 일본뇌염(Japanese encephalitis)

일본뇌염에 대한 접종방법이 바뀌어 사백신의 경우 1~2세 사이에 1~2주 간격으로 2회 접종하고 1년 후에 다시 접종하며, 6세와 12세에 추가접종을 한다. 생백신은 1~2세 사이에 1회, 1년 후 다시 접종하며, 6세와 12세에 추가접종한다. 사백신의 경우에는 치명적인 부작용인 뇌증이 생길 가능성이 있으며, 이미

국내에서 지난 십여 년 사이에 여러 건의 사망례가 있었다.

이런 일본뇌염 예방접종 후 뇌증은 사백신의 제조과정에서 함유된 쥐의 뇌조직유래 단백(MBP : Myelin Basic Protein)이 과민반응을 유발함으로써 발생하는 것으로 알려지고 있다. 생백신은 제조과정에서 뇌단백이 섞여 들어갈 우려가 없으므로 뇌증의 발생 가능성이 없다고 해서 최근에 도입되고 있다. 사백신에 사용되는 보존제인 치메로살이 없다는 것도 장점으로 광고되고 있다. 그러나 부작용에 대해서는 아직도 과연 안전하기만 한 것인지 그리 대규모의 신뢰성 있는 연구가 없으므로 판단은 유보적이다. 뇌염접종은 연중 아무 때나 가능하다. 일본뇌염 예방접종의 부작용은 대부분 경미하여 두통, 권태감, 발열, 국소통증, 복통, 부종 등이 있을 수 있다. 하지만 1년 이내 경련을 경험한 경우는 접종이 불가할 수 있다.

• 수두(chicken pox)

일부 국가에서는 소아의 기본 예방접종에 포함시키고 있다. 약독화 생백신으로 12~18개월 사이에 접종하며 1번 접종으로 유효하다. 접종 후 방어율은 90~95%로 접종 후에도 수두에 걸릴 수 있으나 대부분 증상이 경미하게 지나갈 수 있다.

13세 이상의 아동에서 접종을 하지 않았거나 수두를 앓은 적이 없는 경우는 4주 간격으로 2회 접종을 권장한다.

• 독감(influenza)

독감 예방접종은 사백신으로 접종 2주 후부터 항체가 생기며 한 달 뒤에 최고치에 달하므로 독감 유행시기 이전에 접종해야 한다. 독감의 경우 6개월 미만의 영아는 고열 등 전신증상의 부작용 발생률이 높아 접종하지 않는다. 접종 첫 해는 4주 간격으로 2회 접종하고 매년 1회 추가 접종한다.

부작용은 접종부위의 종창, 발적, 발열이 있을 수 있다. 계란성분이 MMR에 비하여 10배 이상이 들어 있으므로 계란에 대한 심각한 알러지 반응이 있는 경우나 1년 이내 경련을 경험한 경우, 발열성 질환에 걸린 경우는 접종할 수 없다.

• 뇌수막염(Hib : Hemophilus influenza type b)

모든 뇌수막염에 대한 예방력을 가지는 것이 아니고, 헤모필루스 인플루엔자 B형에 의한 뇌수막염을 예방하기 위한 것이다.

우리나라에서는 드문 병이기는 하지만 일단 감염되면 치명적이고 예방접종에 의해 거의 예방이 가능하며 부작용이 적은 편으로 접종이 장려되고 있다. 생후 2, 4, 6개월에 접종하고 15~18개월에 추가 접종한다.

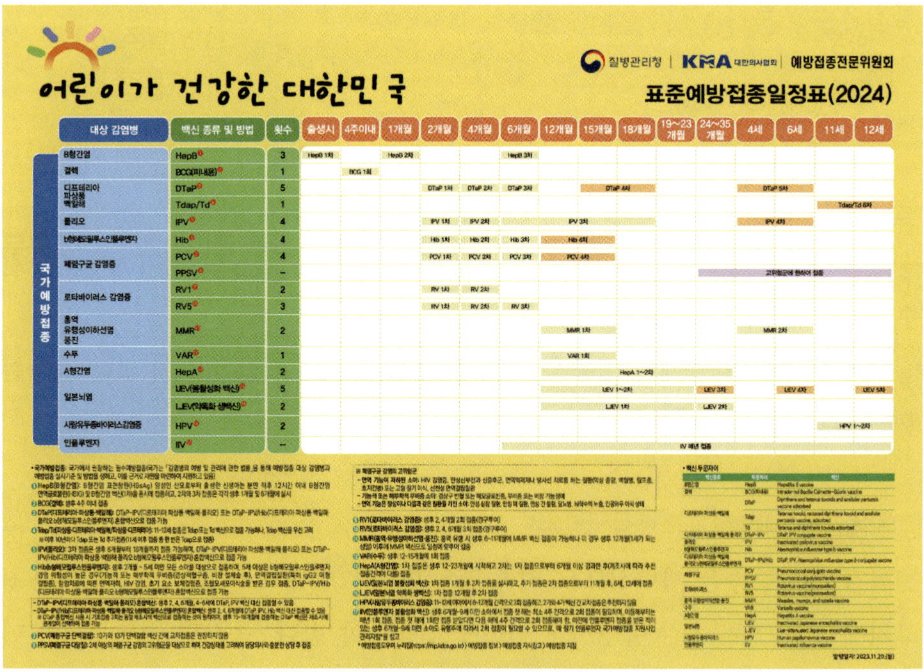

| 그림 2-2 | 표준예방접종일정표

출처 : 질병관리청 홈페이지.

3) 안전사고의 처리

(1) 안전사고 처리 이해

영유아에게 안전사고가 발생했을 때는 빠르고, 세심하게 성의를 가지고 조치를 취하는 것이 중요하다. 일반적으로 영유아교육기관에서의 안전사고 처리의 첫 단계는 침착하게 필수적인 응급처치를 실시하며, 원장에게 즉시 보고하는 것이다. 만약 원장이 부재상태라면 원감이나 주임 등 경험이 많은 교사에게 알린다. 또한 학부모에게 연락하여 안전사고 상황을 정확하게 설명하며, 연락이 여의치 않을 경우 학기 초 받아두었던 응급처치동의서에 기록된 제2보호자에게 연락하여 병원으로 내원하도록 조치하여야 한다. 이때 응급사고자를 병원으로 이송해야 할 상황에서는 원장과 학부모에게 거의 동시에 연락해야 하며, 부모나 보호자의 의견을 반영하여 병원으로 이송한다. 어느 곳에도 연락이 되지 않을 때는 동의서에 기입한 의료기관으로 가도록 한다. 간단한 의료처치가 아닌 수술 수준의 전문의료 처치가 필요한 경우, 부모의 동의하에 처치를 실시한다. 의사 처치 후 사고 발생 24시간 이내에 안전사고보고서를 작성하고 안전공제회에 신고한다. 이후, 안전공제회나 별도의 상해보험 처리절차에 따라 이행한다. 상당수의 기관에서 사고 발생 사실이 원아모집 등 기관 운영에 피해를 초래한다는 이유로 비밀리에 사고 처리를 하고 있으나 사고에 대한 보고가 정확하게 이루어져야 사고의 원인과 유형이 정확하게 분석되어 그에 맞는 예방대책을 수립할 수 있음은 물론 또 다른 사고의 발생을 방지할 수 있다.

〈입소서약서 서식 예시〉

서 약 서

본인은 ＿＿＿＿＿가 ○○○유치원에 다니는 동안 다음과 같이 동의하고 적극적으로 협조할 것을 서약합니다.

1. 입소 시, 알레르기나 약물 부작용, 기타 건강상 유의점이 있을 때, 반드시 유치원에 알리겠습니다 (만일 미리 알리지 않아서 발생한 사고에 대해서는 유치원에 책임을 묻지 않겠습니다).
2. 유아의 약은 유치원에서 투약은 가능하나 투약결과에 대해서는 전적으로 부모가 책임을 집니다.
3. 본 유치원은 유아의 안전사고에 만전을 기하며 모든 유아들은 입소와 동시에 상해보험 및 학교안전공제회 보험에 가입됩니다.

	보험내용	시기	납부자	보상범위
상해보험	모든 유아는 상해보험에 가입하고 보호자가 부담하는 것을 원칙으로 한다. 유아들의 입소와 동시에 가입하여 안전사고나 기타 사고 발생 시 도움을 받도록 한다.	입소 시	유치원에 재원 중인 모든 유아	상해 치료비
배상보험	모든 유아의 상해에 따른 배상 책임에 대비하여 배상보험에 가입할 수 있다. 보험료 부담은 유치원에서 부담하는 것을 원칙으로 한다.	연초	유치원	원아 수에 따라 다름, 한 사고당 **억 범위

4. 안전사고나 질병의 발생 시에는 '응급처치동의서' 절차에 따라 응급처치가 이루어지며, 보호자에게 즉시 연락합니다. 감염이나 전염성이 강한 질병(홍역, 수족구, 수두, 유행성결막염, 유행성장염, 전염성 피부질환 등)에 걸린 원아는 유치원에 등원하지 않습니다. 등원 후 전염성이 강한 질환이 발견되면 바로 귀가 지도합니다. 전염성 질환은 다른 친구들에게 질병을 전파시키거나, 전염되지 않도록 하기 위하여 발병 시 병원 진료 소견서 제출, 완치 후 병원 진료 소견서를 각각 제출합니다.
5. 등 · 하원 시에는 부모님이 교사에게 직접 유아를 인수, 인계하시고 보호자 외의 인계 시에는 서면(귀가 동의서)으로 통보합니다.
6. 유치원의 행사에 적극적으로 참여합니다.(학부모 오리엔테이션, 부모교육, 참여 수업 등)
7. 유치원의 전반적인 의견 수렴 시 참석하지 않을 경우 동의하는 것으로 간주하고 이행하겠습니다.

20　년　월　일　　보호자　　(인) 관계

〈비상연락 및 응급처치 동의서 서식 예시〉

반명		원아 이름		성별	
생년월일				혈액형	

유치원에서 생활 도중 사고에 대한 응급처치가 신속하게 이루어지도록 이 문서의 절차를 유치원에 권한을 위임하며 다음 사항에 따를 것입니다.

단, 놀이 중 발생한 안전사고의 경우 유치원에서 가입한 상해보험 규정에 동의합니다.

20 년 월 부모 서명

1. 부모에게 연락을 합니다.

이름		관계		연락처 (집, 이동전화)	
이름		관계		연락처 (집, 이동전화)	

2. 응급상황 시 부모와 연락이 되지 않을 경우 가능한 곳으로 연락을 합니다.

이름		관계		연락처 (집, 이동전화)	
이름		관계		연락처 (집, 이동전화)	

3. 유아가 다니고 있는 병원을 기입합니다(추천 병원).

병원 종류	소아과	성형외과	정형외과	기타	비고
병원 이름					
검진 의사					
전화 번호					
병원 위치					

4. 건강보험 관련 정보를 기입합니다.

의료보험 가입자 성명	의료보험 종류	의료보험	기관 기호

5. 본 기관에서는 응급조치를 제공할 것이고, 필요하다면 가까운 의료기관에 응급 이송을 합니다.

6. 치료비 영수 금액은 상해보험으로 지급됩니다. 단, 질병 및 전염성질환은 제외됩니다.

7. 특이 체질이나 과거 병력 및 질병이 있으면 적어 주시기 바랍니다. (장기 복용 약 이름 포함)

※ 변경 사항이 있을 경우 다시 작성해 주시기 바랍니다. ○○○유치원

(2) 안전사고의 후속조치

① 자체 해결

자체 해결은 사고의 피해자와 가해자 당사자들이 직접 자체적으로 처리하고 해결하는 방법이다. 이는 피해자 측에서 가해자 측이나 기관에 대한 손해 배상 청구를 포기하는 경우, 가해자 측이 일정한 금액을 피해자에게 지급하고 서로 합의하는 경우, 교직원과 학생들이 모금을 하여 처리하는 경우 등이다.

그러나 사고로 인한 피해가 경미한 경우에는 이 방법이 효과적이고 쉬운 해결방법이 될 수 있지만, 피해가 큰 경우에는 한계가 있을 수밖에 없다. 특히 해당 교사가 사고의 부담을 떠안게 되는 경우 사고로 인한 업무 위축을 보일 수 있다.

한편 사고를 당한 피해자 측에서 보면, 사고 당시에는 본인의 자녀가 속해있는 기관이라는 특수성과 자기 자녀의 담당 선생님이나 가까운 친구라는 점을 감안하여 원만한 합의를 결정하지만 사고로 인한 후유증이 예상보다 커지고 물질적·정신적 부담이 가중되는 경우에는 다른 해결 방안을 찾을 수밖에 없다. 따라서 이러한 자체 해결 방안은 임시적인 방안이 될 수밖에 없다는 한계점이 있다.

② 안전공제회에 의한 보상

우리나라의 상해보험은 과실책임주의를 원칙으로 하고 있기 때문에 영유아 사고발생 시, 과실 정도에 따라 보험료의 지급 정도가 다를 수도 있으며, 지급 자체가 거부될 수도 있다. 이런 문제점을 보완하기 위해 무과실책임주의를 원칙으로 하는 학교안전공제회와 어린이집안전공제회에서는 교육 활동 중의 사고에 대해 요양급여, 폐질급여, 사망 위로금 등을 지급하는 공제급여를 실시한다. 안전공제회는 무과실책임원칙으로 시행되고 있어 보상범위가 넓고 신속하다. 따라서 영유아가 누구의 과실도 없이 우연히 다치거나 사망한 경우에도 보상을 받을 수 있기 때문에 운영자나 학부모 입장에서 매우 유리하다. 또한 사보험에 비해 보험료도 저렴하다는 장점을 지닌다.

현재 우리나라의 영유아교육기관은 유치원과 어린이집의 이원화된 행정체계로 유치원에서의 안전사고는 학교안전공제회에서 처리하고, 어린이집의 안전사고는 어린이집안전공제회에서 처리한다. 각각의 절차는 구분되어 이루어지나 절차 및 내용에 있어서는 공통점과 차이점이 있다. 다음에서는 각 기관의 사고처리 절차 및 특성에 대하여 살펴보고자 한다.

가. 어린이집안전공제회 안전사고 통지 및 처리 절차

어린이집에서 발생한 안전사고는 어린이집안전공제회에 통지하여 처리 절차를 밟는다. 유치원과 마찬가지로 어린이집안전공제회의 안전사고 통지는 사고 발생 이후 15일 이내에 안전사고 증빙 자료를 첨부하여 신고하여야 한다.

ⅰ. 사고 발생
ⅱ. 사고 보고 : 보육통합정보시스템 내 어린이집지원시스템 접속 후 사고보고서 작성, 안전공제회 사고 보고
ⅲ. 사고접수 확인 : 공제계약 및 담보 확인 후 필요서류 안내
ⅳ. 청구서류 제출 : 팩스, 이메일, 우편을 통해 제출
ⅴ. 공제급여 산정 : 결정통지(이의가 있는 경우 보상심사위원회 심사 청구)
ⅵ. 공제회 지급 : 공제급여 수령
ⅶ. 종결

| 그림 2-3 | 어린이집안전공제회 안전사고 통지 및 처리 절차

출처 : 어린이집안전공제회 홈페이지.

나. 학교안전공제회 안전사고 통지 및 처리 절차

유치원에서 발생한 안전사고는 학교안전공제회에 통지하여 처리 절차를 밟는다. 학교안전공제회의 안전사고 통지는 합리적인 사유가 인정되는 경우 통지기간 연장이 가능하나 즉시 통지가 원칙이다. 단, 사고 발생 이후 15일 이상 경과한 경우에는 지연 사유서 및 객관적으로 증명할 수 있는 자료를 첨부하여 안전사고 처리를 신청한다.

안전사고 통지 절차는 영유아교육기관의 아이디로 '공제급여관리시스템'에 로그인하여 공제회에 사고발생통지서를 접수한다. 공제회에 한번 탑재된 사고발생통지서는 수정 또는 삭제가 불가능하고, 수정 또는 보완사항은 추가보고서에 작성·통지하여야 한다.

신고접수된 안전사고보고서에 의해 안전공제회에서는 안전사고에 대한 공제급여의 청구 절차를 개시한다. 즉, 사고 발생을 공제회에 통지함으로써 안전사고 발생이 효력을 갖게 되면 공제급여의 청구가 가능하다. 안전사고 청구결과는 공제급여관리시스템에서 공제급여청구서를 작성 후 출력할 수 있으며, 공제급여청구서와 청구 이유를 소명할 수 있는 증거자료(영수증 원본 등)를 첨부하여 공제회로 우편 등으로 발송하면 처리된다. 공제급여청구의 정확한 조사를 위해 소명자료 원본이 필수적으로 요구되므로 보존문서로 보관한다. 공제회는 공제급여청구를 받은 날부터 14일 이내에 공제급여 지급 여부를 결정하고, 결정한 사항에 대해서는 지체 없이 공제급여의 지급을 청구한 자에게 지급하여야 한다.

단계	구분	내용
1단계	학교안전 사고발생	• 중앙회 공제사업 업무처리 시스템 입력
2단계	사고 발생 통지접수	• 공제급여 지급대상 사고 접수
3단계	공제급여 청구	• 사고 발생 통지하여 접수된 사고에 대해 공제급여 청구
4단계	공제급여 심사	• 관계 법률 규정에 의해 공제급여 심사
5단계	지급 여부 결정	• 단, 정당한 사유가 있는 경우 필요한 기일만큼 연장 가능
6단계	공제급여 지급	• 유치원으로 결정내용 통보(공문발송)
7단계	심사청구	• 공제회의 급여 결정에 대하여 불복이 있는 자는 학교안전공제보상심사위원회에 심사 청구

| 그림 2-4 | 안전공제회 안전사고 접수 및 처리 절차

출처 : 학교안전공제중앙회 홈페이지.

③ 소송에 의한 처리 방법

자체 해결 방법이나 안전공제회, 사보험에 의해서도 적절한 해결이 이루어지지 못한 경우 최종 방법은 국가배상법이나 민법 등에 의거하여 손해 배상 청구 소송을 제기함으로써 법원의 판단에 따라 처리하는 방법이다.

국가배상법에 근거하여 손해 배상 청구를 하는 경우에는 소송 절차에 우선하여 법무부에 설치된 배상심의회에 배상금 지급신청을 하도록 되어 있으며, 이에 불복하는 경우 민사소송 절차에 따라 법원에 소송을 제기하게 된다. 이와 같이 소송에 의해 사고 문제를 해결하는 경우 책임의 소재를 명확하게 할 수 있지만 많은 문제를 수반한다. 일단 법정에서 서로 다투게 되기 때문에 영유아와 부모, 부모와 부모, 교사와 교사 또는 원장과 교사나 부모 간에 상호

불신과 반목을 초래하게 되며, 소송이 한 번 제기되면 최소 1년 이상 진행되고, 항소·상고를 하게 되는 경우에는 2~3년 이상이 소요될 수도 있다. 다행히 국가배상 결정에 상호 합의하게 되는 경우에는 2~3개월 만에 종결될 수도 있으나, 이러한 경우는 드물며, 대부분 법원에서 그 책임 소재를 두고 장기적으로 다투게 된다. 이렇게 장기간 소송이 진행되는 동안 겪게 되는 정신적·심리적 고통이 매우 크며 소송에 따른 비용도 적지 않아 피해자가 소기의 목적을 달성하게 되었다고 해도 사실상 별다른 소득도 없이, 서로에게 시간적·물리적·정신적 고통만 남기게 되는 경우가 많다.

(3) 사고보고서 작성

영유아교육기관에서는 사고 발생 24시간 이내에 사고보고서를 즉시 작성하여 1부는 부모에게 전달하고 1부는 영유아 개인 파일에 보관하며 작성된 사고보고서를 토대로 위험물 제거 및 교정활동 계획을 수립한다. 연말에는 지난 1년간의 사고보고서를 분석하여 영유아교육기관 내 자주 발생하는 사고 유형 및 원인을 분석하여 이후 내년도 안전관리 및 안전교육 계획 수립 시 반영하도록 한다. 이와 더불어 신입교사 훈련 시 교육내용에 포함한다.

〈영유아 사고보고서 서식 예시〉

영유아 사고보고서

- 어린이집은 사고발생 24시간 이내에 사고보고서를 작성하여 시장 · 군수 · 구청장에게 보고하여야 하며, 중대 사고(중상 이상의 안전사고, 감염병 및 식중독 등 집단 질병, 화재 · 침수 · 붕괴 등 재난사고 등)는 사고 발생 즉시 보고(즉시 유선 통보 후 서식에 의한 보고)하여야 한다.
- 어린이집 영유아의 안전사고보고는 보육통합정보시스템(CIS) 입력보고(어린이집운영〉 사고/감염보고〉 사고보고)를 원칙으로 한다.

사 고 보 고 서

어린이집명 (유형)	(　　　　) * 전담지정종류 포함	인가일	최초 :　　년　월　일 변경 :　　년　월　일
주 소		연락처	
어린이집 현황	정원 (　)명, 현원 (　)명, 보육교직원 (　)명		
반별 현황	0세반 ( )명　1세반 ( )명　2세반 ( )명　3세반 ( )명　4세반 ( )명　5세반 ( )명 시간제 ( )명　방과후 ( )명　시간연장 ( )명　24시간 ( )명		

사고영유아명		성별	남　여	생년월일	년　월　일
사고일자	년　월　일	목격자명		사고시간	오전 / 오후

사고 당시 원장 및 담임교사 근무상황	
부모연락사항	

연락시간	오전 / 오후　　시	119신고 여부	□ 안함 □ 신고함(오전 / 오후　시)

사고발생 장소	□ 수송중	□ 견학중	□ 실외놀이장	□ 실내놀이실
	□ 화장실	□ 복도	□ 주방	□ 대근육활동실(유희실)
	□ 교사실	□ 식당	□ 계단	□ 기타(　　　)
사고당시 활동내용	□ 목욕 및 배변시간	□ 교실활동	□ 계단 오르내리기	
	□ 실내자유놀이	□ 점심/ 간식/ 수유시간	□ 실외자유놀이	
	□ 계획된 실외놀이	□ 놀이시설 설비	□ 물놀이	
	□ 견학	□ 낮잠	□ 기타(　　　)	
상해를 입은 시설 설비	□ 오르기시설	□ 평균대	□ 크롤(기어나가는 시설)	
	□ 장애설비	□ 현관문/ 교실문	□ 실외고정물	
	□ 회전대	□ 놀이집	□ 시소	
	□ 미끄럼틀	□ 그네	□ 바퀴 달린 탈것	
	□ 바퀴 달린 장난감	□ 잘 모르겠음	□ 기타(　　　)	
상해의 유형	□ 화상	□ 쇼크/ 질식	□ 추락/ 강타	□ 물체에 끼임
	□ 찢어짐	□ 뼈가 부러지거나 탈구	□ 압박, 눌림	□ 찔림
	□ 베임	□ 찰과상(벗겨짐)	□ 삠	□ 물림
	□ 식중독	□ 기타 중독	□ 호흡곤란	□ 기타(　　　)

<table>
<tr><td colspan="3">상해를 입은 다른 영유아가 있는가?</td><td>□ 예 □ 아니요</td></tr>
<tr><td>사고원인</td><td colspan="3">□ 바닥으로 떨어짐 : 떨어진 높이 약 m
바닥의 형태 :
□ 뛰거나 발을 헛디뎌 넘어짐 □ 다른 유아에게 물림
□ 다른 유아에게 맞거나 밀림 □ 바퀴 달린 탈것(인라인 스케이트 등)
□ 물체에 의해 다침 □ 음식물에 의한 질식
□ 곤충에 물리거나 쏘임 □ 동물에게 물림
□ 열, 추위에 노출 □ 기타( )</td></tr>
<tr><td>다친 부위
(좌, 우 표시)</td><td colspan="3">□ 머리 □ 눈(좌, 우) □ 귀(좌, 우) □ 코 □ 입
□ 목 □ 가슴 □ 등 □ 엉덩이(좌, 우)
□ 생식기 □ 팔(좌, 우) □ 손(좌, 우) □ 다리(좌, 우)
□ 발(좌, 우)</td></tr>
<tr><td>사고 관련
특이사항</td><td colspan="3"></td></tr>
<tr><td colspan="4">어린이집에서 행해진 응급처치(상술 ⓔ 압박붕대, 세척, 붕대 등)</td></tr>
<tr><td colspan="4"></td></tr>
<tr><td colspan="4">상해 · 배상보험 가입 현황</td></tr>
<tr><td colspan="4">□ 상해 □ 배상 □ 기타( ) 보험금 최고한도 인당( )만 원 건당( )만 원</td></tr>
<tr><td>응급처치자</td><td></td><td>의료기관 진료 여부</td><td>□ 안 함 □ 함</td></tr>
<tr><td>의료기관 진료를
한 경우</td><td colspan="3">□ 외래 진료를 받음(ⓔ 진료실, 응급실)
□ 입원(시간/ 일)</td></tr>
<tr><td colspan="2">기타 사후처리 상황
(경찰조사, 피해합의 등)</td><td colspan="2"></td></tr>
<tr><td colspan="2">사고아동 보호(치료)를 위한 추후 계획</td><td colspan="2"></td></tr>
<tr><td colspan="2">재발방지를 위한 조치사항</td><td colspan="2"></td></tr>
<tr><td>직원 서명</td><td colspan="3">(인) 날짜 : . . 오전 / 오후</td></tr>
<tr><td>부모 서명</td><td colspan="3">(인) 날짜 : . . 오전 / 오후</td></tr>
</table>

출처 : 보건복지부(2023).

Chapter 3

영유아교육기관과 안전교육

1. 영유아교육과정과 안전교육
2. 영유아교육기관의 안전교육 계획 및 운영
3. 영유아교육기관의 안전교육 교수-학습방법

Chapter 3

영유아교육기관과 안전교육

1 영유아교육과정과 안전교육

1) 표준보육과정과 영아 안전

표준보육과정(보건복지부, 2020)은 0~1세 보육과정과 2세 보육과정, 3~5세 보육과정(누리과정)으로 구성되어 있다. 표준보육과정에서 안전에 관련된 내용은 대부분 기본생활 영역에 포함되어 있으며, 표준보육과정의 기본생활 영역은 '건강하게 생활하기', '안전하게 생활하기'의 두 가지 내용범주로 구성되어 있다. 안전교육 관련 내용인 '안전하게 생활하기'에서는 안전사고 예방·대처능력의 향상을 강조하고 있다.

(1) 목표

표준보육과정 내용 중 '안전교육' 관련 목표는 다음과 같다.

〈표 3-1〉 표준보육과정 내용 중 '안전교육' 관련 목표

연 령	목 표	내 용
0~1세	건강하고 안전한 일상생활을 경험한다.	• 건강한 일상생활을 경험한다. • 안전한 일상생활을 경험한다.
2세	건강하고 안전한 생활습관의 기초를 형성한다.	• 건강한 생활습관의 기초를 경험한다. • 안전한 생활습관의 기초를 경험한다.

(2) 내용범주와 내용

표준보육과정의 '기본생활 영역'에 제시된 안전 관련 내용을 연령별로 제시하면 다음과 같다.

〈표 3-2〉 표준보육과정 내용 중 '안전교육' 관련 내용

내용범주	0~1세	2세
안전하게 생활하기	안전한 상황에서 놀이하고 생활한다.	일상에서 안전하게 놀이하고 생활한다.
	안전한 상황에서 교통수단을 이용해 본다.	교통수단을 안전하게 이용해 본다.
	위험하다는 말에 주의한다.	위험한 상황에 대처하는 방법을 경험한다.

2) 개정 누리과정과 유아 안전

누리과정은 유치원과 어린이집의 3~5세 유아에게 공통적으로 제공하는 교육·보육 과정으로, 2012년 3월 5세를 대상으로 시행에 들어가 이듬해에 3~4세까지 확대되었다(교육과학기술부·보건복지부, 2013). 누리과정에서 안전에 관련된 내용은 대부분 신체운동·건강 영역에 포함되어 있었다. 누리과정의 신체운동·건강 영역은 '신체인식하기', '신체조절과 기본운동하기', '신체활동에 참여하기', '건강하게 생활하기', '안전하게 생활하기'의 내용범주로 구성되어 있었으며, 안전교육 관련 내용인 '안전한 생활'에서는 안전사고 예방·대처능력의 향상을

강조하였다.

'2019년 개정 누리과정'의 신체운동·건강 영역은 연령별 구분 없이, 5개의 세부 목표를 3개로 간략화하고 내용범주는 '신체활동 즐기기', '건강하게 생활하기'로 통합되었으며, '안전하게 생활하기'는 그대로 유지하고 있다. 또한 유아안전교육을 강조하고자 관련 법령 및 지침에 제시된 내용을 최대한 반영하여 개정하였다(교육부, 2019a).

(1) 목표

누리과정 내용 중 '안전교육' 관련 목표는 다음과 같다.

〈표 3-3〉 누리과정 내용 중 '안전교육' 관련 목표

연 령	목 표	내 용
3~5세	실내외에서 신체활동을 즐기고, 건강하고 안전한 생활을 한다.	• 신체활동에 즐겁게 참여한다. • 건강한 생활습관을 기른다. • 안전한 생활습관을 기른다.

(2) 내용범주와 내용

누리과정의 '안전하게 생활하기'에 제시된 안전 관련 내용은 다음과 같다.

〈표 3-4〉 누리과정 내용 중 '안전교육' 관련 내용

내용범주	내 용
안전하게 생활하기	일상에서 안전하게 놀이하고 생활한다.
	TV, 컴퓨터, 스마트폰 등을 바르게 사용한다.
	교통안전 규칙을 지킨다.
	안전사고, 화재, 재난, 학대, 유괴 등에 대처하는 방법을 경험한다.

〈‘내용 이해’와 ‘유아의 경험’ 연계 예시〉

- **내용범주 :** 안전하게 생활하기
- **목표 :** 안전한 생활습관을 기른다.
- **내용**
  - 일상에서 안전하게 놀이하고 생활한다.
  - TV, 컴퓨터, 스마트폰 등을 바르게 사용한다.
  - 교통안전 규칙을 지킨다.
  - 안전사고, 화재, 재난, 학대, 유괴 등에 대처하는 방법을 경험한다.

내용 이해	유아의 경험
일상에서 안전하게 놀이하고 생활한다. 유아가 일상에서 위험한 장소, 상황 도구 등을 알고, 안전한 놀이방법과 놀이규칙을 지키며 놀이하고 생활하는 내용이다. **TV, 컴퓨터, 스마트폰 등을 바르게 사용한다.** 유아가 일상에서 자주 접하는 TV, 컴퓨터, 스마트폰 등을 필요한 상황에서 적절하게 사용하며, 적정 시간을 지키고, 바른 자세로 이용하는 내용이다.	두 유아가 재활용 상자를 이용하여 집을 만드는 놀이를 한다. 이를 보고 있던 다른 한 유아가 자신이 집의 지붕을 만들어 주겠다며 가위를 들고 친구들에게 달려간다. 달리던 유아가 넘어지자 재미있다는 듯 깔깔댄다. 이 모습을 지켜본 교사는 유아들에게 다가와 안전하게 놀이하기 위한 약속을 정하자고 제안한다. 유아들은 “가위를 들고 걸어 다니지 않아요”, “친구들에게 의견을 물어보고 함께 놀이해요”, “친구들을 향하여 가위를 내밀지 않아요” 등 만들기 놀이를 하기 위한 약속을 이야기한다.
교통안전 규칙을 지킨다. 유아가 안전한 보행, 도로횡단, 교통기관의 안전한 이용 등 교통안전 규칙을 알고 실천하는 내용이다.	4세 유아가 교통안전 동영상을 보고, 여러 가지 블록과 인형을 이용하여 횡단시설을 만든다. 만들어진 횡단시설 위에 교통표지판과 자동차를 일렬로 놓는다. 만들어진 길을 쳐다보다 갑자기 동영상에서 보았던 내용을 기억하여 “멈춘다”, “살핀다”, “건넌다”라고 말하며 인형을 이동시킨다.
안전사고, 화재, 재난, 학대, 유괴 등에 대처하는 방법을 경험한다. 유아가 안전사고, 화재, 재난, 학대, 유괴 등의 위험에 처한 상황을 알고, 도움을 요청하거나 평소 훈련에 따라 대피하는 등 안전교육과 관련된 내용이다.	‘도와줘요, 빨래할머니’ 동화를 들은 5세반 유아들이 신체접촉 상황별 카드를 보며, 그림처럼 행동하는 게임을 한다. 낯선 사람이 불쾌한 신체접촉을 할 때에 거부의사 방법을 표현해 본다.

2 영유아교육기관의 안전교육 계획 및 운영

1) 영유아교육기관의 안전교육 법적 근거 : 정보 공시 관련

(1) 어린이집 안전교육 정보 공시 관련

① 어린이집 안전교육 정보 공시 관련 법규

어린이집 안전교육 정보 공시와 관련된 대표적 법규는 다음과 같다.

※ 영유아보육법

[시행 2024. 2. 17.] [법률 제19653호, 2023. 8. 16., 일부개정]

제49조의2(어린이집 정보의 공시 등) ① 어린이집의 원장은 어린이집이 보유·관리하는 다음 각 호의 정보를 매년 1회 이상 공시하여야 한다. 이 경우 어린이집의 원장은 공시한 정보(이하 이 조에서 “공시정보”라 한다)를 특별자치시장·특별자치도지사·시장·군수·구청장에게 제출하여야 하고 보건복지부장관은 공시정보와 관련된 자료의 제출을 요구할 수 있다.

1. 어린이집의 시설, 설치·운영자, 보육교직원 등 기본 현황
2. 제29조에 따른 어린이집 보육과정에 관한 사항
3. 제38조에 따라 수납하는 보육료와 그 밖의 필요경비에 관한 사항
4. 어린이집 예산·결산 등 회계에 관한 사항
5. 영유아의 건강·영양 및 안전관리에 관한 사항
6. 그 밖에 보육여건 및 어린이집 운영에 관한 사항으로서 대통령령으로 정하는 사항

② 공시정보의 구체적인 범위와 공시의 횟수·시기 및 방법 등에 필요한 사항은 대통령령으로 정한다.

③ 보건복지부장관은 제1항에 따른 공시에 필요한 양식을 마련·보급하고 공시정보를 수집 및 관리할 수 있다. 이 경우 보건복지부장관은 보육정책 수립, 학술연구 진흥, 통계 작성 등에 활용하기 위하여 공시정보를 연계·가공할 수 있다.

④ 보건복지부장관, 시·도지사 또는 시장·군수·구청장은 어린이집의 원장이 해당 정보를 공시하지 아니하거나 게을리할 경우 이에 대한 시정을 권고하여야 한다.

⑤ 어린이집의 원장은 어린이집을 홍보하거나 「표시·광고의 공정화에 관한 법률」에 따른 표시 또는 광고를 할 때에는 제1항에 따라 공시된 정보와 다르게 알려서는 아니 된다.
⑥ 보건복지부장관, 시·도지사 또는 시장·군수·구청장은 제5항의 위반 여부를 확인할 필요가 있는 경우에는 해당 어린이집의 원장에게 관련 자료의 제출을 요청할 수 있다. 이 경우 요청을 받은 어린이집의 원장은 정당한 사유가 없는 한 관련 자료를 보건복지부장관, 시·도지사 또는 시장·군수·구청장에게 제출하여야 한다.

※ 영유아보육법 시행령

[시행 2023. 12. 26.] [대통령령 제34044호, 2023. 12. 26., 일부개정]

제25조의6(어린이집 정보 공시의 범위·횟수 및 시기) ① 법 제49조의2제1항제6호에서 "대통령령으로 정하는 사항"이란 다음 각 호의 사항을 말한다. 〈개정 2015. 9. 15., 2021. 3. 30.〉

1. 법 제23조 및 법 제23조의2에 따른 어린이집 원장 및 보육교사의 보수교육 이수에 관한 사항
2. 「아동복지법」 제31조에 따른 아동의 안전에 대한 교육 실시에 관한 사항

→ ***아동복지시설의 장, 영유아보육법에 따른 어린이집의 원장, 유아교육법에 따른 유치원의 원장에 해당됨***

3. 어린이집에서 운행하는 「도로교통법」 제2조제23호에 따른 어린이통학버스에 관한 사항
4. 「전기안전관리법」 제13조에 따른 전기안전점검에 관한 사항

② 어린이집의 원장이 법 제49조의2 제1항에 따라 공시하여야 하는 정보(이하 "공시정보"라 한다)의 범위 및 공시 횟수·시기는 별표 1의5와 같다. 〈개정 2015. 9. 15, 2019. 6. 4.〉

② 어린이집 안전교육 공시항목

항 목	공시정보의 범위	공시 횟수	공시 시기
1. 기본 현황	가. 일반 현황		
	1) 어린이집 이름, 설립일, 설립유형, 제공서비스, 운영시간, 주소, 전화번호 등 어린이집 기본 현황	수시	수시
	2) 설치 · 운영자 이름, 원장 이름	수시	수시
	나. 시설 현황		
	1) 건축연도, 건물층수, 건물유형, 건물소유형태	수시	수시
	2) 건물 전용면적, 대지 총 면적, 보육실 수 및 면적, 놀이터 면적 등, 비상재해대비시설 종류	수시	수시
	다. 폐쇄회로 텔레비전 설치 대수, 장소, 기기 종류, 카메라 성능(화소), 운영방식 등 현황	수시	수시
2. 영유아 및 보육교직원에 관한 사항	가. 연령별 학급/ 반 현황	수시	수시
	나. 보육교직원 현황		
	1) 직종별 · 자격별 보육교직원 현황	수시	수시
	2) 어린이집 원장 및 보육교사의 현 기관 근속연수	연 1회	4월
3. 법 제29조에 따른 보육과정에 관한 사항	가. 표준보육과정 운영에 관한 사항		
	1) 공통과정 주당 운영시간	수시	수시
	2) 보육과정 운영 계획	연 1회	4월
4. 법 제38조에 따라 수납하는 보육료와 그 밖의 필요경비에 관한 사항	가. 보육비용		
	1) 보육료의 연령별 최대 수납액	수시	수시
	2) 그 밖의 필요경비의 항목별 최대 수납액	수시	수시
	나. 특별활동에 관한 사항		
	1) 특별활동 영역, 프로그램명 및 대상 연령	월 1회	매월
	2) 주당 운영횟수 및 1회당 운영시간	월 1회	매월
	3) 프로그램 단가 및 업체명	월 1회	매월

5. 예산 · 결산 등 회계에 관한 사항	가. 세입예산서 및 세출예산서	연 1회	4월
	나. 세입결산서 및 세출결산서	연 1회	10월
6. 건강 · 영양 및 안전관리에 관한 사항	가. 급식관리 현황		
	1) 운영방식, 급식인원, 급식담당인력(영양사 · 취사인력), 집단급식소 신고 여부	수시	수시
	2) 식중독 발생 및 처리 현황	수시	수시
	3) 식단표	월 1회	매월
	나. 환경 안전 관리 현황		
	1) 실내공기질 관리 현황	수시	수시
	2) 정기소독 관리 현황	수시	수시
	3) 음용수 종류 및 수질검사 현황	수시	수시
	다. 안전교육 및 안전점검 실시 현황		
	1) 소방대피 훈련 여부	수시	수시
	2) 놀이시설 안전검사 현황	수시	수시
	3) 가스점검, 소방안전점검, 전기설비 점검 여부	수시	수시
	라. 법 제31조의2에 따른 공제회 및 보험 가입 현황		
	1) 영유아의 생명 · 신체에 대한 공제 또는 보험 가입 현황	수시	수시
	2) 보육교직원 생명 · 신체 공제 또는 보험 가입 현황	수시	수시
	3) 화재보험 가입 현황	수시	수시
	4) 가스사고배상책임보험 가입 현황	수시	수시
	5) 어린이놀이시설 안전보험 가입 현황	수시	수시
	6) 통학버스 책임보험 또는 종합보험 현황	수시	수시

7. 그 밖에 보육여건 및 운영에 관한 사항	가. 어린이집 원장 및 보육교사의 보수교육 이수에 관한 사항	수시	수시
	나. 영유아 안전에 대한 교육실시에 관한 사항	수시	수시
	다. 어린이통학버스 운영 현황		
	1) 통학버스 운영 여부, 신고 현황	수시	수시
	2) 통학버스 승차 인원	수시	수시
	3) 통학버스 안전교육 이수 여부 및 이수 날짜	수시	수시
	라. 전기사업법 제66조의2에 따른 전기안전점검실시 현황	수시	수시

출처 : 어린이집정보공개포털 홈페이지(http://info.childcare.go.kr).

(2) 유치원 안전교육 정보 공시 관련

① 유치원 안전교육 정보 공시 관련 법규

유치원 안전교육 정보 공시와 관련된 대표적 법규는 다음과 같다.

※ 학교안전사고 예방 및 보상에 관한 법률

[시행 2022. 3. 25.] [법률 제18463호, 2021. 9. 24., 일부개정]

제8조(학교안전교육의 실시) ① 학교장은 학교안전사고를 예방하기 위하여 교육부령으로 정하는 바에 따라 학생·교직원 및 교육활동참여자에게 학교안전사고 예방 등에 관한 다음 각 호의 교육(이하 "안전교육"이라 한다)을 실시하고 그 결과를 학기별로 교육감에게 보고하여야 한다. 〈개정 2008. 2. 29., 2013. 3. 23., 2015. 1. 20., 2016. 2. 3., 2021. 3. 23.〉

1. 「아동복지법」 제31조에 따른 교통안전교육, 감염병 및 약물의 오남용 예방 등 보건위생 관리교육 및 재난대비 안전교육
2. 「학교폭력 예방 및 대책에 관한 법률」 제15조에 따른 학교폭력 예방교육
3. 「성폭력방지 및 피해자보호 등에 관한 법률」 제5조에 따른 성폭력 예방에 필요한 교육
4. 「성매매방지 및 피해자보호 등에 관한 법률」 제5조에 따른 성매매 예방교육

5. 「초·중등교육법」 제23조에 따른 교육과정이 체험중심 교육활동으로 운영되는 경우 이에 관한 안전사고 예방교육
6. 그 밖에 안전사고 관련 법률에 따른 안전교육

② 삭제 〈2015. 1. 20.〉

③ 교육부장관 및 교육감은 다음 각 호의 사항이 포함된 안전교육에 필요한 교재와 프로그램을 개발·보급하고, 학교장의 요청이 있는 경우 교육부령으로 정하는 안전교육을 담당할 강사를 알선하는 등 안전교육에 필요한 지원을 하여야 한다. 〈개정 2008. 2. 29., 2013. 3. 23., 2015. 1. 20.〉

1. 안전사고 예방 및 대책에 관한 사항
2. 재난대비 훈련 및 안전에 관한 사항
3. 그 밖에 교육부장관이 필요하다고 인정하는 사항

④ 학교장은 필요에 따라 안전교육을 이론교육과 실습교육으로 병행하여 실시하되, 안전교육을 효율적으로 실시하기 위하여 교원 또는 교육활동참여자로 하여금 담당하게 하거나 교육부령으로 정하는 바에 따라 전문교육기관·단체 또는 전문가에 위탁하여 실시할 수 있다. 〈개정 2012. 1. 26., 2015. 1. 20.〉

※ 학교안전사고 예방 및 보상에 관한 법률 시행규칙

[시행 2022. 11. 7.] [교육부령 제288호, 2022. 11. 7., 일부개정]

제2조(학교안전교육의 실시) ① 학교의 장(이하 "학교장"이라 한다)은 「학교안전사고 예방 및 보상에 관한 법률」(이하 "법"이라 한다) 제8조제1항에 따라 학생·교직원 및 교육활동참여자를 대상으로 다음 각 호의 교육을 하여야 한다. 이 경우 교육횟수·교육시간·강사 및 교육실적에 대한 보고방법 등은 교육부장관이 따로 정하여 고시한다. 〈개정 2012. 3. 30., 2014. 1. 3., 2015. 7. 21.〉

1. 일상생활에서 발생할 수 있는 안전사고 예방을 위한 생활안전교육
2. 교통수단 등으로 발생할 수 있는 안전사고 예방을 위한 교통안전교육
3. 폭력예방 및 신변보호를 위한 안전교육
4. 약물 및 사이버 중독 예방을 위한 안전교육
5. 화재·재난 등의 예방 및 대비를 위한 재난안전교육

6. 일터에서 발생할 수 있는 안전사고 예방을 위한 직업안전교육
7. 응급처치에 관한 교육
8. 그 밖에 안전사고 예방을 위하여 필요한 교육

② 삭제 〈2015. 7. 21.〉

③ 교육부장관 및 교육감은 학교장이 제1항에 따른 학교안전교육을 효율적으로 실시하게 하기 위하여 관련 분야의 전문가로부터 의견을 수렴하여 교육자료의 개발, 체험시설의 확충 및 관련 시설의 이용정보의 제공 등을 해야 한다. 〈신설 2012. 3. 30., 2013. 3. 23., 2020. 7. 17.〉

④ 법 제8조제3항에서 "교육부령으로 정하는 안전교육"이란 제1항에 따른 안전교육을 말한다. 〈신설 2015. 7. 21.〉

⑤ 학교장이 법 제8조 제4항에 따라 안전교육을 위탁할 수 있는 전문교육기관·단체 또는 전문가는 다음 각 호와 같다. 〈신설 2015. 7. 21.〉

1. 국가·지방자치단체 소속의 안전교육 과정을 운영하는 교육기관(소속 직원을 포함한다. 이하 이 항에서 같다)
2. 「도로교통법」 제120조에 따른 도로교통공단
3. 「소방기본법」 제40조에 따른 한국소방안전협회
4. 그 밖에 교육부장관 및 교육감이 안전교육 운영에 적합하다고 인정하는 안전체험시설 및 안전교육기관

※ 아동복지법

[시행 2024. 2. 9.] [법률 제19605호, 2023. 8. 8., 일부개정]

제31조(아동의 안전에 대한 교육) ① 아동복지시설의 장, 「영유아보육법」에 따른 어린이집의 원장, 「유아교육법」에 따른 유치원의 원장 및 「초·중등교육법」에 따른 학교의 장은 교육대상 아동의 연령을 고려하여 대통령령으로 정하는 바에 따라 매년 다음 각 호의 사항에 관한 교육계획을 수립하여 교육을 실시하여야 한다. 이 경우 그 대상이 「영유아보육법」 제2조제1호에 따른 영유아인 경우 아동복지시설의 장, 같은 법에 따른 어린이집의 원장 및 「유아교육법」에 따른 유치원의 원장은 보건복지부령으로 정하는 자격을 갖춘 외부전문가로 하여금 제1호의2에 따른 아동학대 예방교육을 하게 할 수 있다. 〈개정 2015. 12. 29., 2021. 12. 21.〉

1. 성폭력 예방
1의2. 아동학대 예방
2. 실종·유괴의 예방과 방지
3. 감염병 및 약물의 오남용 예방 등 보건위생관리
4. 재난대비 안전
5. 교통안전

② 아동복지시설의 장, 「영유아보육법」에 따른 어린이집의 원장은 제1항에 따른 교육계획 및 교육실시 결과를 관할 시장·군수·구청장에게 매년 1회 보고하여야 한다.

③ 「유아교육법」에 따른 유치원의 원장 및 「초·중등교육법」에 따른 학교의 장은 제1항에 따른 교육계획 및 교육실시 결과를 대통령령으로 정하는 바에 따라 관할 교육감에게 매년 1회 보고하여야 한다.

※ 아동복지법 시행령

[시행 2024. 2. 9.] [대통령령 제34170호, 2024. 1. 30., 일부개정]

제28조(아동의 안전에 대한 교육) ① 아동복지시설의 장, 「영유아보육법」에 따른 어린이집의 원장, 「유아교육법」에 따른 유치원의 원장 및 「초·중등교육법」에 따른 학교의 장은 법 제31조 제1항에 따라 교육계획을 수립하여 교육을 실시할 때에는 별표 6의 교육기준에 따라야 한다. 〈개정 2018. 3. 6.〉

② 법 제31조제2항 및 제3항에 따라 아동복지시설의 장 및 「영유아보육법」에 따른 어린이집의 원장은 시장·군수·구청장에게, 「유아교육법」에 따른 유치원의 원장 및 「초·중등교육법」 제2조에 따른 학교의 장은 교육감에게, 각각 교육계획 및 교육실시 결과를 매년 3월 31일까지 보고하여야 한다. 〈개정 2014. 9. 26.〉

③ 아동복지시설의 장은 그 아동복지시설에 입소한 아동 중 「영유아보육법」에 따른 어린이집, 「유아교육법」에 따른 유치원 또는 「초·중등교육법」에 따른 학교에서 실시하는 법 제31조제1항각 호의 사항에 관한 교육을 받은 아동에 대해서는 법 제31조제1항에 따른 교육을 실시하지 아니할 수 있다.

② 유치원 안전교육 공시항목

공시정보 항목	공시정보 범위	공시 기관	공시 횟수	공시 시기
1. 유치원 규칙 · 시설 등 기본현황	가. 일반 현황			
	1) 기관 기본현황	전체	연 1회	4월
	2) 유치원 규칙	전체	수시	수시
	3) 원장명, 설립 · 경영자명	전체	연 2회	4월/ 10월
	나. 교지(校地) · 교사(校舍) 등 시설 현황	전체	연 1회	4월
2. 유아 및 유치원 교원 등에 관한 사항	가. 연령별 학급수 · 원아수	전체	연 2회	4월/ 10월
	나. 교직원 현황			
	1) 직위 · 자격별 교원현황	전체	연 2회	4월/ 10월
	2) 교사의 현 기관 근속연수	전체	연 2회	4월/ 10월
3. 유치원 교육과정 및 방과후 과정 편성 · 운영에 관한 사항	가. 교육과정 편성 · 운영에 관한 사항	전체	연 1회	4월
	나. 방과후 과정 편성 · 운영에 관한 사항	전체	연 1회	4월
	다. 수업일수 현황	전체	연 1회	4월
4. 유치원 원비 및 예 · 결산 등 회계에 관한 사항	가. 유치원 원비 현황			
	1) 교육과정비, 방과후 과정 운영비	전체	연 2회	4월/ 10월
	2) 특성화 활동비	전체	연 2회	4월/ 10월
	나. 유치원 회계 예 · 결산서	전체	각 연 1회	(예산) 4월 (결산) 10월
	다. 적립금 현황	사립	연 1회	(결산) 10월

<table>
<tr><td rowspan="8">5. 유치원의 급식 · 보건관리 · 환경위생 및 안전관리에 관한 사항</td><td colspan="4">가. 급식관리 현황</td></tr>
<tr><td>1) 급식실시 및 급식사고 발생 · 처리 현황</td><td>전체</td><td>연 2회</td><td>4월/ 10월</td></tr>
<tr><td>2) 식단표</td><td>전체</td><td>수시</td><td>수시</td></tr>
<tr><td>나. 환경위생관리 현황</td><td>전체</td><td>연 2회</td><td>4월/ 10월</td></tr>
<tr><td>다. 안전점검 현황</td><td>전체</td><td>연 2회</td><td>4월/ 10월</td></tr>
<tr><td>라. 안전교육 계획 및 실시 현황</td><td>전체</td><td>연 1회</td><td>4월</td></tr>
<tr><td>마. 공제회 및 보험가입 현황</td><td>전체</td><td>연 2회</td><td>4월/ 10월</td></tr>
<tr><td>6. 유아교육법 제30조부터 제32조까지의 시정명령 등에 관한 사항</td><td>위반내용 및 조치 결과</td><td>전체</td><td>수시</td><td>수시</td></tr>
<tr><td rowspan="2">7. 그 밖에 교육여건 및 유치원 운영상태 등에 관한 사항</td><td>가. 통학차량 운영 현황</td><td>전체</td><td>연 2회</td><td>4월/ 10월</td></tr>
<tr><td>나. 유치원 평가에 관한 사항</td><td>전체</td><td>연 1회</td><td>4월</td></tr>
</table>

출처 : 유치원 알리미 홈페이지.

2) 영유아교육기관 안전교육 계획

(1) 어린이집 안전교육 실시 계획

어린이집의 안전교육은 영유아에 대한 안전교육, 보육교직원에 대한 안전교육, 부모에 대한 안전교육으로 나누어 살펴볼 수 있다(보건복지부, 2024).

① 영유아에 대한 안전교육

영유아에 대한 안전교육 내용은 대부분 기본생활 영역에 포함되어 있으며, 표준보육과정의 기본생활 영역은 '건강하게 생활하기', '안전하게 생활하기'의 두 가지 내용범주로 구성되어 있다. 안전교육 관련 내용인 '안전하게 생활하기'에서는 안전사고 예방·대처능력의 향상을 강조하고 있다.

- 영유아 스스로가 자신의 안전을 보호할 수 있는 능력과 기술을 가지도록 교육해야 함
- 어린이집의 장은 비상대응계획을 작성하고, 소방 대피, 지진 대피, 폭설 대비 훈련을 포함한 다양한 유형의 재난 대비 훈련을 월 1회 실시해야 함
  - 비상대피 훈련은 「어린이집 비상대피훈련 표준안내」를 표준으로 시행하되 어린이집의 실정에 따라 변경 운영 가능
  - 비상대응계획 : 소방, 지진, 폭설, 수해, 영유아 돌연사 등 어린이집에서 일어날 수 있는 다양한 유형의 비상사태와 재난에 대비하기 위해 세우는 계획
- 어린이집의 장은 보육대상 아동의 연령을 고려하여 아동복지법령의 안전교육 기준(아동복지법 제31조 및 같은 법 시행령 제28조)에 따라 매년 안전교육계획을 수립하여 교육을 실시하고, 계획 및 교육 실시 결과를 관할 시장·군수·구청장에게 3월 31일까지 보고하여야 함

〈표 3-5〉 어린이집 영유아 안전교육 기준(아동복지법 제31조 및 같은 법 시행령 제28조)

구분	성폭력 예방 교육	아동학대 예방 교육	실종·유괴의 예방·방지 교육	감염병 및 약물의 오용·남용 예방 등 보건위생관리 교육	재난대비 안전 교육	교통안전 교육
실시 주기 (총 시간)	6개월에 1회 이상 (연간 4시간 이상)	6개월에 1회 이상 (연간 4시간 이상)	3개월에 1회 이상 (연간 10시간 이상)	3개월에 1회 이상 (연간 10시간 이상)	6개월에 1회 이상 (연간 6시간 이상)	2개월에 1회 이상 (연간 10시간 이상)
교육 내용	1. 내 몸의 소중함 2. 내 몸의 정확한 명칭 3. 좋은 느낌과 싫은 느낌 4. 성폭력 예방법과 대처법 5. 성폭력의 개념 및 성폭력의 주체에 대한 교육	1. 나의 권리 찾기 (소중한 나) 2. 아동학대 및 아동학대행위자 개념 3. 자기감정 표현하기 및 도움 요청하기 4. 신고 이후 도움 받는 방법	1. 길을 잃을 수 있는 상황 이해하기 2. 미아 및 유괴 발생 시 대처 방법 3. 유괴범에 대한 개념 4. 유인·유괴 행동에 대한 이해 및 유괴 예방법	1. 감염병 예방을 위한 개인위생 실천 습관 2. 예방접종의 이해 3. 몸에 해로운 약물 위험성 알기 4. 생활 주변의 해로운 약물·화학제품 그림으로 구별하기 5. 모르면 먼저 어른에게 물어보기	1. 화재의 원인과 예방법 2. 뜨거운 물건 이해하기 3. 옷에 불이 붙었을 때 대처법 4. 화재 시 대처법 5. 자연재난의 개념과 안전한 행동 알기	1. 차도, 보도 및 신호등의 의미 알기 2. 안전한 도로 횡단법 3. 안전한 통학 버스 이용법 4. 바퀴 달린 탈것의 안전한 이용법 5. 날씨와 보행 안전 6. 어른과 손잡고 걷기
교육 방법	1. 전문가 또는 담당자 강의 2. 장소·상황별 역할극 실시 3. 시청각 교육 4. 사례 분석	1. 전문가 또는 담당자 강의 2. 장소·상황별 역할극 실시 3. 시청각 교육 4. 사례 분석	1. 전문가 또는 담당자 강의 2. 장소·상황별 역할극 실시 3. 시청각 교육 4. 사례 분석	1. 전문가 또는 담당자 강의 2. 시청각 교육 3. 사례 분석	1. 전문가 또는 담당자 강의 2. 시청각 교육 3. 실습교육 또는 현장학습 4. 사례 분석	1. 전문가 또는 담당자 강의 2. 시청각 교육 3. 실습교육 또는 현장학습 4. 일상생활을 통한 반복 지도 및 부모 교육

○ 어린이집의 원장은 보육대상 아동에게 지능정보화기본법 제54조제2항 및 같은 법 시행규칙 제11조제1항에 따라 인터넷중독 예방 및 해소 관련 교육을 연 1회 실시하고, 매년 4월 30일까지 전년도 교육의 실시 결과를 과학기술정보통신부장관에게 제출해야 함(NIA한국정보화진흥원 스마트쉼센터 홈페이지에 실시결과 등록)

출처 : 보건복지부(2024).

② 보육교직원에 대한 안전교육

- 어린이집 보육교직원은 안전교육지침 등을 숙지하여야 하며, 시·도 및 시·군·구 등에서 안전 관련 교육을 시행할 때 적극 참여 및 이수해야 함(신규 교육대상자 우선 참여 유도)
- 화재 등 긴급사태에 대비한 계획수립 및 정기적인 점검·훈련을 실시하여야 함
- 안전관리교육(안전사고 예방교육) – 보수교육 연계

  어린이집의 원장은 매년 보육교직원을 대상으로 안전교육을 실시하여야 함. 모든 보육교직원은 어린이집안전공제회가 주관하는 온라인 보육교직원 안전교육 이수

  보육교직원 보수교육 대상자가 육아종합지원센터와 어린이집안전공제회가 주관하는 아동학대 및 안전관리교육을 수료한 경우, 동일연도 내 보수교육 건강·안전 영역 중 한 해당 과목을 이수한 것으로 인정하여 면제

  – 안전사고 예방, 아동학대·성폭력·실종 예방 및 사후처리 중 한 과목 선택 인정
  – 절차 : ① 아동학대·안전교육 교육 후 즉시 수료자 명단 통보(안전공제회 → 시·도 → 교육기관) → ② 보수교육 대상자의 교과목 면제 신청(보수교육 대상자) → ③ 명단 확인 및 교육면제(교육기관)
- 행정안전부의 「어린이안전관리에 관한 법률」 제16조제1항에 따라 원장은 보육교직원에게 매년 응급처치 실습(소아심폐소생술 포함)을 포함한 어린이 안전교육을 실시해야 함[이론과 실습 포함(4시간)]

〈표 3-6〉 보육교직원 안전교육 기준

영 역	교육명	시 간	보수교육 면제 교과목	비 고
안전교육 및 아동학대 예방교육	• 보육교직원 안전교육(필수) – 어린이집 안전관리, 어린이집 안전사고 대비 및 대응, 어린이집 안전사고 사례, 안전사고 예방을 위한 영유아 안전교육 등	3시간	• 안전과 건강 Ⅰ, Ⅱ • 안전과 건강관리 Ⅰ, Ⅱ • 안전과 건강 • 영유아 안전과 건강관리 • 안전사고 예방과 대응	매 1년 마다
	• 아동학대 예방교육 – 아동학대, 성폭력, 실종 예방 및 사후관리, 영유아기 정신건강(정상 및 비정상 심리, 성 발달 포함) 관련 교육 등	3시간	• 아동학대 예방 Ⅰ, Ⅱ • 아동학대 예방과 대처 Ⅰ, Ⅱ • 아동학대 예방과 올바른 훈육 • 아동학대 예방과 긍정적 양육 • 아동학대 예방과 대처*	매 1년 마다

* 단, 원장 사전직무교육 '아동학대 예방과 대처'(6시간) 교과목의 경우, '아동학대 신고의무자의 책무와 아동학대 대처방안' 수강은 면제되나, '아동학대 근절을 위한 보육환경', '아동학대 관련 법령과 정책'은 수강해야 함

출처 : 보건복지부(2024).

③ 부모에 대한 안전교육

• 어린이집의 원장은 영유아의 건강·위생, 아동학대, 안전, CCTV 열람 등과 관련된 내용을 포함하여 부모와 충분히 협의·고지해야 하며 안전, 아동학대예방 등 관련 교육에 부모가 참여할 수 있도록 해야 함

(2) 유치원 안전교육 실시 계획

유치원의 안전교육은 유아에 대한 안전교육, 유치원 교직원에 대한 안전교육으로 나누어 살펴볼 수 있다(학교안전사고 예방 및 보상에 관한 법률 시행규칙, 2016).

① 유아에 대한 안전교육

교육부는 2014년 「교육분야 안전 종합대책」에 따라 학교에서 시행 중인 안전교육 7대 표준안을 개발·보급하였다. 이후 보다 '유·초·중·고' 학생들의 발달단계를 고려한 현장 중심의 구체적이고 효율적인 안전교육이 실시되도록 하기 위하여 2016년 수정된 표준안은 학생의 발달단계별 수준에 적합한 안전교육 내용이 7대 영역을 중심으로 개발되었으며, 학교안전교육의 실시 기준 등에 관한 고시, 내용 체계도, 교육과정 분석, 교사용 지도서 및 학생용 워크북, 선택학습으로 구성되어 있다. 이에 따른 안전교육 실시 기준은 이론 및 강의 중심의 안전교육에서 벗어나 학생들에게 7대 안전 영역에 걸쳐, 체험 중심의 안전교육을 학년당 51차시 이상(영역별 20% 범위 내 증감 운영) 실시할 수 있도록 하였으며, 학교별 운영 성격 및 지역적 특성에 따라 맞춤형 안전교육을 실시할 수 있도록 현장 중심의 기준을 제시하였다. 또한 아동복지법, 학교폭력예방법, 성폭력방지법 등 개별 법령에서 규정하고 있는 학교 안전교육 시간을 하나로 통합·운영할 수 있도록 하여, 학교의 부담을 최소화하였다.

현재 안전점검의 날(매월 4일) 및 매주 5분 안전교육에 활용할 수 있도록 동영상, 애니메이션 등 다양한 형식의 교육 콘텐츠를 개발하여 '학교안전정보센터'를 통해 보급하고 있다.

〈표 3-7〉 유치원 안전교육 기준

<table>
<tr><th rowspan="2">구분</th><th rowspan="2">생활 안전</th><th rowspan="2">교통 안전</th><th rowspan="2">폭력예방 및 신변보호</th><th colspan="2">약물 및 사이버 중독 예방</th><th rowspan="2">재난 안전</th><th rowspan="2">직업 안전</th><th rowspan="2">응급처치</th></tr>
<tr><th>약물 중독 예방</th><th>사이버 중독 예방</th></tr>
<tr><td>(연령별) 교육 시간</td><td>13시간</td><td>10시간</td><td>8시간</td><td>5시간</td><td>5시간</td><td>6시간</td><td>2시간</td><td>2시간</td></tr>
<tr><td>단위활동 횟수</td><td>학기당 2회 이상</td><td>학기당 3회 이상</td><td>학기당 2회 이상</td><td colspan="2">학기당 2회 이상</td><td>학기당 2회 이상</td><td>학기당 1회 이상</td><td>학기당 1회 이상</td></tr>
<tr><td>교육 내용</td><td>1. 교실, 가정, 등하곳길에서 안전하게 생활하기
2. 안전한 장소를 알고 안전하게 놀이하기
3. 놀이기구나 놀잇감, 도구의 바른 사용법을 알고 안전하게 사용하기
4. 실종, 유괴, 미아 상황 알고 도움 요청하기
5. 몸에 좋은 음식, 나쁜 음식 알기</td><td>1. 표지판 및 신호등의 의미 등 교통안전 규칙 알고 지키기
2. 안전한 도로횡단법 알기
3. 어른과 손잡고 걷기
4. 교통수단(자전거, 통학버스 등) 안전하게 이용하기</td><td>1. 내 몸의 소중함과 정확한 명칭 알기
2. 좋은 느낌과 싫은 느낌 알기
3. 성폭력 예방 및 대처방법 알기
4. 나와 내 주변 사람(가족, 친구 등)의 소중함을 알고 사이좋게 지내기
5. 아동학대 신고 및 대처 방법 알기</td><td colspan="2">1. 올바른 약물 사용법 알기
2. 생활 주변의 해로운 약물·화학제품 만지거나 먹지 않기
3. TV, 인터넷, 통신기기(스마트폰 등) 등의 중독 위해성을 알고 바르게 사용하기</td><td>1. 화재의 원인과 예방법 알기
2. 화재 발생 시 유의사항 및 대처법 알기
3. 각종 자연재난 및 사고 적절하게 대처하는 방법 알기
4. 각종 재난 유형별 대비 훈련 실시</td><td>1. 일터 안전의 중요성 및 안전을 위해 지켜야 할 일 알기
2. 일터 안전 시설 현장 체험하기</td><td>1. 응급상황 알기 및 도움 요청하기
2. 119 신고와 주변에 알리기
3. 손 씻기와 소독하기 등 청결 유지하기
4. 상황별 응급처치 방법 알기</td></tr>
<tr><td>교육 방법</td><td>1. 전문가/담당자 강의
2. 시청각 교육
3. 실습교육/현장학습
4. 일상생활을 통한 반복 지도 및 부모 교육</td><td>1. 전문가/담당자 강의
2. 시청각 교육
3. 실습교육/현장학습
4. 일상생활을 통한 반복 지도 및 부모 교육</td><td>1. 전문가/담당자 강의
2. 장소·상황별 역할극 실시
3. 시청각 교육
4. 사례 분석</td><td colspan="2">1. 전문가/담당자 강의
2. 시청각 교육
3. 사례 분석</td><td>1. 전문가/담당자 강의
2. 시청각 교육
3. 실습교육/현장학습
4. 사례 분석</td><td>1. 전문가/담당자 강의
2. 시청각 교육
3. 실습교육/현장학습(직장견학/직업체험)
4. 사례 분석</td><td>1. 전문가/담당자 강의
2. 시청각 교육
3. 실습교육/현장학습
4. 사례 분석</td></tr>
</table>

※ 강의, 시청각 교육 등의 이론 방법 외에 실습과 현장학습, 역할극 등의 체험중심의 교육 방법을 적용한다.

출처 : 교육부 학교안전정보센터 홈페이지.

② 유치원 교직원에 대한 안전교육

- 교직원은 안전교육을 3년 이내 15시간 이상을 이수하여야 한다. 다만, 3년 미만의 계약을 체결하여 종사하는 자는 6개월마다 2시간 이상을 이수하여야 한다.
- 교육활동참여자(배움터 지킴이, 학교보안관, 녹색어머니회 회원 등 교육활동을 지원하는 자)는 연간 1회 이상의 안전교육을 이수하여야 하며, 학교의 장은 교육활동참여자의 안전교육을 위한 계획을 수립·실시하여야 한다.
- 학교안전 관련 국가자격이 신설되어 국가자격을 취득·유지할 경우에는 안전교육을 이수한 것으로 본다.

☞ 이후 각 어린이집과 유치원에서는 안전교육 실시 결과를 예방교육통합관리 홈페이지 (shp.mogef.go.kr/shp/shpMain.do)에 공시 → 유치원 알리미 홈페이지와 어린이집 정보공개포털 홈페이지에서 정보공시 확인 가능

※ 현재 어린이집에서는 안전교육 실시 결과를 보육통합정보시스템에도 공시함
정보공시는 육아종합지원센터, 아이사랑포털 홈페이지에서도 확인 가능

이용자 가이드
유치원알리미
축소
100%
확대
유치원알리미란
유치원·어린이집 정보
알리미 소식
자료실
누구나 쉽고 빠르게!
우리 동네 유치원 공시정보 조회
예) 'OO유치원' 또는 '대구광역시 동구 유치원'
즐겨찾기
유치원 0
어린이집 0
지역으로 찾는
공시정보 조회
지역별 공시현황을
한눈에 알아보세요
인천
서울
경기
강원
충북
충남
세종
대전
경북
전북
대구
울산
광주
경남
부산
전남
제주
현 위치
유치원
어린이집
선택한 지역의 설립유형별 유치원 현황 (기준연월 : 2024년 4 월)
전체
전체
7,707
개원
국공립
4,697 개원
사립
3,010 개원
국공립
사립
방과후과정
4,697 개원
특수학급
1,227 개원
알리미 서비스 안내
공시항목 소개
유치원·어린이집 조회
유치원·어린이집 비교
오류 및 허위정보 신고

투명한 보육정보를 위한
어린이집정보공개포털
통합정보공시
위반사실의 공표
어린이집 평가
보육정보공개API
지역별 어린이집·유치원 찾기
지역별로 어린이집·유치원을 조회하세요.
인천
서울
강원
경기
충북
충남
세종
대전
경북
대구
전북
울산
광주
경남
부산
전남
제주
빠른 어린이집·유치원 찾기
검색
연장보육반 어린이집 찾기
어린이집 · 유치원 통합정보공시
어린이집 · 유치원 주요 정보를 객관적으로 투명하게 공개하여
쉽고 편리하게 정보를 이용할 수 있습니다.
통합공시개요
공시항목
관련법령
보육통계

〈어린이집 : 안전교육 실시 실적보고 서식 예시〉

어린이집명 : ○○○○ 어란이집

구 분	교육일자	교육시간	교육 영유아수	교육내용
성폭력 및 아동학대 예방교육				
실종 유괴의 예방 · 방지교육				
감염병 및 약물의 오 · 남용 예방교육				
재난대비 안전교육				
교통안전 교육				

* 아동복지법 제31조(아동의 안전에 대한 교육)에 의거한 의무교육 기준

〈유치원 : 학생 안전교육 실시 실적보고 서식 예시〉

학교명	○○○○ 유치원				
학교급	유치원	학급 수		학생 수	
실적기간	20○○학년도 ○○학기				

<table>
<tr><th rowspan="3">구분</th><th colspan="8">안전교육 영역</th></tr>
<tr><th rowspan="2">생활 안전 교육</th><th rowspan="2">교통 안전 교육</th><th rowspan="2">폭력예방 및 신변 보호교육</th><th colspan="2">약물 및 사이버 중독 예방 교육</th><th rowspan="2">재난 안전 교육</th><th rowspan="2">직업 안전 교육</th><th rowspan="2">응급처치 교육</th></tr>
<tr><th>약물 중독 예방</th><th>사이버 중독 예방</th></tr>
<tr><td>교육 시간</td><td></td><td></td><td></td><td></td><td></td><td></td><td></td><td></td></tr>
<tr><td>단위 활동 횟수</td><td></td><td></td><td></td><td></td><td></td><td></td><td></td><td></td></tr>
</table>

〈작성방법〉

1. 학교급은 유치원, 초등학교, 중학교, 고등학교, 특수학교, 재외 한국학교 중 구분하여 기재
2. 교육 실적은 학급별 평균 교육 실적을 입력
   (예시 : 10학급의 학교에서 1학기 동안 총 100시간의 안전교육을 실시했을 경우,
   100시간÷10학급 = 10시간)
3. 시간 입력 단위는 유치원은 교육과정의 단위활동이며, 초·중등학교는 교육과정의 차시임
4. 횟수는 영역별 안전교육 시간을 분산하여 실시한 학급별 평균 교육 횟수를 입력
   (예시 : 10학급의 학교에서 1학기 동안 총 10회의 안전교육을 실시했을 경우,
   10회÷10학급 = 1회)
5. 교육실적은 1학기(제출 : 8월 31일)와 2학기(제출 : 12월 31일)로 구분하여 작성·제출

〈유치원 : 교직원 등 안전교육 실적보고 서식 예시〉

학교명	○○○○ 유치원	학교급	유치원
실적기간	20○○학년도 ○○학기		

□ **교직원**

<table>
<tr><th rowspan="3">구분</th><th colspan="4">교육 이수자 현황(15시간 이상 이수자)</th></tr>
<tr><th rowspan="2">총원</th><th></th><th></th><th rowspan="2">비고</th></tr>
<tr><th>이수자 수</th><th>미이수자 수</th></tr>
<tr><td>교원</td><td></td><td></td><td></td><td rowspan="3"></td></tr>
<tr><td>직원</td><td></td><td></td><td></td></tr>
<tr><td>계약제교직원</td><td></td><td></td><td></td></tr>
</table>

□ **교육활동참여자**

<table>
<tr><th colspan="5">교육 실시 현황</th></tr>
<tr><th rowspan="3">총원</th><th colspan="3"></th><th rowspan="3">비고</th></tr>
<tr><th colspan="2">실시자 수 및 시간</th><th rowspan="2">미실시자 수</th></tr>
<tr><th>실시자 수</th><th>평균 실시 시간</th></tr>
<tr><td></td><td></td><td></td><td></td><td></td></tr>
</table>

〈작성방법〉

1. 학교급은 유치원, 초등학교, 중학교, 고등학교, 특수학교, 재외 한국학교 중 구분하여 기재
2. 교직원은 교원, 직원, 계약제교직원으로 구분하여 기재함. 계약제 교직원은 기간제교사, 강사, 교육공무직원, 교육실무사 등 계약에 의해 교원과 직원의 업무를 수행하는 자를 말함. 단, 학생교육과 관련이 적은 조리직원 및 용역직원 등은 미포함
3. 교육활동참여자는 학교안전사고 예방 및 보상에 관한 법률 제2조제5호에 의거한 자로서 배움터 지킴이, 학교보안관, 녹색어머니회 회원 등 교육활동을 지원하는 자를 말함
4. 교직원의 이수자는 15시간 이상(3년 미만 종사자는 6개월마다 2시간) 안전교육을 이수한 교직원 수를 기재하며, 교육활동참여자는 학교 자체계획에 따라 안전교육을 실시한 현황을 기재함
5. 안전교육 이수는 안전교육 영역이 전반적으로 반영된 15시간 이상 단일 연수과정 또는 단일 영역별 안전 교육의 합(3개 영역 이상이 반드시 포함)이 15시간 이상일 경우 해당됨 ※ 3년 미만 계약 체결한 종사자는 적용 제외
6. 교육실적은 1학기(제출 : 8월 31일)와 2학기(제출 : 12월 31일)로 구분하여 작성 · 제출
7. 이수자는 3년 이내 15시간 이상 안전교육 이수자를 누적하여 입력(이전학교 이수 실적 포함) ※ 3년 미만 계약 종사자는 계약 기간별 적용 시간으로 적용

3) 영유아교육기관의 안전교육 운영

(1) 어린이집 안전교육 운영

〈어린이집 안전교육의 연간교육계획안 예시〉

1. 성폭력 예방 교육(6개월에 1회 이상 – 연간 4시간 이상)

교육일시		교육내용	교육시간
영아반	5월	이런 장난은 싫어	150분
	9월	몸도 마음도 아파요	150분
유아반	5월	이런 장난은 싫어	120분
	9월	몸도 마음도 아파요	120분
	11월	친구의 권리도 소중해요	120분

2. 아동학대 예방 교육(6개월에 1회 이상 – 연간 4시간 이상)

교육일시		교육내용	교육시간
영아반	9월	함께해야 행복해요	150분
	1월	나를 보호해 주세요	150분
유아반	9월	함께해야 행복해요	120분
	11월	나를 보호해 주세요	120분
	1월	나의 권리를 알아요	120분

3. 실종·유괴의 예방·방지 교육(3개월에 1회 이상 – 연간 10시간 이상)

교육일시		교육내용	교육시간
영아반	5월	멈추기, 생각하기, 도와주세요	150분
	6월	길을 잃지 않으려면	150분
	8월	문을 열면 안 돼요	150분
	9월	심부름 가는 길	150분
	12월	따라가지 않아요	150분
유아반	3월	심부름 가는 길	120분
	4월	길을 잃지 않으려면	120분
	6월	따라가지 않아요	120분
	11월	멈추기, 생각하기, 도와주세요	120분
	12월	길을 잃지 않으려면	120분
	2월	문을 열면 안 돼요	120분

4. 감염병 및 약물의 오용·남용 예방 등 보건위생관리 교육(3개월에 1회 이상 – 연간 6시간 이상)

교육일시		교육내용	교육시간
영아반	4월	여러 가지 약이 있어요	150분
	5월	장난감 속의 나쁜 비밀	150분
	8월	장염을 조심해요-감염병	150분
	11월	감기를 조심해요-감염병	150분
	2월	감염병을 예방해요	150분
유아반	5월	감염병이 무엇일까요?	120분
	8월	감염병을 조심해요	120분
	9월	무서운 담배 이야기	120분
	10월	여러 가지 약이 있어요	120분
	11월	장난감 속의 나쁜 비밀	120분
	2월	감염병을 예방해요	120분

5. 재난대비 안전 교육(6개월에 1회 이상 – 연간 6시간 이상)

교육일시		교육내용	교육시간
영아반	3월	낮잠 시 생기는 영유아 돌연사	150분
	4월	미세먼지	150분
	6월	낙뢰	150분
	7월	태풍, 호우	150분
	8월	폭염	150분
	10월	지진	150분
	1월	폭설	150분
유아반	3월	낮잠 시 생기는 영유아 돌연사	120분
	4월	미세먼지	120분
	6월	낙뢰	120분
	7월	태풍, 호우	120분
	8월	폭염	120분
	10월	지진	120분
	1월	폭설, 한파	120분

6. 교통안전 교육(2개월에 1회 이상 – 연간 10시간 이상)

교육일시		교육내용	교육시간
영아반	3월	안전한 곳으로 걸어다녀요	150분
	6월	비 오는 날의 안전	150분
	9월	차 안에서 지켜야 할 약속	150분
	10월	횡단보도를 안전하게 건너요	150분
	12월	안전하게 타요	150분
유아반	3월	차 안에서 지켜야 할 약속	120분
	4월	횡단보도를 안전하게 건너요	120분
	6월	안전하게 타요	120분
	9월	안전한 곳으로 걸어다녀요	120분
	10월	길 위의 선과 색	120분
	12월	비 오는 날의 안전	120분

〈어린이집 안전교육 보고서 예시〉

5대 안전교육 실시현황보고

(♧♧♧) 어린이집　　　　작성자 : 원장 ○ ○ ○(인)

20○○년 2학기

구분	교육일자	교육시간	교육대상	교육내용
성폭력 예방 교육	3.25	1.5	53명	내 몸의 소중한 이유 알기
	6.17	1.5	47명	내 몸의 정확한 명칭 알기
	11.25	1.5	46명	남자, 여자의 차이 이해하기
아동학대 예방 교육	5.20	1.5	41명	나의 권리 알기
	7.22	1.5	53명	친구의 권리 알기
	9.23	1.5	47명	112에 신고하는 방법 알아보기
	11.18	1.5	47명	신고 이후 도움요청 방법 알기
실종·유괴의 예방·방지 교육	4.29	1.5	47명	길을 잃을 수 있는 상황 알기
	6.24	1.5	46명	길거리 미아사고 대처법 알기
	7.29	1.5	53명	실내 공간 미아사고 대처법 알기
	9.9	1.5	53명	놀이공원 미아사고 대처법 알기
	10.14	1.5	53명	안전한 등하원 길 알기
	12.23	1.5	47명	유괴 시 대처방법 알기
	1.20	1.5	47명	'낯선' 개념 알아보기
감염병 및 약물의 오용·남용 예방 등 보건위생관리 교육	4.22	1.5	48명	약물의 용도에 대해 알아보기
	5.15	1.5	48명	주변의 약물 구별법 알기
	8.12	1.5	48명	의약품의 이로움, 해로움 알기
	10.21	1.5	48명	올바른 의약품 사용법 알기
	12.9	1.5	47명	감염병 시 대처방법 알아보기
	1.27	1.5	53명	감염병 예방 방법 알아보기
재난대비 안전 교육	4.22	1.5	53명	자연재난의 종류 알기
	7.15	1.5	46명	자연재난 발생 시 안전한 행동 알기
	8.12	1.5	41명	화재의 원인과 예방방법 알기
	10.21	1.5	47명	화재 시 대처방법 알기
	12.9	1.5	48명	지진 시 대처방법 알기
	1.27	1.5	47명	미세먼지 개념 및 대처방법 알기
교통안전 교육	4.15	1.5	47명	교통의 개념 알아보기
	6.10	1.5	47명	안전한 도로 횡단법 알기
	8.19	1.5	47명	교통 표지판 구별하기
	9.30	1.5	48명	날씨 변화에 따른 교통의 위험성 알기
	11.11	1.5	45명	자동차의 특성 이해하기
	12.30	1.5	47명	교통사고 예방법 알기
	2.10	1.5	47명	안전한 어린이 통학버스 이용방법 알기

(2) 유치원 안전교육 운영

〈표 3-8〉 유치원 안전교육 내용

생활 안전

시설 안전

실내 안전
- 교실에서의 시설안전 알아보기
- 유치원에서의 시설안전 알아보기
- 가정에서의 시설안전 알아보기
- 방화셔터 안전수칙 알아보기

다중이용시설 안전
- 급식실 안전하게 이용하기
- 승강기 안전하게 이용하기
- 출입문 안전사고 예방하기
- 사람이 많이 모이는 곳에서의 안전사고 예방하기

전기 안전
- 전기 사용 알아보기
- 실내 감전사고 예방하기
- 실외 감전사고 예방하기
- 욕실 감전사고 예방하기

제품 안전

생활용품 안전
- 학용품 안전하게 사용하는 방법 알아보기
- 학용품 안전하게 보관하는 방법 알아보기
- KC 안전마크 알아보기

식품 안전
- 건강한 식품 구별하기
- 당류 줄이는 방법 알아보기
- 식중독 예방하기

실험·실습 안전

실험·실습 안전
- 안전한 놀잇감 사용 방법 알아보기
- 안전한 요리활동 방법 알아보기
- 조형(목공)놀이 보호장구 알아보기

신체활동 안전

체육 및 여가 활동 안전
- 준비운동의 필요성 알아보기
- 안전한 신체활동 도구 사용법 알아보기
- 개물림 사고 안전수칙 알아보기

놀이활동 안전
- 실외놀이터 안전하게 이용하기
- 실내놀이터(키즈카페 등) 안전하게 이용하기
- 놀이터 안전하게 이용하기
- 환풍구와 맨홀, 분수대 등 안전 사고 예방하기

계절놀이 안전
- 봄·가을철 바깥놀이 안전 알아보기
- 여름철 바깥놀이 안전 알아보기
- 겨울철 바깥놀이 안전 알아보기

물놀이 안전
- 실내 물놀이 안전수칙 알아보기
- 실외 물놀이 안전수칙 알아보기
- 올바른 물놀이 안전용품 착용법 알아보기
- 마른 익사에 대해 알아보기

등산 안전
- 안전하게 등산하기
- 자연에서의 동·식물 안전 알아보기

탈것 안전(PM)
- 자전거, 킥보드, 인라인스케이트 등의 안전수칙 알아보기
- 보호장구의 중요성 알아보기
- 개인형 이동장치의 위험요소 알아보기

현장체험학습 안전
- 현장체험학습 안전하게 다녀오기
- 캠핑활동 안전하게 하기

유괴·미아 사고

유괴·미아 사고
- 유괴·미아 상황 이해하기
- 유괴·미아 상황 대처 방법 알아보기
- 아동안전지킴이 알아보기

교통 안전

보행자 안전

보행자 안전

- 교통표지판 알아보기
- 횡단보도 안전하게 이용하기
- 안전한 보행 방법 알아보기

자전거 안전

자전거 안전

- 자전거 특징 알아보기
- 자전거 안전하게 타는 방법 알아보기
- 안전한 장소에서 자전거 타기

오토바이 안전

오토바이 안전

- 오토바이 특징 알아보기
- 오토바이 사고 예방법 알아보기

자동차 안전

자동차 안전

- 자동차 보호장구의 중요성 알아보기
- 자동차 사각지대 알아보기
- 어린이 통학버스 안전하게 이용하기

대중교통 안전

대중교통 안전

- 대중교통 이용수칙 알아보기
- 버스·택시 탑승 안전 알아보기
- 지하철·기차 탑승 안전 알아보기
- 비행기·배 탑승 안전 알아보기

폭력예방 및 신변보호

학교폭력

학교폭력

- 친구와 사이좋게 지내기
- 학교폭력 알아보기

언어/ 사이버 폭력

- 언어폭력 알아보기
- 사이버폭력 알아보기
- 개인정보의 소중함 알아보기

물리적 폭력

- 신체폭력 이해하기
- 신체폭력 대응 방법 알아보기
- 친구와의 갈등 해결 방법 알아보기

집단 따돌림

- 집단 따돌림 이해하기
- 집단 따돌림 시 대응 방법 알아보기

성폭력

성폭력예방 및 대처 방법

- 좋은 느낌과 나쁜 느낌 구분하기
- 동의와 거절 표현하기
- 성폭력 상황 및 예방법 알아보기

성매매 예방

- 나의 몸 소중히 여기기
- 나의 감정 알고 조절하기
- 나의 출생과정 알아보기

아동학대

아동학대

- 아동 4대 권리 알아보기
- 아동학대 의미와 사례 알아보기
- 아동학대 대처 방법 알아보기

자살

자살

- 생명을 소중히 여기기
- 스트레스 대처 및 해소 방법 알아보기

가정폭력

가정폭력

- 가족의 소중함 알아보기
- 가정폭력의 의미 알아보기

약물 및 사이버 중독 예방

약물 중독

마약 등 약물류 폐해 및 예방
- 약물의 이해와 올바른 복용 방법 알아보기
- 약물 오남용의 문제점 알아보기
- 약물 보관 및 폐기 방법 알아보기

흡연 폐해 및 예방
- 담배 속 해로운 성분 알아보기
- 간접흡연의 문제점 알아보기
- 담배가 우리 몸에 미치는 부정적인 영향 알아보기

음주 폐해 및 예방
- 술의 특성 이해하기
- 술이 미치는 부정적인 영향 알아보기
- 음주운전의 위험성 알아보기

고카페인 식품 폐해 및 예방
- 카페인이 들어있는 식품 알아보기
- 고카페인이 미치는 부정적인 영향 알아보기
- 카페인 섭취를 줄이는 생활습관 알아보기

사이버 중독

인터넷 게임 중독 예방
- 나의 인터넷 사용 습관 알아보기
- 인터넷게임 중독 예방하기
- 건전한 인터넷게임 사용 습관 알아보기

스마트폰 중독 예방
- 나의 스마트폰 사용 습관 알아보기
- 스마트폰 중독 예방하기
- 올바른 스마트폰 사용 습관 알아보기

재난 안전

화재

화재발생
- 불의 이로운 점과 위험한 점 알아보기
- 화재 발생 원인과 예방법 알아보기

화재 발생 시 안전수칙
- 화재 발생 시 안전한 대피 방법 알아보기
- 완강기 알아보기
- 119 신고 방법 알아보기

소화기 사용 및 대처 요령
- 소화기의 중요성을 알고 위치 찾아보기
- 소화기 사용 방법 알아보기

사회재난

폭발 및 붕괴의 원인과 대처 요령
- 가스의 쓰임과 주의점 알아보기
- 폭발사고의 원인과 위험성 알아보기
- 가스누출과 폭발사고 대처 방법 알아보기

각종 테러 발생 시 대처 요령
- 테러 예방법과 테러 경보 알아보기
- 폭발물 테러 대처 요령 알아보기
- 방사능 테러 대처 요령 알아보기

감염병 등 발생 시 대처 요령
- 감염병 알아보기
- 감염병 예방 수칙 알아보기
- 인공우주물체 추락사고 알아보기

자연재난

홍수 및 태풍 발생 시 대처 요령
- 자연재난의 개념 알아보기
- 홍수 발생 시 대처 방법 알아보기
- 태풍 발생 시 대처 방법 알아보기

지진 발생 시 대처 요령
- 유치원에서의 지진 대피 방법 알아보기
- 가정에서의 지진 대피 방법 알아보기
- 지진해일 대피 방법 알아보기

대설·한파·폭염·낙뢰 발생 시 대처 요령
- 대설 발생 시 대처 요령 알아보기
- 한파 발생 시 대처 요령 알아보기
- 폭염 발생 시 대처 요령 알아보기
- 낙뢰 발생 시 대처 요령 알아보기

황사 및 미세먼지 발생 시 대처 요령
- 황사 및 미세먼지 위험단계 이해하기
- 황사 및 미세먼지 대처 방법 알아보기
- 마스크의 중요성과 바른 착용법 알아보기

직업 안전

직업안전의식

직업안전의식

- 일터에서의 위험한 상황 알아보기
- 직업별 필요한 보호장비 알아보기
- 일터에서의 안전보건 표지 알아보기

산업재해의 이해와 예방

산업재해의 이해와 예방

- 산업재해 알아보기
- 중대재해처벌법 알아보기

직업병

직업병

- 직업병의 의미와 예방수칙 알아보기

응급처치

응급처치의 이해와 필요성

응급처치의 이해와 필요성

- 응급처치의 의미와 중요성 알아보기
- 생활 속 응급상황과 응급처치 물품 알아보기

심폐소생술

심폐소생술

- 심폐소생술의 의미 알아보기
- 심폐소생술 방법 알아보기

자동심장충격기 사용

- 자동심장충격기 알아보기
- 자동심장충격기 위치 알아보기

상황별 응급처치

기도폐쇄

- 기도폐쇄의 의미와 원인 알아보기
- 기도폐쇄 응급처치 방법 알아보기

지혈 및 상처 처치

- 코피가 났을 때 대처 방법 알아보기
- 상처의 종류와 처치 방법 알아보기

염좌 및 골절 처치

- 염좌의 의미와 응급처치 방법 알아보기
- 골절의 의미와 응급처치 방법 알아보기

화상 응급처치

- 화상 예방 및 응급처치 방법 알아보기

갑작스러운 상황에서 응급처치

- 일사병 및 열사병 응급처치 방법 알아보기
- 치아 손상 시 응급처치 방법 알아보기
- 동상 및 저체온증 응급처치 방법 알아보기

〈유치원 안전교육 보고서 예시〉

7대 안전교육 결과

(♡♡) 유치원 　　　　　　　　　　　　　　　　　작성자 : 원장 ○○○ (인)

실시기간	20**. 3. 1.~ 20**. 2. 28.		실시 대상	만 5세		인원수	00명	
구분	생활 안전	교통 안전	폭력예방 및 신변안전	약물 · 사이버 중독 예방	재난 안전	직업 안전	응급처치	(비고)
교육내용	교실에서 안전하게 활동하기	교통표지판(1)	친구를 아프게 하지 말아요	약이란 무엇일까	꽝! 폭발은 무서워!	유치원에서 일하시는 분들	야외활동에 왔어요	
	미끄러운 곳에서 조심하기	지하도(1)	친구는 소중해요	약물은 좋은 것? 나쁜 것?	119에 신고해요	일터의 안전 사설을 견학해 보아요	개에 물렸어요!	
	공공장소에서 규칙 지키기	횡단보도(1)	친구를 괴롭히지 말아요	인터넷 예절을 알아봐요	소화기를 사용할 줄 알아요		안전한 습관을 익혀요	
	환풍구와 맨홀 안전하게 이용하기	사각지대(1)	나는 특별해요	인터넷을 안전하게 사용할 방법을 찾아봐요(1)	땅이 흔들려요		숨 쉬기가 어려워요	
	학용품 안전하게 사용하기	안전하게 자전거 타기(1)	가정폭력의 피해 증상을 알아볼까요?		눈이 많이 오고 날씨가 추워요		발이 차가워요	
	식중독과 배탈	안전띠 매기(1)	가정폭력에 어떻게 대처할까요?	스마트폰을 건강하게 사용하는 습관을 만들어 봐요(2)				
	도구를 사용하여 안전하게 활동하기	안전한 비행기, 선박 이용하기(1)	유괴, 미아 상황에서 도움 요청하기					
	놀이기구 안전하게 이용하기	교통표지판(2)	안전하게 생활해요	하얀 연기 속의 비밀				
	물놀이 안전 수칙 지키기	지하도(2)	모두가 특별해요					
	안전하게 숲 체험 활동하기	횡단보도(2)						
	탈것 안전 수칙 지키기, 보호 장구 갖추기	사각지대(2)						
	체험학습 안전하게 다녀오기	안전하게 자전거 타기(2)						
	위험한 구멍 맨홀과 환풍구	안전띠 매기(2)						
	공공장소에서 지켜야 할 안전	안전한 비행기, 선박 이용하기(2)						
교육차시	14차시	14차시	9차시	6차시	5차시	2차시	5차시	

3 영유아교육기관의 안전교육 교수-학습방법

1) 행동중심 안전교육

행동중심 안전교육은 교사가 안전행동의 모델을 제시한 후, 영유아가 단계적으로 과제를 수행하는 교육이다. 행동중심 안전교육에서는 영유아가 안전에 대한 내용을 작은 행동 단위로 나누어 반복 연습하여 강화하게 되므로, 점진적으로 안전기술을 습득하게 되는 특성이 있다.

영유아는 일상적인 생활환경 내에서 안전한 생활습관을 자연스럽게 습득하는 것이 좋기 때문에, 교사의 모델링을 통해 지속적이고 반복적으로 안전에 대해 설명하고 시범 보이기를 통해 안전에 대한 지식, 기술, 태도를 갖추도록 해야 한다. 하지만 교사는 일회성의 단순한 이야기 나누기, 그림이나 사진 및 애니메이션 등을 통해 전달식의 안전교육을 실시하는 것을 행동중심 안전교육이라고 생각하지 말아야 한다.

2) 전문단체를 통한 안전교육

영유아교육기관의 교사는 지역사회 프로그램을 통해 전문단체와 연계하여 안전교육을 실시할 수 있다. 전문강사를 영유아교육기관으로 초빙하여 안전교육을 실시하거나, 체험관 등을 방문하는 현장학습으로 진행할 수 있다. 최근 '어린이 안전지도사'와 같은 전문인력이 양성되고 있는 추세이며, 지역사회 연계 프로그램으로 활용할 수 있는 전문단체는 다음과 같다. 예를 들어, 식품 안전은 어린이급식

지원센터, 교통 안전은 어린이 교통공원 및 교통박물관, 폭력 및 신변 안전은 어린이안전학교 및 안전 Dream 아동·여성·장애인 경찰지원센터, 약물 및 사이버 중독 안전은 금연 두드림, 한국인터넷 진흥원, 재난 안전은 어린이안전체험관 및 소방서, 직업 안전은 어린이직업체험관, 응급처치는 한국응급처치교육원 및 보건소 등이 있다.

3) 부모중심 안전교육

영유아교육기관에서 효과적인 안전교육이 이루어지기 위해서는 부모를 통한 안전교육이 병행되어야 한다. 가정통신문이나 홈페이지 부모교육 자료실을 통해 이루어지는 안전교육은 전달력이 부족하고, 적극적 부모참여가 이루어지지 못하는 한계점이 있기 때문이다. 그러므로 영유아교육기관은 부모와 함께 영유아 안전에 관한 정보를 공유하면서 안전교육을 지속적으로 실시해야 한다.

부모중심 안전교육으로는 발달연령별로 부모교육 안전 프로그램을 영유아교육기관 내에서 진행하거나, 안전 관련 전문단체에서 집합교육을 실시할 수 있는데, 안전교육에 참여한 부모는 각 가정에서 자녀에게 안전지도를 할 수 있는 역량을 갖출 수 있게 된다. 또한 안전 관련 직업을 가진 학부모 중 훈련된 자원봉사자를 양성하여 안전교육을 구성하는 방법도 효과적이다.

4) 역할놀이를 통한 안전교육

인간은 상호관계의 사회적 행위를 통해 발전하기 때문에, 지식 중심의 조기교육보다 사회교육이 먼저 이루어져야 한다. 따라서 영유아들은 놀이를 통하

여 여러 가지 역할을 맡고, 다양한 역할놀이를 하며 자신의 정체성을 발전시켜 나간다. 또한 영유아에게는 상호작용을 통해서 단서와 상황을 발견하는 경험을 하고, 이를 교사와 함께 적절한 목표를 세워 융통적으로 변화시킬 수 있도록 하는 과정이 필요하다.

영유아는 역할놀이를 통한 활동에서 즐거움을 얻고, 동기부여가 되는 장점이 있기 때문에, 안전과 관련된 주제를 중심으로 역할을 맡아 놀이를 하는 것이 효과적인 안전교육이 될 수 있다. 안전과 관련된 역할놀이를 통해 여러 위험상황을 경험하고, 그에 대한 적극적 대처방안을 가지게 되며, 지식·기술·태도를 통합적으로 획득하여 문제해결력을 기를 수 있게 된다. 이에 교사는 영유아의 발달연령 및 개별 특성을 관찰하여, 안전교육 내용을 선정하고 이를 역할놀이로 연계할 수 있도록 안내하고 촉진한 후 놀이자의 역할을 수행하여야 한다. 역할놀이를 통해 영유아는 안전지식과 대처행동을 반복적으로 실시하게 되며, 문제해결력뿐만 아니라 사고력, 주의집중력, 자기통제력, 정서적 안정감, 사회적 조망수용능력 증진을 도모할 수 있다는 점에서 교육적 가치가 있다. 예를 들어, 교통놀이에서 횡단보도에서 무단횡단을 하는 역할, 소방관 놀이에서 소방관이 되어 화재를 진압하는 역할, 경찰놀이에서 영유아들을 유괴하려는 나쁜 사람의 역할, 병원놀이에서 아프거나 다친 친구를 도와주는 의사나 간호사의 역할 등 다양한 역할을 통해 안전교육을 진행할 수 있다.

5) 상황중심 안전교육

영유아에게는 직접 경험할 수 있는 사회적 시사교육의 기회가 제공되어야 하며, 이를 위해 교사가 영유아기 안전사고의 예방을 위해 발달 특성에 적합한

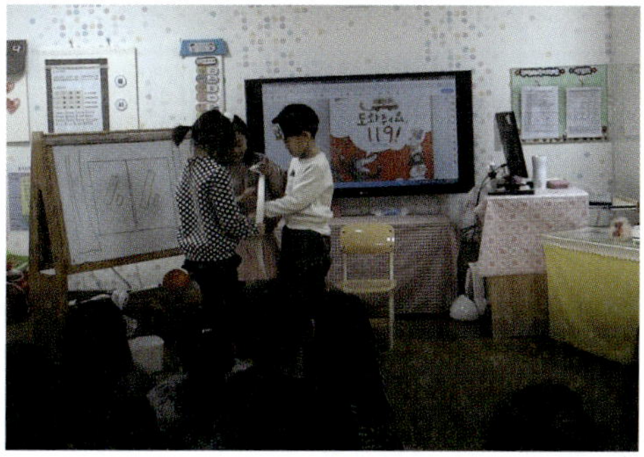

교육방법을 적용한 실천교육을 계획·실시하는 것이 매우 중요하다. 영유아들은 다양한 사회적 상황에 부딪히며 또래끼리 또는 성인들과 사회적인 관계를 발전시켜 나가야 하기 때문에, 교육활동에서 현재 생활환경에 주어진 모든 배경들로 실제 또는 그와 유사한 자연스러운 상황을 중심으로 한 접근이 필요하다. 영유아들에게 친숙한 상황과 연계된 교육활동은 호기심과 흥미를 유발할 수 있으며, 교육효과를 높일 수 있다. 상황중심 안전교육은 일상생활 중 영유아의 주변에서 발생하는 위험상황에 대처하기 위한 실제상황을 중심으로 한 교육을 의미하며, 영유아들이 일상생활에서 쉽게 경험할 수 있고 친숙한 주제를 선정하여 효과적인 결과를 기대할 수 있는 교수-학습방법이다. 또한 실제와 유사한 자연스러운 상황에서 발생하는 영유아-교사 간, 영유아-영유아 간 상호작용에 의해 안전 관련 지식, 기술, 태도가 형성될 수 있는 실제 중심의 교수-학습 방법이라 할 수 있다.

상황중심 안전교육 교수-학습 절차에 따른 교육활동을 경험한 영유아들은 제기된 안전문제 상황을 해결하기 위한 여러 상호작용에 참여할 수 있는 기회를 가지며, 토의활동을 통해 다양한 안전문제 해결전략을 도출해 낼 수 있게 된다. 또한 상황역할극과 같은 활동을 통해 가상 상황에 몰입하여 역할놀이를 함으로써, 문제해결 및 의사결정 과정을 연습하게 되고, 궁극적으로는 안전문제 해결능력을 증진시키게 된다.

〈표 3-9〉 상황중심 안전교육 교수-학습 절차

단 계		교수-학습 전략
1단계	상황분석	• 안전지식, 기술, 태도의 향상을 위한 학습자 분석 • 영유아 안전문제 해결사고 능력의 긍정적 변화
2단계	상황설계	• 영유아 안전사고 예방교육의 내용 요소 개념화 • 안전교육 주제 선정 • 안전교육 상황 설정(상황에 따른 교육장소, 도구 설정) 및 제시
3단계	상황구성	• 교수전략 : 상황대안 토의, 모델링, 문제해결, 설명 및 시연, 모의 상황 구성
4단계	실행 및 상황재현	• 교수기법 : 상황에 따른 매체의 활용, 질문, 강화, 조절 • 활동유형 : 이야기 나누기, 대 · 소집단 활동(㉾ 상황별 역할극) 등
5단계	평가	• 영유아와의 상호작용을 통한 안전문제 해결사고의 증진 • 영유아 관찰을 통한 안전태도의 향상 파악 • 자유놀이에서의 행동관찰을 통한 안전지식 파악

출처 : 유구종·한명옥(2016).

상황중심 안전교육은 영유아들이 일상생활 속에서 자주 경험하는 내용요소들을 포함해야 한다. 상황중심 안전교육 내용으로는 영유아교육기관 내의 안전, 약을 먹을 때의 안전, 놀이터에서의 놀이할 때의 안전, 반려동물을 대할 때의 안전, 자전거 탈 때의 안전 등 영유아에게 친숙한 상황 등을 예로 들 수 있다.

또한 상황중심 안전교육의 형태로는 매체활용을 통해 일상생활 속에서 일어날 수 있는 위험상황과 연계하여 주제별 안전교육을 실시하는 방법, 상황중심 안전교육에 적합한 주제를 선정하여 자신의 사고에서 벗어나 타인의 문제해결 방안을 토의하는 방법, 실제 영유아 주변 위험상황의 구체적인 역할들을 직접적으로 경험하게 하는 상황별 역할극을 시연해 보는 방법 등이 있다.

6) 주제선정에 따른 통합적 접근 안전교육

각각의 단일 개념과 내용을 통합하여 이해하는 성인과는 달리, 영유아는 통합하여 이해하는 능력을 형성해 가는 발달단계에 있다. 영유아교육에서의 통합적 교육활동의 가치는 영유아의 경험과 지식을 보다 넓은 관점에서 탐구하고, 전체에 관련시켜 결합시키는 전체성을 지향함으로써 전인적 발달을 도모하는 데 있다. 주제선정에 따라 영역 간 통합적으로 영유아가 교육적 경험을 하게 되면 교육시간을 절약할 수 있으며, 교육적 효율성을 높일 수 있다.

주제선정에 따른 통합적 접근 안전교육이란 생활주제로 이야기 나누기, 흥미영역에서 자유놀이, 동화 듣기, 표상하기, 현장견학, 전문가 초빙 등의 활동을 통합적으로 학습하는 것으로, 영유아들의 신체적·사회적·정서적 발달이 조화를 이루면서 통합하며 성장할 수 있도록 하는 데 의의가 있다.

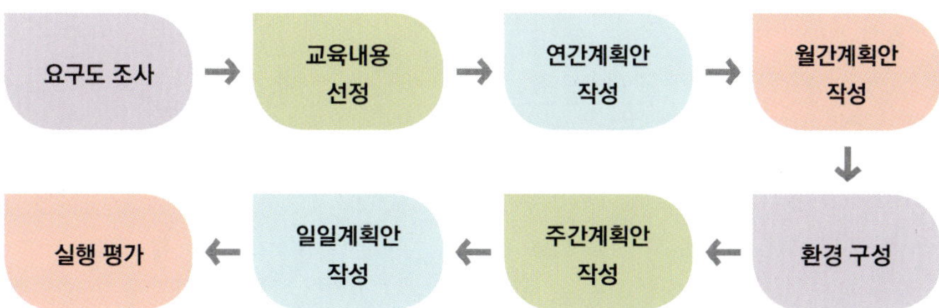

| 그림 3-1 | 주제선정에 따른 통합적 접근 안전교육의 과정

Chapter 4

영유아 안전교육의 실제

1. 생활 안전
2. 교통 안전
3. 폭력 및 신변 안전
4. 약물 및 사이버 중독
5. 재난 안전
6. 직업 안전
7. 응급처치

Chapter 4

영유아 안전교육의 실제

1 생활 안전

안전이란 사전상의 의미로 '위험이 생기거나 사고가 날 염려가 없는 상태'를 말한다. 영유아들은 발달 특성상 주위 환경에 대한 호기심과 탐구심이 강한 반면, 위험 요소에 대한 지식 및 상황판단능력과 대처능력이 미숙하기 때문에 생활 속에서 여러 가지 안전사고의 위험에 노출되어 있을 수밖에 없다. 영유아기에 발생하는 안전사고는 이후 발달 및 장애 심지어 사망에까지 이르는 돌이킬 수 없는 피해를 초래할 수 있다. 영유아의 안전한 삶을 위하여 영유아를 둘러싼 물리적 환경을 안전하게 구성하고 성인이 영유아를 보호하는 것뿐만 아니라, 영유아가 자기 자신을 보호하고 안전문제가 발생하였을 때 스스로 대처할 수 있는 방법을 교육하는 것도 중요하다.

1) 생활 안전의 개념 및 필요성

안전교육이란 영유아 스스로 위험한 상황으로부터 자신을 보호할 수 있도록 지식, 기술과 태도를 익히고 더 나아가 타인의 건강과 안전까지도 고려할 수 있도록 하는 교육으로, 궁극적으로 자신에 대한 보호는 물론이고 타인의 생명까지도 존중할 수 있는 존엄성을 배울 수 있는 교육이다(한국아동안전관리교육협회, 2003). 첫째, 영유아가 생활하는 공간인 가정, 영유아교육기관 등 주변에는 위험한 상황에 의해 안전사고가 일어날 가능성이 항상 존재하기 때문에, 생활안전에 대한 교육이 더욱 절실하다. 따라서 영유아가 매일 접하게 되는 생활환경과 주변 시설에 대한 안전교육이 필요하다.

둘째, 식품은 우리의 생명과 건강을 유지하며 발달을 위해 필수적인 것으로, 언제나 안전하고 청결하며 위생적인 공급이 이루어져야 한다. WHO(세계보건기구)의 환경위생전문위원회의 식품위생에 대한 보고서에서는 식품위생을 '식품의 생육, 생산, 제조에서 최종적으로 사람에게 섭취될 때까지의 모든 단계에서 식품의 안전성, 건전성 및 완전무결성을 확보하기 위한 모든 수단'으로 정의하였다. 영유아기는 평생을 살아가는 바탕이 되는 신체발달과 식습관이 형성되는 시기이며, 영유아는 식품에 관한 정보와 지식이 부족해 안전하지 못한 식품에 노출되기 쉽기 때문에, 양질의 식품을 안전하게 섭취하여 건강한 생활을 해야 한다.

셋째, 영유아는 호기심이 많고 충동적이며 점차 신체활동이 활발해지는 반면, 신체나 인지적 측면에서 미숙하고 경험이 부족하므로 안전사고 위험이 높다. 2017년 통계청 발표에 따르면, 우리나라는 해마다 200여 명의 어린이(만 14세 이하)가 안전사고로 희생되고 있으며, 소비자위해감시시스템(CISS)을 통해 접수된 2022년 어린이 안전사고 건수는 21,642건으로 2021년(15,871건)보다 36.4% 증가하였다. 총인구 대비 어린이 안전사고 비율(13.1%) 및 미국의 어린이 안전사고 비율(27.3%)에 비해서 매우 높다. 1~3세 사이의 '걸음마기'가 38.1%를 차지하였고, 7~14세 '학령기' 28.6%, 4~6세 '유아기' 22.3%, 0세 '영아기' 11.0% 순으로 나타났다. 걸음마기는 영아기보다 운동능력이 향상되며 활동범위가 넓어지는 시기이나, 균형 감각이 성숙하지 못하고 신체 민첩성이 떨어져 안전사고에 가장 취약한 것으로 분석된다(한국소비자원, 2023). 특히 최근 변화되고 있는 각 가정의 라이프스타일에 따라 체육 및 여가활동의 비중이 증가하고 있으므로, 이에 대한 안전교육이 필요하다.

넷째, 특히 성인의 보호가 없는 상황의 영유아들은 범죄행위의 대상으로 노출되기 쉽다. 최근 유괴의 대상 연령이 낮아지고 있기 때문에, 유괴 및 미아 사고에 대한 상황별 예방교육으로 접근하는 교육이 절실히 필요하다.

※ 놀이터 사고 사례

행정안전부는 지난해 어린이 놀이시설 이용 중 발생한 중대한 사고 164건을 분석한 결과, 놀이터 기구에서 떨어지는 사고가 69.3%로 가장 많았다고 밝혔다. 중대한 사고는 사망, 3명 이상 부상, 7일 이내 48시간 이상 입원 치료, 골절상, 심한 출혈 등 9종으로 규정하고 있다.

출처 : 뉴시스(2024. 3. 4).
https://www.newsis.com/view/?id=NISX20240304_0002646672&cID=10305&pID=10300

2) 생활 안전의 내용

(1) 시설 및 제품이용의 안전

① 시설안전

가정은 영유아가 대부분의 시간을 보내는 장소로, 편안함과 안정감을 느끼는 장소이다. 그러나 실제 영유아기 사고의 절반 정도가 가정에서 발생하고 있으며, 영유아의 연령이 어릴수록 더욱 위험한 장소가 되기도 한다.

가정에는 다양한 전기기구와 조리기구, 세면도구, 중독물질, 비상약, 화장품, 칼이나 망치, 미끄러운 화장실 바닥, 변기나 욕조 등의 자주 사용하는 물건들이나 영유아에게는 매우 위험할 수 있는 물건들이 상시 존재한다. 영유아는 성인이 사용하는 물건에 대한 호기심이 많으며, 성인의 행동을 모방하려는 성향이 강하기 때문에 성인이 주로 사용하는 물건들은 사고의 주원인이 된다. 따라서 가정에서 일어나는 사고를 줄이기 위해서는 모든 환경을 구성할 때 위험한 요소를 사전에 제거하는 것이 가장 중요하다. 영유아의 손에 닿는 곳에 위험한 물건들을 보관하지 않도록 하며, 집 안에 있는 가구나 용품들의 배열을 잘 설정해야 한다. 그러나 환경구성만으로 사고를 완전히 예방할 수 있는 것은 아니기 때문에 영유아들이 가정 내에서 위험할 수 있는 물품과 장소를 인지할 수 있도록 하고, 안전하게 행동하도록 교육하며, 안전사고 발생 시 적절히 대처할 수 있도록 안전교육이 반드시 수반되어야 한다.

가. 침대와 가구

보통 침대에서의 추락사고는 영아가 뒤집기를 할 무렵부터 발생하기 시작하는데, 특히 잠에서 깨어났을 때 부모의 모습이 보이지 않을 경우 영아가 부모를 찾다가 추락하게 되는 경우가 많다. 특히 머리 부분이 무거운 영아는 머리부터 낙하하게 되기 때문에 두부에 심각한 손상을 입을 수 있다. 그러므로 절대 성인 침대에 영아를 혼자 놓지 않도록 하며, 성인용 침대보다는 방바닥에 침구를 놓는 것이 더 안전하다.

또한 6세 이하의 유아에게는 스스로 오르내릴 수 있는 침대를 사용하도록 하고, 2층 침대는 권장하지 않는다. 만약, 가구와 침대를 붙여 놓으면 유아가 가구에서 침대로 뛰어내리거나 침대에서 떨어지면서 가구나 벽에 부딪혀 부상을 입을 수 있다.

영유아용 가구는 뾰족한 장식이나 파인 곳이 없어야 하고, 모서리가 둥근 것이어야 하며, 뾰족한 부분에는 테이프를 붙여 두거나 헝겊을 덧대어 두어야 한다. 또한 영유아가 가끔 가구에 올라타거나 서랍장을 밟기도 하므로, 영유아의 무게를 버틸 만큼 충분히 견고한 것이어야 한다. 집 안에서 사용하는 가구나 탁자 위에 무겁거나 위험한 물건을 두면, 가구가 넘어지거나 물건이 떨어지면서 영유아를 다치게 할 수 있다.

〈표 4-1〉 가정용 가구의 안전

가 구	점검사항
영아용 침대	• 난간 사이의 폭이 5~6cm 정도를 넘지 않는다.
책상과 책장	• 책상의 모서리는 다치지 않도록 둥근 것이어야 한다. • 책장은 지나치게 높아서 책을 꺼낼 때 무거운 책이 떨어져 다치지 않도록 해야 한다. • 무거운 책은 아래쪽에 꽂는다.
의 자	• 다리가 튼튼해야 하며 볼트 등이 바깥쪽으로 돌출되지 않아야 한다.
탁자, 교자상	• 다리가 튼튼하고 모서리가 둥글어야 한다. 영유아의 추락 사고를 감안하여 높이는 낮은 것으로 한다. 아예 탁자를 두지 않는 것도 좋다. 탁자 위에 영유아가 입으로 가져가 위험에 빠질 만한 물건(알사탕, 약, 비닐봉지 등)을 두지 않는다. • 교자상은 영유아가 접근하여 넘어뜨릴 수 없는 틈새나 창고에 보관한다.
장식장	• 장식장의 물건에 호기심을 가지므로 위험한 물건을 진열하지 않는다. 장식장의 물건을 함부로 열지 못하게 잠금장치를 한다. 특히 유리문을 열어 부상을 입지 않도록 유리의 측면은 잘 다듬어진 것이어야 하며 손잡이는 영유아가 떼어 입에 넣더라도 크기나 재질 면에서 안전한 것이어야 한다.

나. 방과 거실

방이나 거실에서는 영유아가 뛰거나 걷다가 미끄러져서 넘어지는 사고가 흔하게 일어난다. 몇 방울의 물만 바닥에 흘려도 영유아가 크게 미끄러질 수 있으며, 때로는 신고 있는 양말 때문에 미끄러지기도 한다. 실내 미끄럼 사고를 예방하기 위해 미끄럼방지 슬리퍼를 사용할 수 있으며, 최대한 바닥이 미끄럽지 않도록 물기가 있을 때에는 즉시 닦아낸다.

영유아가 넘어졌을 때 충격을 흡수할 수 있도록 가구 주변에 카펫이나 러그를 까는 것도 좋은 방법이지만, 먼지나 진드기로 인한 호흡기 질환과 알레르기의 위험도 고려해야 한다.

대부분의 가정에서는 거실과 안방에 TV, 오디오 등을 갖추고 있는데, 이러한 가전제품은 눈에 보이지 않는 전자파를 발생시켜 건강에 해로울 뿐만 아니라, 감전이나 충돌 사고의 위험도 있다. 또한 가전제품 위에는 꽃병과 같이 물이 담긴 용기는 올려놓지 않아야 한다. 여러 가지 가전제품을 사용하기 위하여 콘센트를 동시에 연결하여 쓰면 과열의 위험이 있기 때문에, 사용할 때만 한두 개씩 꽂아야 하며, 사용하지 않는 콘센트는 뚜껑을 덮어두어야 한다.

또한 여름철에는 대부분의 가정에서 선풍기를 사용하게 되는데, 선풍기는 영유아의 호기심을 자극하며 만지고 싶은 충동을 유발하기 때문에 반드시 보호망을 설치하고 자주 점검해야 한다. 그리고 보호망을 설치했다 하더라도 영유아가 선풍기 가까이 가서 손으로 만지지 못하게 해야 한다.

또한 영유아가 있는 곳에서 다림질을 하지 않도록 유의해야 한다. 다리미는 평상시에는 차가운 물건이며 육안으로 불꽃이 보이는 제품이 아니기 때문에, 영유아가 뜨거울 때 손을 대어 화상을 입기 쉽다. 좀 더 큰 유아라 하더라도 다림질하는 곳에 접근하지 않도록 하고, 다림질이 끝난 후에는 다리미를 충분히 식히고 유아에게 닿지 않는 장소에 보관한다. 다리미는 뜨겁지 않은 상태라도 떨어뜨리거나, 감전 사고를 당할 수 있기 때문에 위험한 물건이다.

집 안에 있는 공구세트는 못, 송곳, 망치 등 위험한 다수의 물건으로 구성되어 있다. 이런 물건은 영유아가 잘못 사용하여 다치거나 삼킬 우려가 있기 때문에, 사용 후 절대 영유아의 손에 닿지 않는 곳에 보관하도록 한다.

또한 가정상비약, 가족들의 처방약들이 종종 약물중독 사고를 일으키는 것으로 보고되고 있다. 영유아의 손이 닿는 곳에 성인이 복용하는 약을 보관했을 때, 호기심이 많은 영유아들이 약을 먹어 중독을 일으키는 사고가 발생하기 쉽다. 특히 혈압강하제와 같은 약물들은 영유아의 생명을 위협하기 때문에, 아무리 흔한 상비약이라도 영유아의 손이 닿지 않는 곳에 두어야 하며, 잠금장치가 있는 약통에 보관해야 한다.

다. 화장실

화장실은 미끄러운 바닥, 변기, 비누와 세제, 각종 표백제 및 살균제 등 때문에 사고가 빈번히 발생하는 장소이다. 3세 이하 영아의 경우에는 물 안에서는 더욱 중심을 잡기 힘들기 때문에 배꼽까지 오는 욕조물에서도 익사할 수 있다. 또한 온수의 온도 때문에 화상을 당하는 사고도 가끔 발생한다. 따라서 잠시라도 성인 없이 영아 혼자 욕조에 있지 않도록 해야 한다. 또한 호기심이 많은 영유아의 경우 변기에서 물이 내려가는 것을 관찰하다가 변기에 머리를 넣는 사고도 종종 발생하며, 엉덩이가 빠지는 경우도 많기 때문에 영유아용 보조변기 받침대와 변기 잠금장치를 설치하는 것이 필요하다.

무엇보다도 화장실에서는 미끄러운 바닥과 부주의 때문에 넘어지는 사고가 많이 발생하기 때문에, 항상 화장실 바닥과 슬리퍼 바닥의 물기를 없애야 한다. 욕조 벽면 손잡이와 미끄럼방지 매트나 스티커를 이용하면 사고를 줄일 수 있다.

또한 예쁘고 향기가 있는 비누나 세제류는 영유아의 호기심을 유발하므로 입으로 가져갈 수 있다. 따라서 비누, 세제류, 표백제 등은 영유아의 손이 닿지 않는 별도의 보관장에 안전하게 보관해야 한다. 절대로 영유아 혼자 화장실에 들어가지 않도록 하고, 젖은 손으로 헤어드라이기나 전기면도기 등의 전기제품을 함부로 만지지 않도록 사용 후에는 반드시 플러그를 뽑아 안전한 곳에 보관해야 한다. 그리고 영유아 혼자 화장실에 들어갔다가 문이 잠기는 사고가 흔히 발생하므로, 잠금장치는 바깥에서도 문을 열 수 있도록 하거나 미리 열쇠를 준비해 두어야 한다.

라. 주방

주방은 각종 칼, 포크, 가위, 채칼 등 날카로운 조리기구, 가전제품, 열기구가 있는 매우 위험한 장소이다. 또한 식재료 등 영유아에게 호기심을 유발하는 요인이 많기 때문에, 요리에 열중하는 어른들의 시선을 피해 주방에 들어와 사고에 노출될 수 있으므로 각별히 주의해야 한다.

주방의 바닥은 물이나 식용유 등을 자주 사용하여 바닥이 미끄러울 때가 많기 때문에, 사용 즉시 닦아내어 미끄럼 사고를 최소화해야 한다.

영유아가 싱크대 문을 열었을 때 손가락이 문에 끼지 않도록 하고, 모든 찬장과 서랍에 잠금장치를 하도록 한다. 이미 잠금장치를 했다 하더라도 영유아의 손이 닿는 위치에는 위험한 물건, 즉 칼이나 믹서의 칼날, 채칼, 세제나 표백제 등의 물건들을 두지 않는다.

가열대의 가스 중간밸브는 항상 잠그고, 가스누설 자동 차단장치를 반드시 설치해야 하며, 요리를 마친 후에도 영유아가 프라이팬이나 냄비를 함부로 만지지 못하도록 손잡이를 옆이나 뒤로 돌려놓아야 한다. 특히 주방에서 사용하는 가전제품에는 물이 묻기 쉬우므로 항상 마른수건으로 잘 닦고, 사용하지 않을 때는 항상 플러그를 뽑아 둔다.

최근 냉온수기나 정수기의 온수 꼭지에 영유아의 손이 데는 사고가 일어나고 있기 때문에, 온수 꼭지에는 반드시 잠금장치를 해두고 영유아 혼자 사용하지 않도록 한다.

마. 창과 베란다

창문이나 베란다에서 일어나는 영유아의 사고는 대부분 설비의 불량으로 인해 발생한다. 호기심이 많은 영유아가 창살 사이로 몸을 비집고 밖을 바라보다가 접촉부분이 떨어져 나가거나 몸이 빠져 추락 사고를 당하는 경우가 종종 있다.

이러한 추락 사고를 최소화하려면 우선 창문과 베란다의 안전 설비가 튼튼해야 하며, 영유아의 신체 크기를 고려하여 제작된 것이어야 한다. 또한 창문이나 베란다에는 반드시 보호대나 난간을 설치하며, 창문에는 잠금장치를 해두는 것이 좋다. 그리고 창문이 있는 곳에 의자나 책상, 책꽂이, 세탁기 등의 가구나 제품을 설치하면 영유아가 창문을 열었을 때 몸이 그대로 외부로 노출되기 때문에, 창문이나 베란다 창 밑에 가구나 가전제품을 두지 않는다. 베란다 안쪽에 중문을 설치하는 것도 좋은 방법이다.

바. 엘리베이터

최근 주거공간에는 대부분 엘리베이터가 설치되어 있는데, 엘리베이터는 추락, 낙상 등 다양한 사고의 위험이 굉장히 많기 때문에 주의하여 사용하도록 해야 한다. 엘리베이터를 기다릴 때에는 문에 기대지 않도록 하며, 타기 전에 내부의 바닥이 있는지를 꼭 확인해야 한다. 엘리베이터를 타고 있는 중에는 장난을 치거나 엘리베이터에서 뛰지 않도록 하며, 특히 타거나 내릴 때에 영유아의 의복이나 운동화 끈 등이 문에 끼지 않도록 주의한다. 정전이 되거나 갑자기 멈출 경우에 문을 강제로 열려고 하면 안 되며, 비상버튼을 누르고 상황을 알려야 한다는 것이 교육내용에 포함되어야 한다.

지하철 문에 부착된
'기대지 마시오'와 '손대지 마시오' 표시

'머리 위를 주의하시오' 표시

② 제품안전

가. 식품 알레르기

알레르기(allergy)는 특정 물질(항원)이 체내에 들어오면 그것에 반응하는 항체가 생성되고, 이후 다시 같은 항원이 들어오면 그 항원과 항체가 반응하는 증상을 의미한다(식품과학용어사전). 즉, 특정 알레르기 항원에 접촉함으로써 생체에 불리한 면역반응이 발생하는 과민상태를 의미하는 것이다. 최근 식품 제조기술의 발달로 시중에 다양한 가공식품이 유통되고 있는데, 이러한 가공식품에는 소비자가 알기 어려운 수많은 원재료와 합성첨가물이 사용되고 있기 때문에, 식품 소비자들의 주의가 요구된다. 특정 식품 성분에 대한 면역이상 반응으로 발병하는 식품 알레르기는 두드러기, 혈관부종 등을 일으키며, 심각한 경우 전신 반응인 아나필락시스(anaphylaxis) 쇼크를 유발하여 생명이 위태로울 수 있다(한국소비자원, 2012). 우리나라는 식품위생법에서 알레르기 유발성분으로 계란류, 우유, 메밀, 땅콩, 대두, 밀, 고등어, 게, 새우, 돼지고기, 복숭아, 토마토, 아황산염 등을 지정하고 원재료명에 표시하도록 하고 있다.

- 교사는 영유아에게 알레르기를 일으키는 음식이 있는지 부모에게 확인한다.
- 영유아 자신이 알레르기가 있는 음식이 무엇인지를 알고, 먹지 않도록 교육한다.
- 영유아가 알레르기가 있는지 모르는 상태에서 알레르기 반응을 보일 경우, 영유아가 먹은 음식을 잘 살펴보고 함께 응급의료센터에 가지고 간다.
- 식품을 구입할 때 영유아에게 알레르기를 유발하는 성분이 들어있는지 반드시 확인한다.
- 항히스타민제 약품을 항상 구비하고, 증세가 심각하면 병원으로 데리고 간다.

나. 식품첨가물

식품첨가물은 식품이 쉽게 상하거나 보관할 때 맛이 변하는 것을 막기 위해 식품에 첨가하는 물질을 말한다(식품위생법 제2조). 식품첨가물은 법으로 지정한 범위 내에서 사용하도록 되어있으나, 금지된 첨가물을 사용하는 경우 급성으로 구토, 위장장애, 사지마비 등이 나타날 수 있다. 또한 인체에 무해하다고 알려진 첨가물이라 할지라도 수 년간 계속 섭취할 경우 만성중독을 일으켜 사용이 금지되는 경우도 있다.

주로 사용되는 식품첨가물에는 방부제인 솔빈산칼륨, 발색제인 아질산나트륨, 산화방지제, 색을 내기 위해 쓰이는 합성착색료 등이 있다. 영유아들이 좋아하는 다양한 가공식품에 여러 종류의 식품첨가물이 사용되고 있는 상황이므로, '식품첨가물은 무조건 나쁜 것'이라고 교육하기보다는 과량 섭취하지 않도록 식습관 교정을 통해 교육하는 것이 더 바람직하다(한국소비자원, 2011).

보통 비만 영유아들은 고지방·고열량·저영양 식품을 선호하는 것으로 알려져 있고, 대표적인 식품은 햄버거, 치킨, 피자, 라면, 과자류 등으로, 이러한 식품들은 영유아 기호식품에 해당한다. 이러한 식품들에는 다양한 식품첨가물이 함유되어 있기 때문에, 영유아들이 식품첨가물을 섭취할 확률은 상대적으로 높아진다.

또한 영유아들이 즐겨 먹는 초콜릿 가공품, 케이크, 도넛, 아이스크림 등에는 카페인이 함유되어 있는 것으로 알려져 있는데, 영유아가 카페인을 과잉 섭취했을 경우 불안, 초조함, 불면증 등의 부작용을 일으킬 수 있으며, 과잉 섭취가 지속될 경우 카페인 중독증이 생길 수 있다. 이 외에도 식품첨가물에는 나트륨도 포함되는데 영유아기부터 짜고 자극적인 맛에 익숙해지면 점점 더 강한 짠맛을 찾게 될 수 있으므로, 적당량의 나트륨을 섭취하도록 주의해야 한다. 나트륨 과다 섭취는 고혈압, 심혈관계 질환, 신장병 등의 원인이 되어 많은 합병증을 초래하기 때문이다.

- 식품을 구입할 때에는 유통기한, 첨가물 표시 등을 꼭 확인한다.
- 가공식품을 하루에 너무 많이 먹지 않도록 제한한다.
- 성분표가 복잡한 가공식품은 되도록 먹지 않도록 한다.
- '~맛', '~향'이 적혀 있는 식품은 먹지 않도록 한다.
- 색깔이 지나치게 알록달록한 식품은 첨가물이 많이 들어있는 것이다.
- 스마일 마크(어린이 기호식품 품질인증 마크)가 있는 식품을 구입한다.

다. 식품 위생

■ 합리적인 식품의 보관

〈표 4-2〉 각종 식품의 보관 요령

식품의 종류	보관 요령
육류, 가금류, 어류	냉장고에서 가장 온도가 낮은 곳에 보관하거나, 육류저장실에 넣어 보관한다.
달 걀	포장상태 그대로 냉장고에 바로 넣는다. 몇 주 동안은 사용 가능하나, 2주까지가 가장 질이 좋다.
과 일	최대한 빨리 먹는 것이 좋으며, 보관해야 할 경우 주의하여 냉장 보관한다. 덜 익은 과일은 익을 때까지 상온에 보관하였다가 냉장한다.
채 소	채소는 그냥 보관하면 습기가 없어져서 마르기 때문에, 뚜껑이 있는 용기나 플라스틱 용기, 냉장고의 채소 서랍 등에 보관해야 한다. 감자, 양파, 무 등은 집 안의 찬 곳이나 서늘한 곳에 습기가 없이 건조하게 저장해야 한다.
유제품	구입하면 바로 냉장고에 넣는다. 유통기한을 반드시 지키고 되도록 1주일 이내에 섭취한다. 탈지분유와 깡통연유는 상온에 저장할 수 있으나 개봉 후에는 우유와 같이 냉장보관해야 한다.
치 즈	곰팡이 생성을 방지하기 위하여 냉장고에 보관하며, 건조해지지 않도록 잘 싸서 보관한다.
버터와 마가린	버터와 마가린은 식품냄새를 흡수하기 때문에, 잘 싸서 냉장한다.
마요네즈와 드레싱	산패가 되기 때문에 냉장보관한다.

잼, 젤리, 시럽, 꿀, 땅콩버터	개봉 후에는 곰팡이가 생길 수 있으므로, 냉장보관한다.
빵	상자나 비닐에 넣어 냉장보관한다. 보관기간이 길어지면 포장상태로 냉동고에 보관한다.
밀가루, 고춧가루, 곡물가루	용기에 잘 싸서 냉동고에 보관한다.

■ 식품의 변질

식품 부패는 식품 자체 또는 식품 외부 환경에 기인하며 다양한 현상으로 나타난다. 식품 부패의 주된 원인으로는 미생물의 성장, 생화학적 변질, 물리적 손상 등을 들 수 있다. 식품 부패는 한 종류의 원인에 의해 발생할 때도 있지만 대부분은 여러 가지 원인들의 복합현상으로 발생한다. 일반적인 식품 부패의 원인은 다음과 같다.

- 곤충에 의한 상해
- 압력, 냉동, 건조, 조사에 의한 식품 자체의 물리적 변화
- 식물·동물 조직에 자연적으로 존재하는 효소의 작용
  - 만일 이 효소들을 불활성화시키지 않으면, 가공공정과 저장 상태 중에 작용하여 식품의 부패를 촉진시킨다.
- 천연적인 효소의 작용이나 미생물의 작용에서 비롯되지 않는 화학적 변화
  - 산소에 의한 여러 가지 변화
- 미생물의 성장 및 작용
  - 미생물의 작용에 의한 식품 부패는 식품위생학상 가장 중요하며, 공중보건학적인 관점에서 식품의 품질을 관리하고, 각종 식품 관련 질병을 예방하기 위하여 각별한 관심을 가져야 하는 부분이다.

– 식품의 부패에 관여하는 미생물에는 세균, 효모, 곰팡이 등이 있다. 미생물에 의한 식품 부패는 다음과 같은 요인이 충족될 때 나타난다.

> • 부패 미생물의 오염
> • 오염된 부패 미생물의 성장에 영향을 미치는 식품의 조성
> • 식품의 보관, 저장 환경
> • 오염 미생물에 의해 식품을 부패시키는 대사산물의 생성
> • 오염 미생물이 성장하는 시간

– 이러한 다섯 가지 요인을 적절히 조절할 경우, 미생물에 의한 식품 부패 현상을 어느 정도 예방할 수 있다.

라. 식품으로 인한 질병

▪ 전염병

식품을 위생적으로 취급하지 않아 세균, 바이러스로 인한 질병이 전파된 것이며, 식품을 매개로 하여 일어나는 전염병은 그 원인에 따라 경구 전염병(peroral infectious disease)과 인수공통 전염병(zoonosis)으로 분류할 수 있다.

경구 전염병이란 식품이나 음료수, 완구, 식품, 곤충, 손가락 등을 통하여 입으로 감염되는 전염병을 의미하며, 소화기계 전염병이라고도 한다. 소화기계 전염병은 주요 병변이 소화기 계통에 생기지만, 소아마비와 같이 병원균이 입으로 침입하여 소화기계를 거쳐 척수에 감염을 일으키기도 한다.

인수공통 전염병이란 동물과 사람 사이에서 같은 병원체에 의해 전파되고 증상이 발생되는 전염병을 의미한다. 특히 모기나 진드기 등은 병균을 옮기는 흔한 매개체로서 심각한 질병을 야기한다.

■ 기생충 감염증

기생충 감염증은 식품의 위생이 지켜지지 않아 기생충병이 옮는 것을 말한다. 기생충 감염증의 원인이 되는 매개 식품에 따른 기생충은 다음과 같다.

- 야채 : 아메바성 이질 회충, 촌충, 구충, 편충, 요충 등
- 수육 : 톡소플라즈마, 조충, 선모충 등
- 담수어 : 디스토마, 요코가와흡충, 광절열두조충, 유극악구충 등
- 해산어 : 아니사키스 등

■ 식중독

식중독은 유해하거나 유독한 세균, 기생충, 독소, 화학물질 등에 오염된 식품을 섭취하여 생기는 질환이다. 급성 위장염을 주 증상으로 하며 설사, 구토, 복통 등의 증상이 있다. 식중독의 70%가 세균성 식중독이며 감염형과 독소형 식중독으로 구분된다. 감염형 식중독과 독소형 식중독의 특징은 다음과 같다.

〈표 4-3〉 감염형 식중독과 독소형 식중독의 특징

구 분	감염형 식중독	독소형 식중독
원 인	균이 식품과 장 내에서 증식	세균이 생산한 독소 섭취
잠복기	길다	짧다
발열 현상	있다	없다
가열 효과	있다	없다
환자 발생	오랜 기간에 걸쳐 발생	급격히 발생하고 빨리 끝남
종 류	살모넬라균, 장염비브리오균	포도상구균, 보툴리누스균
공통 증상	메스꺼움, 구토, 복통, 설사 등	

출처 : 방두연 외(2007).

이 밖에도 알레르기성 식중독, 자연독 식중독, 바이러스성 식중독 등이 있다. 알레르기성 식중독은 단백질 식품에 프로테우스 모르가니균(proteus morganii)이 번식하여 부패된 식품에 의해 발생하며 발열과 두드러기, 두통, 설사 등의 증상이 나타나고, 1일 이내에 회복된다. 일반적으로 주원인은 고등어, 꽁치, 정어리 및 그 가공품 등이며 항히스타민제로 치료 가능하다.

자연독 식중독은 다음과 같은 상황에 발생한다.

- 유독 동·식물체(㉕ 독버섯)를 식용 가능한 것으로 오인하여 섭취하였을 때
- 일반적으로 식용되는 동·식물(㉕ 바지락, 맥각)이 어떤 특수한 조건하에서 유독화되었는데 이것을 모르고 섭취하였을 때
- 동·식물체의 특수한 부위(㉕ 복어 내장, 감자 싹)나 기관이 독성 물질을 함유하고 있는데 이것을 완전히 제거하지 못하고 섭취하였을 때

과거에는 바이러스에 의한 식중독은 주로 여름철 세균에 의해 많이 발생했지만 최근에는 노로바이러스에 의한 식중독 사고가 빈번해짐에 따라 계절과 관계없이 발생하고 있다.

마. 식품안전 예방대책

- 영유아의 식습관 지도 시 청결과 위생에 유의한다.
- 식품의 유통기한을 반드시 확인하며 식품의 외관과 상태를 확인한다.
- 식육, 어패류, 야채 등은 신선한 제품을 구입한다.
- 모든 음식물을 익혀서 먹도록 한다.
- 조리 전 음식과 조리 후의 음식이 섞이지 않도록 한다.
- 부엌을 깨끗하게 관리한다.
- 식품은 위생적으로 보관해야 하며, 오랫동안 보관하지 않는다.

| 그림 4-1 | 식중독 예방 6가지 방법

출처 : 식품의약품안전처.

| 그림 4-2 | 올바른 손 씻기 6단계

출처 : 질병관리청(2023).

(2) 체육 및 여가활동 안전

① 실외 놀이 안전

가. 안전한 놀이 환경

놀이터에서 발생하는 가장 빈번한 사고는 미끄럼틀, 철봉, 정글짐, 구름다리 등의 오르기 기구에서 추락하는 사고이다(이기숙 외, 1997). 기어오르는 기구의 높이와 울타리가 없는 경우, 보호 난간이 없는 놀이기구 등이 낙상사고와 관련이 있다. 또한 놀이기구들이 너무 좁게 비치되어 있는 경우, 놀이기구 주변에 고정된 물체, 관목, 울타리 또는 놀이기구 자체에 충돌하기 쉽다.

영유아가 놀이기구에 빠지거나 떨어지는 사고, 놀이기구의 설계나 관리의 문제로 생긴 날카로운 물체에 의한 사고가 많다. 감독이 어려운 경우에도 사고가 많이 일어나는데, 공공놀이터에서는 영유아가 도로로 나가 놀아 위험할 수도 있으며, 다른 연령의 영유아들이 함께 운동장을 사용하거나, 많은 영유아들이 한꺼번에 기구를 사용할 때 감독이 어려워지면서 문제가 생길 수 있다.

가정에 있는 장난감이나 놀이기구로 인한 사고도 매우 빈번한데, 이는 어른들의 부주의와 놀이기구의 안전성 결여로 인해 생기는 경우가 많다. 따라서 장난감이나 놀이기구를 고를 때는 영유아에게 위험한 부분은 없는지 신중을 기하여 고르도록 하고, 놀고 있는 영유아에 대한 적절한 감시가 필요하다. 아울러 놀이기구의 수리 및 보관에도 주의를 기울여야 한다.

실외놀이터 안전수칙

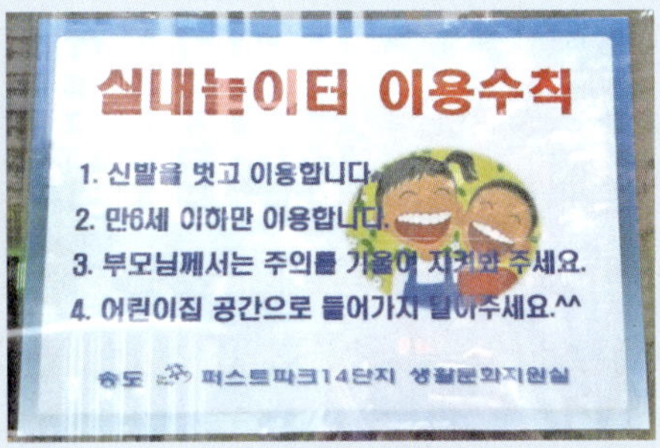

실내놀이터 안전수칙

나. 안전대책

■ 시설에 대한 안전대책

• 기구의 설계

영유아가 사용하는 놀이기구는 놀이공간의 구성을 고려하여 안전하게 설계

되어야 한다. '낙상지대(fall zone)'는 안전한 바닥이 깔려있어야 하는 놀이기구의 아래와 그 주변 지역을 의미한다. 영유아가 뛸 수 있는 지점의 낙상거리는 적당한 지름의 공간을 확보하여 영유아를 보호할 수 있어야 하며, 건물과 아스팔트 보도와 같은 위험한 공간은 놀이공간과 거리가 충분히 떨어져야 한다. 그리고 심각한 사고를 예방하기 위해서 기구 바닥은 힘을 흡수할 수 있는 바닥재를 깔아야 한다.

• 시야

영유아교육기관 내에 있는 모든 실외 놀이터는 교사의 시야에 들어와야 한다. 큰 놀이기구나 울타리가 시야를 막아서는 안 된다.

• 바닥

영유아의 추락사고는 놀이터에서 발생하는 가장 일반적인 사고의 원인인데, 추락으로 일어나는 손상은 골절과 두부 손상이 대부분이다. 보통 영유아가 추락하는 동안 몸의 높이와 방향, 떨어진 바닥의 탄력이 주로 손상 정도를 결정한다. 따라서 놀이터 바닥재의 선택은 추락으로부터 손상의 정도를 감소시키는 데 무엇보다도 중요하다. 포장된 아스팔트나 콘크리트 그리고 자연적인 잔디나 흙바닥은 충격을 충분히 흡수하지 못해서 놀이터에 적절하지 못하다.

• 울타리

놀이터는 가능하면 적어도 120cm 높이의 울타리를 쌓아야 하며, 울타리는 놀이기구에서 적어도 180cm 이상 떨어져야 한다. 울타리는 영유아를 안전하게 놀 수 있게 해줄 뿐만 아니라, 바깥놀이를 하는 동안 영유아 인원 파악을 용이하게 하여 교사의 관리 감독을 효율적으로 해준다. 하지만 울타리에 들쑥날쑥하거나 튀어나온 부분이 있는지를 정기적으로 점검해야 한다.

■ 놀이터(실외 놀이터)

놀이터에서 발생하는 가장 빈번한 사고는 미끄럼틀, 철봉, 정글짐, 구름다리 등의 오르기 기구에서 추락하는 사고인데, 특히 미끄럼틀 위에서 떨어져서 다치는 경우가 가장 많다. 추락 원인으로는 미끄럼틀을 거칠게 타거나, 걸어서 오르내리거나, 손잡이를 잡지 않거나, 균형을 잃어서 떨어지거나, 가로대 사이에서 곡예를 하거나, 뛰어넘다가 추락하는 경우 등이 있다.

그네와 관련된 사고의 대부분은 그네에서 떨어지거나 뛰어내리다가 다치는 경우와 움직이는 그네에 부딪쳐서 사고를 당하는 경우이다. 회전대와 관련된 대부분의 사고는 손잡이를 놓쳐서 회전대에서 떨어지거나, 회전대를 밀다가 넘어지거나, 바닥에 떨어지거나, 회전대를 밀던 영유아가 부딪치는 경우이다. 움직이는 시소에는 부딪히거나 찍히는 사고도 있다. 어떤 경우에는 손상된 목재 시소의 가시에 찔리는 경우도 있다.

또한 킥보드, 자전거 등으로 인한 미끄러짐, 넘어짐, 미끄럼틀로 인한 추락, 트램펄린, 그네 등으로 인한 충돌·추돌 등 물리적 충격 순으로 안전사고가 발생하는 것으로 보고되고 있다(한국소비자원, 2019).

• 놀이터 환경(실외 놀이터 환경)

– 실외 놀이터의 바닥면은 고르게 구성되어야 한다. 또한 실외 놀이터의 크기가 너무 협소해서 자동차, 오토바이, 자전거 등의 접근이 있으면 안 된다.
– 놀이기구별로 모든 볼트를 점검하고 돌출된 곳은 잘라내며, 절단부위는 둥글게 해준다. 금속판의 가장자리가 날카롭지 않은지 확인하여 둥글게 해주어야 한다.
– 특히 처음으로 놀이기구를 이용하는 영유아의 경우에는 반드시 곁에서 지켜보아야 한다.
– 놀이기구의 안전성, 녹, 급유, 부품 상태 등을 수시로 점검한다.

– 놀이기구 위에서 뛰거나 밀거나 다투지 않는다.
– 놀이기구를 탈 때 바른 자세로 앉도록 하고, 이용정원을 초과하지 않는다.
– 놀이터 모래에 섞인 굵은 자갈이나 유리 조각, 오물 등을 제거한다.

• 오르기 기구(climbing equipment)

– 가로대를 양손으로 잡고 올라간다.
– 다른 사람이 내려오는 방향으로 올라가지 않는다.
– 위에 있는 사람의 발을 잡거나 흔드는 장난을 치지 않는다.
– 내려올 때는 아래를 잘 살핀다.
– 젖어 있는 오르기 기구에서는 놀지 않는다.

• 그네

– 비어있는 그네의 사슬을 꼬지 않고, 다른 사람이 그네를 타고 있을 때 그 앞으로 지나가지 않도록 한다.
– 완전히 정지한 후에 그네에 타고 내린다.
– 그네를 탈 때에는 한가운데에 앉아서 탄다.
– 배를 깔고 엎드려서 타거나, 서서 타는 행위 등은 삼간다.

• 미끄럼틀

– 올라갈 때는 손잡이를 꼭 잡고 계단 하나씩 올라간다.
– 앞 사람이 올라간 다음에 올라가고, 다른 사람을 밀거나 당기지 않는다.
– 미끄럼판으로 올라가지 않고, 반드시 계단을 이용해서 올라간다.
– 한 사람씩 앉아서 내려온다.
– 엎드려 타거나, 서서 타지 않는다.
– 내려온 뒤에는, 다른 사람이 곧바로 내려와도 부딪치지 않게 빨리 비켜준다.

• 회전목마, 시소, 용수철(spring rockers)

– 서로 마주보고 앉는다.
– 시소 위에 서 있거나 뛰지 않는다.
– 두 손으로 손잡이를 꼭 잡는다.
– 내릴 때는 상대방에게 미리 알리고, 조심히 내린다.
– 내릴 때 시소 밑에 발을 두지 않는다.

■ 장난감

장난감 총(BB총)의 총알이 눈에 맞아 출혈되는 경우, 총알이 귀나 코에 들어가 나오지 않는 경우, 입에 들어가 기도를 막아서 질식 위험에 처하는 경우가 보고되고 있다. 또한 줄이 달린 영유아용 장난감을 가지고 놀면서, 줄에 목이 졸려 사망할 위험이 있다.

이에 따른 안전대책은 다음과 같다.

• 연령과 발달단계에 맞는 놀잇감을 선택한다.
• 너무 작은 부품이 들어있는 놀잇감은 질식을 유발할 위험이 있으므로 구입을 피한다.
• 견고하게 부착되어 쉽게 분리되지 않는 제품인지 확인한다.
• 안전한 착색료를 사용했는지 확인한다.
• 장난감에 대한 표시 및 주의사항을 주의 깊게 읽고 구매한다.
• 장시간 현란한 빛을 내는 장난감은 피한다.
• 질식, 목 졸림 또는 상해위험이 높은 장난감은 구입하지 않는다.

■ 놀이기구 안전 규칙

일반적인 놀이 안전 규칙은 다음과 같다.

- 오르기 기구에 올라가거나, 미끄럼틀을 내려올 때 다른 사람을 밀지 않는다.
- 놀이기구를 이용할 때 친구와 다투지 않는다.
- 흙이나 놀잇감을 던지지 않는다.
- 순서를 무시하고 다른 사람을 밀지 않는다.
- 손에 물건을 들거나 동물과 함께, 가방을 메고 놀이기구를 이용하지 않는다.
- 인라인 스케이트 등을 타고 놀이기구에 올라가지 않는다.
- 여름철에 놀이기구가 뜨거워졌거나, 겨울철에 얼었을 때에는 이용하지 않는다.
- 교사는 수시로 놀이기구 이음 부분에 결함이 있는지 점검하고 수리한다.

* 놀이시설 표지판 또는 놀이기구 등 영유아가 잘 보일 수 있는 곳에 부착

| 그림 4-3 | 놀이기구별 안전 픽토그램

출처 : 국민안전처(2015).

〈놀이기구별 안전 수칙〉

 놀이터 일반	• 자신 있는 놀이를 즐긴다. • 놀이터에도 에티켓이 필요하다. (순서를 기다리고 다른 아이를 방해하지 않는다) • 사이좋게 놀도록 한다. (친구가 되어주고 놀이에 참여시켜 준다) • 선생님과 친구들 말을 듣는다. • 안전하게 이용하고 누군가 다치면 선생님께 알린다. • 놀이터를 소중히 이용한다. • 모래나 물건을 공중이나 친구에게 던지지 않는다. • 군것질을 하면서 놀지 말고, 쓰레기는 쓰레기통에 넣는다. • 물을 많이 마시도록 한다. • 맨발로 놀지 않는다. • 항상 양손으로 놀이기구를 잡고 놀도록 한다. • 움직이는 놀이기구 주변에서 놀지 않는다. • 젖어있거나 뜨거울 때는 이용하지 않는다. • 놀이기구를 소중히 하며, 낙서하지 않는다.
 미끄럼틀	• 올라갈 때는 손잡이를 꼭 잡고 한 계단씩 올라간다. • 앞사람이 올라간 다음 올라가고, 다른 사람을 밀거나 당기지 않는다. • 미끄럼판으로 올라가지 않고 반드시 계단을 이용해서 올라간다. • 먼저 탄 영유아가 착지한 후, 한 사람씩 순서대로 앉아서 내려온다. • 미끄럼틀을 탈 때는 항상 발 먼저 내려가도록 하고 도착지점에서도 발 먼저 착지하도록 한다. • 엎드려 타거나 서서 타지 않는다. • 내려오기 전에 앞에 사람이 없는지 확인한다. • 내려온 뒤에는 다른 사람이 곧바로 내려와도 부딪치지 않게 빨리 비켜준다. • 가방, 장난감을 들고 타지 않고, 도착지점에서 놀지 않는다.
 그네	• 항상 안전하게 양손으로 그네 줄을 잡는다. • 그네가 완전히 정지한 후에 그네에서 내려온다. • 그네 줄을 꼬지 않고 탄다. • 다른 아이가 그네를 타고 있을 때, 그 앞으로 지나가거나 그 앞에서 기다리지 않는다. • 배를 깔고 엎드려서 타거나 서서 타지 않는다. • 1인용 그네는 한 사람만 타고 여럿이 한꺼번에 타지 않는다.

 회전놀이기구	• 회전하는 도중에 뛰어내리거나 뛰어오르지 않는다. • 회전 중에 친구와 장난(예 밀기)하지 않는다. • 회전대를 갑자기 고속으로 회전하지 않는다. • 회전 중에 회전대를 멈추게 하기 위해 붙잡지 않는다. • 회전대를 발로 돌리지 않는다(발이 끼일 위험). • 회전대 밑으로 들어가지 않는다. • 돌고 있는 회전대 옆에서 놀지 않는다.
 흔들놀이기구	• 시소 위에 서있거나 뛰지 않는다. • 두 손으로 손잡이를 꼭 잡고 이용한다. • 내릴 때는 상대방에게 미리 알리고 조심히 내린다. • 내릴 때 시소 밑에 발을 두지 않는다.
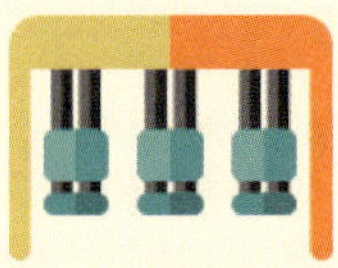 흔들다리	• 받침대를 두 칸씩 한꺼번에 지나가지 않는다. • 흔들다리 위에서는 손잡이를 반드시 잡아야 하며, 뛰어가지 않는다. • 손잡이와 받침대 사이의 공간으로 빠져나가는 행동은 절대 주의한다.
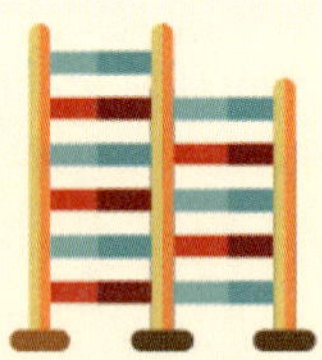 기어오름대	• 오를 때는 두 손을 사용하고 손잡이를 꽉 쥐고 이용한다. • 시설이 비에 젖었거나 뜨거울 때는 사용하지 않는다. • 꼭대기에서 서있거나, 눕거나 앉지 않는다. • 꼭대기에서 거꾸로 매달리거나 걸어 다니지 않는다. • 꼭대기에서 뛰어내리지 않는다. • 내려올 때 뛰어내리지 않고 안전한 방법으로 천천히 내려온다. • 위에 누군가가 있다면 밑으로 가지 않는다. • 다른 사람과 같은 방향으로 움직인다. • 내려올 때는 아래를 잘 살핀다. • 빨리 가기나 한 번에 넓은 거리 가기 등의 시합을 하지 않는다.
 바닥 재료	• 사람에게 모래 및 바닥 재료를 던지지 않는다. • 유리나 금속의 파편에 주의한다. • 개, 고양이의 분은 없는가 주의한다. • 인공 바닥 재료는 파헤치지 않는다. • 파손되거나 분실된 곳을 발견하면 선생님께 알린다.

출처 : 행정안전부 홈페이지.

② 스포츠 안전

최근 스포츠와 레저에 관심을 가지는 사람들이 많아지면서, 이와 관련된 안전사고가 급증하고 있다. 영유아 안전사고는 연령이 높을수록 점점 증가하며, 특히 6세 이후에 스포츠와 레저 활동에 따른 안전사고의 발생률이 높다. 한국소비자원 CISS에서 2018년에 조사한 유아기(4~6세) 위해발생 장소별 분석 결과, 여가 및 문화 놀이시설이 8.6%, 스포츠/ 레저 시설이 1.8%로 나타나 놀이와 스포츠 시설에서 약 10% 사고가 발생했음을 알 수 있다(한국소비자원, 2019). 이처럼 스포츠나 레저와 관련된 안전사고가 많음에도 불구하고 아직도 여러 영유아교육기관에서는 이에 대한 교육이 제대로 이루어지고 있지 않다. 영유아가 스포츠나 레저 활동을 할 때 지켜야 할 규칙과 안전 지식, 기술, 태도 등을 제대로 습득하여 안전하고 즐겁게 스포츠를 즐길 수 있도록 교육해야 한다.

가. 운동 시의 안전

영유아는 축구나 아이스하키와 같은 격한 운동에서도 힘이 약하기 때문에 큰 손상을 초래하지 않지만, 아동기 이상이 되면 손상률은 급격히 상승한다. 손상을 예방하기 위해 각 운동을 할 때 있을 수 있는 위험 상황을 알려주어, 더욱 정확한 선택을 하도록 해야 한다.

모든 운동은 위험을 수반하지만 궁극적으로 건강에 도움이 되기 때문에, 운동을 하지 않는 것보다 안전대책에 대하여 제대로 알고 하는 것이 무엇보다도 중요하다.

스포츠 손상은 매우 자주 발생하고, 심각한 후유증을 겪거나 치료기간이 길어질 수 있으며 비용이 많이 드는 점 등을 고려하여, 부모와 영유아는 운동 중 손상예방에 대하여 잘 알고 있어야 한다.

■ 야구

- 부드러운 스펀지 소재로 만들어진 공이 적절하다.
- 베이스는 충격을 완화할 수 있는 것이어야 한다.
- 얼굴을 보호할 수 있게 헬멧을 착용한다.
- 포수는 공의 충격으로부터 심장을 보호하기 위해 가슴 보호대를 착용하도록 하며, 정강이 보호대도 착용한다.

■ 축구

- 게임 전에 준비운동을 통해 근육이나 뼈의 손상을 예방한다.
- 축구화는 발에 잘 맞아야 하고 끈이 풀리지 않도록 단단히 묶는다.
- 영유아가 골대를 손으로 잡으면, 골대가 넘어져 다칠 수 있기 때문에 잡지 않도록 한다.
- 네트에 오르지 않도록 지도하며 네트를 사용하지 않을 때에는 제거한다.

나. 탈것과 안전

최근 영유아들이 즐겨 타는 인라인 스케이트, 킥보드, 바퀴 달린 운동화 등 바퀴 달린 놀이기구는 평탄한 장소를 이용해야 하는데, 도로나 아파트 주차장 등에서 이용하면 교통사고나 추락사고와 같은 심각한 안전사고를 당할 위험성이 높다.

■ 자전거

- 자전거나 스케이트를 탈 경우에는 헬멧을 착용해야 한다. 헬멧은 착용감이 편한 것으로 턱에 고정하는 버클을 갖추고 있어야 한다. 헬멧은 사고로 인한 뇌손상을 예방하는 데 가장 효과적이다. 딱딱한 플라스틱으로 만들어진 것이 강하고 뚫리지 않아 영유아에게 적절하다. 부모는 영유아의 머

리둘레보다 큰 헬멧을 구입하지 않도록 하며, 파손된 헬멧은 반드시 버리고 교체해야 한다.

- 영유아는 자전거를 타기 전에 반드시 교통법규를 이해해야 하고, 길거리에서 탈 때에는 수신호를 사용할 수 있어야 한다.
- 보도에서 자전거 타기가 충분히 익숙해지기 전에는 거리에서 타서는 안 된다. 거리에서 타야 할 경우에는 반드시 차량의 흐름과 같은 방향으로 타야 하며, 교통표지판과 신호등을 반드시 지켜야 한다.
- 자전거는 영유아의 몸에 잘 맞아야 하는데, 앉았을 때 발이 땅에 닿는 정도가 적당하다. 타기 전에 자전거의 바퀴와 브레이크가 제대로 작동되는지 확인한다.
- 영유아와 자전거에 함께 타면, 자전거가 불안정하게 되고 제동 시간이 길어지기 때문에 절대 함께 타지 않는다.
- 자전거 전용도로를 이용하도록 하며, 파편이나 자갈, 먼지 등이 없는 깨끗한 도로에서 탄다.
- 이른 아침이나 늦은 저녁에는 자전거를 타지 않으며, 반드시 밝은색의 옷을 입도록 한다.

■ 인라인 스케이트, 롤러스케이트, 스케이트보드, 킥보드

- 영유아가 바퀴 달린 놀이기구를 이용할 시에는 안전기준에 맞는 헬멧과 손목 보호대, 무릎과 팔꿈치 보호대 등의 안전 보호 장구 착용의 중요성을 영유아가 충분히 인지하도록 교육하고 꼭 착용하도록 지도한다. 이들 운동에서는 손목을 특히 많이 다치는데, 넘어질 때 반사적으로 손을 뻗음으로써 손목이 뒤로 꺾이기 때문이다. 따라서 손목 보호대의 착용은 매우 중요하다.
- 차량이 있는 도로, 불규칙하고 울퉁불퉁한 길, 언덕, 장애물이 있는 길에

서는 타지 않는다. 스스로 조정을 잘할 수 있을 때까지는 자전거나 행인이 있는 길도 피한다.

- 인라인 스케이트나 스케이트보드는 특히 바퀴가 항상 안전하게 관리되고, 안전한 상태를 유지해야 한다. 발에 착용하는 놀이기구는 영유아의 발에 지나치게 크거나 작지 않은 것으로 신게 한다.
- 공공 도로에서는 반드시 교통법규를 준수해야 한다.
- 영유아는 성인에 비해 시야가 좁고 특히 밤에 물체를 알아보는 능력이 떨어지기 때문에, 해가 진 이후에는 바퀴 달린 놀이기구를 타면 위험한 경우가 많다. 밤에 타는 경우에는 형광·야광 옷을 입거나 자전거 후미등 또는 형광바퀴 등의 장치를 사용하도록 한다.
- 바퀴 달린 놀이기구는 타기 전에 제일 먼저 안전하게 넘어지는 법을 배운다. 넘어질 때는 어깨나 엉덩이를 먼저 땅에 닿도록 교육하여, 사고 발생 시 머리 등 치명적인 부위에 손상을 입는 경우를 예방할 수 있다.

다. 놀이공원

- 놀이기구별로 탑승 가능한 키와 나이의 조건을 지킨다.
- 놀이기구에 영유아를 안전하게 앉도록 한다. 만일 안전 끈이 없는 기구라면 영유아를 태우지 않는다.
- 부모와 영유아가 분리될 때를 대비하여, 놀이기구를 탄 후 만날 장소를 미리 약속해 둔다.
- 놀이공원의 안전규칙을 따르도록 지도한다.
- 단체로 놀러갔을 때에는, 같은 옷을 입도록 하여 식별이 잘 되도록 한다.

■ 겨울철 체육 및 여가 활동

겨울철 체육 및 여가 활동은 추운 날씨, 낮은 온도, 눈과 관계된 안전사고가 많다. 겨울철 체육 및 여가 활동은 모든 영유아들에게 즐거움을 주지만 추운 날씨로 인해 동상이나 저체온증 같은 손상의 위험이 있다. 일반적으로 영유아는 장갑, 귀를 덮는 모자, 방수용 장화 등을 포함하여 몸을 모두 덮어야 할 필요가 있다. 젖은 장갑과 장화는 동상을 더욱 악화시킬 수 있기 때문에 빨리 벗어야 한다.

또한 겨울철 눈이 내리면 곳곳이 빙판길로 바뀌어 미끄럽기 때문에 사고가 일어나기 쉽다. 겨우내 운동량이 많지 않으며 두꺼운 옷으로 인해 영유아들의 몸놀림이 둔하기 때문에 넘어지거나 미끄러지면 뼈가 부러지거나 근육이 다치는 큰 사고가 발생할 위험이 많다.

영유아와 눈썰매를 타거나 스케이트장에 갈 때는 반드시 보호자와 함께 움직이고 영유아 전용 코스를 이용해야 한다. 또한 준비운동을 통하여 몸을 제대로 풀고 레크리에이션을 하는 것도 중요하다.

■ 썰매

- 썰매를 탈 때 지켜야 하는 안전사항에 대해 영유아에게 교육한다.
- 장갑과 장화를 착용하여 손, 발을 보호한다.
- 썰매를 엎드려 타면 머리 손상의 위험이 있으니 하지 않도록 한다.
- 썰매는 윤활이 잘 되어 있어야 하고 날카로운 면이 없이 안정적인 모양이어야 한다.
- 차량이 없고, 고정된 장애물이나 얼음이 없으며, 슬로프 각도가 30° 이내일 때 가장 안전하다.
- 슬로프에 사람이 너무 많아서는 안 된다.
- 영유아는 청소년들과 분리된 곳에서 타야 하고 어른의 감독이 필요하다.

■ 스키

- 전문가에게 스키 타는 법을 배워야 한다. 자격 있는 강사에게서 영유아를 위한 스키를 타는 기술과 슬로프에서의 이용규칙을 배워야 한다.
- 영유아의 경험과 능력에 맞는 슬로프의 난이도를 결정해야 한다.
- 안전하고 잘 맞는 장비의 구입이 필수적이다. 가급적 영유아가 성장할 때마다 매년 교체하는 것이 좋고, 경험 많은 전문가의 지도가 필요하다. 스키를 타면서 일어나는 대부분의 사망 사고는 타인, 리프트 탑, 나무 등과 같은 장애물과의 충돌에 의한 머리 손상이다.
- 따뜻하고 젖지 않는 의복을 입어야 저체온증이나 동상을 예방할 수 있다.

③ 물놀이 안전

가. 수상 안전

■ 야외 물놀이

- 수영 금지 지역에 절대로 접근하지 않도록 한다.
- 영유아가 수영을 하거나 물에서 놀 때에는 항상 부모나 안전요원 등 보호자가 감독해야 한다.
- 간이 수영장 또는 물받이 통을 이용해 물놀이를 하는 경우 사용 후 물을 꼭 버린다.
- 전문가에게 수영강습을 받는 것이 좋다.
- 영유아용 구명조끼를 입는다.
- 경사가 가파른 둑이나 파도가 치는 바다에서는 함부로 물놀이를 하지 않도록 한다.
- 물가에 깨진 병이나 날카로운 것들이 있을 수 있으므로 유의한다.

(3) 유괴, 미아 사고 방지

「실종아동 등의 보호 및 지원에 관한 법률」 제2조에 따르면 '실종아동'은 실종 신고 당시 18세 미만의 아동으로 정의하고 있다. 또한 실종은 약취, 유인, 사고 또는 가출하거나 길을 잃는 여러 가지 이유를 포함하면서 유괴로 인한 실종 또한 모두 해당한다.

특히 영유아는 어른의 말을 신뢰하는 경향이 있기 때문에, 평소에 잘 아는 사람뿐만 아니라 낯선 사람들이라도 성인이 친절한 태도를 보이면 숨은 의도를 파악하지 못하고 잘 따른다. 또한 영유아는 생활반경이 좁기 때문에, 가해 의도자가 평소에 지켜보다가 쉽게 접근할 수 있다. 최근에는 영유아를 유인하는 방법이 아주 다양해지고 교묘해져서 더욱 위험한 상황이다. 따라서 위험상황에서도 영유아 스스로가 자신을 지킬 수 있도록 대인관계 안전교육을 반드시 실시해야 한다.

① 영유아

- 낯선 사람이 길을 물으면 말로만 알려주고, 교사나 부모의 허락 없이 다른 사람을 절대 따라가지 않도록 한다.
- 낯선 사람의 차는 절대로 타지 않는다. 평소에 낯익은 사람이라 하더라도 친척이나 믿을 만한 이웃이 아니면 타지 않도록 한다. 차 안에서 영유아에게 길을 물어보다가 영유아를 차 안으로 갑자기 끌어들일 위험이 있기 때문에, 차 안에서 말을 거는 사람을 경계해야 함을 가르쳐 준다. 혹시 낯선 사람의 차 옆에 서게 될 때에는 차의 진행 방향과 반대 방향에서 일정한 거리를 두고 서야 한다.
- 영유아에게 낯선 사람과는 함부로 이야기하지 않게 한다. 좋은 사람도 있으나 나쁜 사람도 있을 수 있음을 알려주고, 이런 사람들은 거짓말도 충분히 할 수 있다는 것을 말해준다. 또한 나쁜 사람들도 친절하고, 용모가 단

정할 수 있음을 알려준다.

- 늦은 시간까지 영유아가 집 밖에서 놀지 않도록 하며, 귀가 시간을 정해 놓고 철저히 지키도록 한다. 특히 사람들이 드문 한적한 곳에는 가지 않게 한다.
- 영유아가 집에 혼자 있을 때는 문을 꼭 잠그게 하고, 집 안에서 외부의 사람을 확인할 수 있는 장치를 설치한다. 전화가 걸려왔을 때에는 집에 혼자 있음을 상대방에게 말하지 않도록 가르쳐야 한다.
- 낯선 사람이 주는 돈이나 과자, 아이스크림 등을 부모의 허락 없이 받아 먹지 않도록 한다.
- 영유아에게 자신의 이름과 집 주소, 살고 있는 동네, 특징적인 건물이나 시설물, 전화번호 등을 확실하게 외우게 한다. 가능하다면 부모의 이름, 직장, 전화번호도 외우게 한다.
- 영유아에게 비상시에는 전화번호 '112'와 '119'에 신고나 도움을 요청할 수 있음을 교육하고, 영유아에게 수신자 부담 공중전화를 걸 수 있도록 알려준다.
- 나쁜 사람들에 의해 납치되었을 때, 대처하거나 도움을 청하는 법을 가르쳐 준다.

② 교사와 부모

- 영유아를 차에 남겨두고 볼일을 보러 나가지 않는다. 차 안에 홀로 남아 있는 영유아는 유괴의 대상이 될 수 있다.
- 영유아의 가방이나 도시락 주머니, 물건 등에 영유아의 이름을 크게 쓰지 않는다. 유괴범은 이런 곳에 적힌 이름을 보고 영유아의 이름을 부르며 쉽게 접근하여 친근하게 말을 걸 수 있다.
- 교사나 부모는 영유아가 그날 입고 있었던 의복의 종류와 색깔을 기억해

야 한다. 6개월 이내에 찍은 영유아의 사진을 보관하고 구체적인 나이, 키, 몸무게, 혈액형, 사마귀나 상처 등과 같은 신체의 특징을 기록해 둔 신상 명세서를 늘 준비해 둔다.

- 사람들이 많이 모이거나 넓은 곳으로 나갈 경우, 영유아가 무리에서 떨어질 경우에 영유아와 서로 만날 장소를 미리 정해둔다. 또래끼리 짝을 정해주고 같이 다니게 하는 것이 좋다.
- 부모와 교사가 항상 영유아의 동태와 행선지를 파악하고 있어야 한다.
- 교사는 부모 이외의 다른 사람이 나타나 영유아를 귀가시키려 할 때에는, 반드시 부모에게 연락해서 신원이 확인된 후, 영유아를 인계해야 한다.

〈표 4-4〉 안전교육 7대 표준안 생활 안전 내용 체계표

중분류	소분류	주요 내용
시설안전	실내안전	• 교실에서의 시설안전 알아보기 • 유치원에서의 시설안전 알아보기 • 가정에서의 시설안전 알아보기 • 방화셔터 안전수칙 알아보기
	다중 이용 시설의 안전 수칙	• 급식실 안전하게 이용하기 • 승강기 안전하게 이용하기 • 출입문 안전사고 예방하기 • 사람이 많이 모이는 곳에서의 안전사고 예방하기
	전기안전	• 전기의 사용 알아보기 • 실내 감전사고 예방하기 • 실외 감전사고 예방하기 • 욕실 감전사고 예방하기
제품안전	생활용품안전	• 학용품 안전하게 사용하는 방법 알아보기 • 학용품 안전하게 보관하는 방법 알아보기 • KC 안전마크 알아보기
	식품안전	• 건강한 식품 구별하기 • 당류 줄이는 방법 알아보기 • 식중독 예방하기

실험 · 실습 안전	실험 · 실습안전	• 안전한 놀잇감 사용 방법 알아보기 • 안전한 요리활동 방법 알아보기 • 조형(목공)놀이 보호 장구 알아보기
신체활동 안전	체육 및 여가 활동 안전	• 준비운동의 필요성 알아보기 • 신체활동 도구의 안전한 사용법 알아보기 • 개물림 사고에 대한 안전수칙 알아보기
	놀이 활동 안전	• 실외 놀이터 안전하게 이용하기 • 실내 놀이터(키즈카페 등) 안전하게 이용하기 • 환풍구와 맨홀, 분수대 등 안전사고 예방하기
	계절 놀이 안전	• 봄 · 가을철 바깥놀이 안전 알아보기 • 여름철 바깥놀이 안전 알아보기 • 겨울철 바깥놀이 안전 알아보기
	물놀이 안전	• 실내 물놀이 안전수칙 알아보기 • 실외 물놀이 안전수칙 알아보기 • 물놀이 안전용품의 올바른 착용법 알아보기 • 마른 익사에 대해 알아보기
	등산 안전	• 안전하게 등산하기 • 자연에서의 동 · 식물 안전 알아보기
	탈것 안전(PM)	• 자전거, 킥보드, 인라인스케이트 등의 안전수칙 알아보기 • 안전 장비의 중요성 알아보기 • 개인형 이동장치의 위험요소 알아보기
	현장 체험 학습 안전	• 현장체험학습 안전하게 다녀오기 • 안전한 캠핑활동 하기
유괴 · 미아사고 예방	유괴 · 미아사고 예방	• 유괴 · 미아 상황 이해하기 • 유괴 · 미아 상황에서의 대처 방법 알아보기 • 아동안전지킴이에 대해 알아보기

출처 : 교육부(2023).

생각해 봅시다

Q1 놀이 안전사고의 요인을 물리적 환경 요인, 영유아에 의한 요인, 성인에 의한 요인 세 가지 조건에 맞추어 논하시오.

Q2 ○○유치원에서 수영장으로 현장체험학습을 갔다. 물놀이를 다녀온 박 교사의 저널이다. 아래의 박 교사의 저널에서 안전사고의 위험이 있는 요인들을 찾아 그 이유를 논하시오.

오늘 물놀이를 가기 위해 사전에 생각한 안전수칙대로 진행하였다. 우선 물에 들어가기 전 준비운동을 하였다. 유아들에게 심장에서 먼 부분부터 물을 적신 후 들어가도록 지도하였으며, 모든 유아가 도넛 모양 튜브나 구명조끼를 착용하였다. 안전사고에 대비하여 물속에서 유아들만 놀도록 하지 않고 함께 물에 들어갔다. 평소 물놀이를 좋아하는 유아들을 위해 물에서 노는 시간을 확보해야 한다고 생각하였다. 따라서 간식을 먹은 후 바로 물에 들어가서 놀도록 하였다. 유아들은 물놀이를 많이 할 수 있어 좋았다고 말하였다.

3) 생활 안전의 실제

〈생활 안전(시설) 활동계획안 예시〉

<table>
<tr><th>활동명</th><td colspan="4">승강기를 안전하게 이용해요.</td></tr>
<tr><th>주제</th><td>승강기(엘리베이터) 안전</td><th>활동시간</th><td colspan="2">30분</td></tr>
<tr><th>활동유형</th><td>이야기 나누기</td><th>대상연령</th><td colspan="2">5세</td></tr>
<tr><th>활동목표</th><td colspan="4">• 승강기를 바르게 이용하는 방법을 안다.
• 승강기에 갇혔을 때 어떻게 해야 하는지 알고 행동한다.</td></tr>
<tr><th>활동자료</th><td colspan="4">• 그림카드, 편집한 동영상, 효과음, 버튼 모형, 엘리베이터 모형</td></tr>
<tr><th>활동방법</th><th colspan="3">내 용</th><th>자료 및 유의점</th></tr>
<tr><th>도입</th><td colspan="3">1. 주의집중
T : '승강기 안전송'을 부르면서 친구들을 기다려 보도록 해요.

2. 수수께끼로 주제에 대해 이야기한다.
T : 정답을 알 것 같은 사람은 조용히 손을 번쩍 들어주세요.

〈수수께끼 내용〉
1. 네모 모양이고 크기가 커요.
2. 문이 있어요.
3. 높은 건물을 올라갈 때 편해요.
4. 불이 났을 때는 타면 안 돼요.

C : 엘리베이터.

3. 승강기 이용 경험에 대해 이야기 나눈다.
T : (엘리베이터 사진을 보여주며) 엘리베이터를 타본 적이 있나요?
T : 어디서 타봤나요?</td><td>– 자료) '승강기 안전송' 노래 파일

– 모든 유아가 대집단 자리에 모일 때까지 충분히 기다린다.

– 수수께끼의 답을 모르는 유아를 격려해 준다.

– 자료) 엘리베이터 사진</td></tr>
<tr><th>전개</th><td colspan="3">4. 승강기에서 지켜야 할 점에 대해 이야기 나눈다.
T : 엘리베이터에서 지켜야 할 점을 알고 있나요?
(유아들이 말할 때마다 칠판에 승강기 안전수칙 카드를 붙인다)

〈승강기 안전수칙 카드 내용〉
• 뛰지 않아요.
• 버튼을 다 누르지 않아요.
• 문이 닫힐 때 손을 넣지 않아요.
• 옷이나 물건이 끼이지 않도록 조심해요.</td><td>– 자료) 승강기 안전수칙 카드

– 한글을 모르는 유아를 위해 카드에 그림을 함께 삽입한다.</td></tr>
</table>

T : 이렇게 하면 왜 안 될까요?
만약에 이렇게 하면 어떤 일이 일어날까요?
T : 어떻게 하면 우리가 승강기를 안전하게 이용할 수 있을까요?
T : 이제 우리가 정말 안전하게 엘리베이터를 이용할 수 있을 것 같아요.
T : 그런데 혹시 엘리베이터에 갇혀본 적 있는 사람 있나요?
C : 있어요./ 없어요.
T : 그때 어떻게 했는지 친구들에게 이야기해 줄 수 있나요?
T : 선생님이 엘리베이터에 갇혔던 토토라는 친구가 어떻게 했는지 동영상을 보여줄 거예요. 토토가 어떻게 했는지 같이 동영상을 보도록 해요. 나와라 얍!

- 승강기에 갇혀본 적이 있는 유아의 경험을 모든 유아와 공유할 수 있는 기회를 마련한다.

T : (동영상 중간 멈춤) 토토는 어떻게 하고 있나요?
T : 토토처럼 하면 왜 위험할까요?
T : 토토는 어떻게 하는 게 좋을까요?

- 유아가 잘못 이해한 정보는 올바르게 다시 알려준다.

T : 비상벨을 누르면 엘리베이터를 관리하시는 분이 "네, 무슨 일이세요?" 라고 물어보실 거예요.
T : 뭐라고 대답하는 게 좋을까요?

- 자료) 편집한 동영상 파일

C : "엘리베이터가 멈췄어요. 3층이에요. 도와주세요!"라고 말해요.
T : 엘리베이터가 어떻게 됐는지, 몇 명이 타고 있는지, 어디에 있는 엘리베이터인지 말씀드리면 더 좋겠다.
T : 토토가 과연 우리가 말한 대로 했을지 봐요.
(동영상을 끝까지 본다)

5. 직접 해본다.

- 자료) 엘리베이터 모형

T : (엘리베이터 모형을 보여주며) 선생님이 너희들이 직접 해볼 수 있도록 짜잔! 이걸 만들어 왔어요. 이게 뭘까?
C : 버튼/ 저거 엘리베이터 안에서 봤어요.
T : 그래요. 엘리베이터 안에 있는 버튼이에요. 여기서 우리가 엘리베이터에 갇혔을 때 눌러야 하는 벨은 어디에 있을까요?

- 실습을 지속적, 반복적으로 설명하고 시범을 보인다.

T : 사랑반 엘리베이터를 탔어요.
비상벨을 누르고 뭐라고 해야 할까요?
T : ★★이가 말한 것처럼 "여기는 사랑반 엘리베이터인데요. 엘리베이터가 멈췄어요!"라고 말하면 되겠구나.
T : 친구들이 엘리베이터에 탔을 때 앉아 있는 친구들은 어떻게 해야 할까? 아~ 앉아있는 친구들은 엘리베이터 안에 있는 친구들이 하는 걸 잘 보고 내 순서일 때 안전하게 이용하면 좋겠구나.

- 부끄러워하는 유아가 있는 경우 짝을 지어 활동하게 한다.

T : 엘리베이터를 타보자. 선생님이 엘리베이터 흉내를 내줄게요.
T : 문이 열립니다. 몇 층에 갈 거예요? 문이 닫힙니다.

	T : 엘리베이터가 올라가고 있어요. (효과음, 소등) C : (비상벨을 누르고) 엘리베이터가 멈췄어요. 도와주세요. (어려워하면 교사가 도와준다) T : 다음 모둠이 나와서 해보도록 할까요? T : 마지막으로 딱 한 번만 더 해볼게요.	- 되도록 모든 유아가 직접 해볼 수 있는 기회를 갖도록 한다.
마무리	6. 활동에 대해 이야기 나눈다. T : 새롭게 알게 된 점이 있었나요? T : 선생님은 우리 사랑반 친구들이 엘리베이터를 탈 때 우리를 편리하게 해주는 도구이지만 위험할 수 있다는 것을 기억하고 조심했으면 좋겠어요. 우리 사랑반 모두 기억할 수 있죠? T : 재미있었던 점이 있었나요? T : 어려웠던 점이 있었나요? T : 엘리베이터는 역할 영역에 둘 테니까 더 하고 싶은 사람은 자유놀이 시간에 해보도록 해요.	- 여러 사람이 함께 사용하는 것이기 때문에 배려해야 함을 알려준다.
유의사항	• 이야기 나누기 내용을 현장체험 활동 시, 일상생활에서 승강기를 이용할 때 유아들이 질서를 지키고 이용하도록 안내한다. • 승강기는 호기심과 장난의 대상이 될 수 있다. 승강기는 편리하지만 위험할 수 있는 기계이기 때문에 안전수칙을 지켜야 함을 알려준다.	
관련사진	 	

〈생활 안전(제품) 활동계획안 예시〉

<table>
<tr><td>활동명</td><td colspan="3">좋은 음식 먹고, 튼튼이가 될래요!</td></tr>
<tr><td>주제</td><td>식품 안전</td><td>활동시간</td><td>15~20분</td></tr>
<tr><td>활동유형</td><td>이야기 나누기</td><td>대상연령</td><td>5세</td></tr>
<tr><td>활동목표</td><td colspan="3">• 지방도 우리 몸에 모두 필요하다는 것을 이해한다.
• 우리가 먹고 있는 음식은 얼마나 많은 지방을 가지고 있는지 살펴본다.</td></tr>
<tr><td>활동자료</td><td colspan="3">• 토끼와 거북이 막대 인형, 음식 사진(혹은 그림)자료, 융판, 주머니</td></tr>
<tr><td>활동방법</td><td colspan="2">내 용</td><td>자료 및 유의점</td></tr>
<tr><td>도입</td><td colspan="2">1. 손유희 "뚱뚱이와 홀쭉이"를 통해 주의집중을 한다.

〈손유희 내용〉
뚱뚱이 들어와 홀쭉이 들어와 둘이서 골목에서 부딪혔다네.
너 때문이야 너 때문이야 둘이서 화가 나서 붕붕붕
뚱뚱이 들어와 홀쭉이 들어와 둘이서 골목에서 부딪혔다네.
미안 미안해 미안 미안해 둘이서 사이좋게 호호호

2. 〈토끼와 거북이 이야기〉를 들려준다.
T : 토끼와 거북이 이야기를 들려줄게요. 이번에는 과연 누가 경주에서 이기는지 잘 들어보세요.
T : (토끼와 거북이 이야기를 들려준 후) 누가 이겼어요?
T : 네~ 이번에도 역시 거북이가 이겼어요. 어떻게 느린 거북이가 빠른 토끼를 이길 수 있었죠?
C : 토끼가 자기가 빠르다고 이길 줄 알고 잠을 잤어요.
T : 네. 잠을 잤어요. 그런데 얘들아. 토끼가 왜 잠을 잤을까? 경주를 해야 하는데 왜 그랬을까요?
C : 음... 졸리니까?/ 피곤하니까/ 귀찮아서/ 하기 싫어서/ 바빠서.
T : 선생님도 정말 궁금해요. 왜 그랬는지 한번 알아볼까요?</td><td>– 손을 든 유아에게 먼저 기회를 주고 대답하지 않은 유아에게도 강요하지 않는 선에서 대답할 기회를 준다.

– 자료) 토끼와 거북이 막대 인형

– 유아가 동화에 집중하도록 하기 위해 목소리의 강약을 조절한다.</td></tr>
<tr><td>전개</td><td colspan="2">3. 토끼와 거북이가 경주를 하기 전에 먹은 음식들에 대해 이야기를 나눈다.
T : 여러분! 무슨 음식 좋아해요? 음. 뭐가 제일 맛있어요?
C : 떡볶이요!/ 피자/ 치킨/ 라면/ 아이스크림/ 햄버거!
T : 네~ 그러면 이번에는 싫어하는 음식을 말해볼까요?
C : 당근/ 시금치/ 두부/ 오이/ 김치!
T : 이번에는 경주를 하기 전에 토끼와 거북이는 과연 무엇을 먹었는지 알아볼게요.</td><td></td></tr>
</table>

T : 먼저~ 토끼부터 볼게요. (음식카드가 있는 주머니를 꺼낸다) 이 주머니에 토끼가 먹은 음식이 들어있어요.
한 명씩 돌아가면서 꺼내볼게요.

T : 피자, 치킨, 라면, 아이스크림, 햄버거. 우와~ 모두 다 아까 여러분들이 좋아한다고 말했던 것들이에요!

T : 경주를 하기 전에 토끼는 이 음식을 한꺼번에 모두 다 먹었어요.

T : 이번에는 거북이가 무엇을 먹었는지 볼까요?

T : 시금치, 토마토, 두부, 당근, 김치, 오이!

T : 우와, 선생님이 다 좋아하는 것이에요. 여러분은 어때요?

C : 나는 당근은 싫어./ 나는 두부가 싫어./ 나는 김치 안 먹어.

T : 그렇구나, 하지만 나중엔 분명히 잘 먹게 될 거예요.

C : 난 안 먹을 거예요. 계속!

T : 얘들아, 사실은 토끼가 먹은 음식들은 기름지고 살이 찌기 쉬운 음식들이에요. 그래서 토끼 배가 많이 나왔던 것이에요. 배가 나오고 몸이 커지면 점점 게을러지고 안 움직이게 돼요.

C : 그럼 거북이는요?

T : 거북이는 몸에 좋은 음식을 골고루 잘 먹었어요. 그리고 비밀이 하나 더 있어요. 손 들어서 맞혀 볼까요?

C : 운동을 열심히 해서요!

T : 토끼는 몸에 지방이 너무 많고~ 거북이는 지방도 있고, 근육도 있대요. 그래서 열심히 달리기를 해서 이긴 거래요.

4. 지방에 대해 설명해 준다.

T : 지방은 우리가 더 큰 힘을 낼 수 있도록 해줘요. 그런데 너무 많이 먹으면 남는 것이 여기저기에 쌓여서 살이 쪄요. 그리고 토끼가 먹은 것에 있는 지방은 모두 나쁜 지방이래요. 좋은 지방은 견과류나 등 푸른 생선에 많이 들어있대요. 좋아한다고 피자만 먹고, 떡볶이만 먹고 그러면 어떨까요?

C : 안 돼요./ 큰일 나요./ 그러면 병원에 가야 해요.

T : 맞아요. 내 몸이 곧 내가 먹은 음식이에요. 여기에 피자, 떡볶이, 치킨 다 들어있어요.

C : 이상해요. 정말로 제 몸이 피자예요?/ 치킨이에요?

T : 맞아요. 몸에 들어가서 아주 조그맣게 변하지만 정말이에요.

C : 신기하다.

T : 사실은요. 거북이도 가끔 피자를 먹는대요. 하지만 거북이는 매일 매일 열심히 운동을 해서 지방이 쌓이지 않게 했고요, 토끼는 TV 보면서 누워 있고, 게임하고 그렇게 안 움직이니까 지방이 여기저기 쌓인 거예요.

- 자료) 음식사진, 융판, 주머니
- 동화를 기억하지 못하는 상황을 위해 질문 순서를 바꿔 유아들이 먹은 음식에 대해 이야기를 나누며 반응을 이끌어 낸다.
- 유아들이 직접 꺼내서 융판에 붙여 보도록 기회를 마련한다.
- 앞에 나온 유아가 주머니에서 꺼낼 때마다 앉아있는 유아들이 함께 이름을 말하도록 한다.

<table>
<tr><td></td><td>T : 여러분도 게임 많이 해요? TV 보면서 누워 있어요?
C : 아니요. 저는 놀이터에서 열심히 놀아요./ 공원에 가요.
T : 우리가 게임을 하고 TV를 보는 것도 즐겁지만 밖에 나가서 놀이터에서 즐겁게 놀고 공원에서 산책하도록 해요. 그리고 한 번만 하고 안 하는 것보다 매일매일 하는 것이 중요해요. 운동하면 나쁜 지방을 없앨 수 있어요.</td><td></td></tr>
<tr><td>마무리</td><td>5. 활동을 회상한다.
T : 어떻게 거북이가 경주에서 이길 수 있었어요?
C : 열심히 운동하고 몸에 좋은 음식을 잘 먹었어요.
T : 토끼는 왜 졌어요?
C : 기름이 많은 음식을 너무 많이 먹었어요./ 운동도 안 하고, 누워만 있었어요.
T : 지방은 어떤 일을 하죠?
C : 우리가 큰 힘을 낼 수 있도록 해줘요.
T : 좋은 지방이 있는 음식은 무엇이죠?
C : 견과류/ 등 푸른 생선이요./ 고등어요.

6. 활동을 평가한다.
T : 오늘은 지방에 대해서 이야기 나눴고요. 내일은 근육에 대해서 이야기할 거예요. 근육이 무엇인지 아~ 궁금하다? 뭘까? 하고 생각해 보세요.
T : 또, (알림장에 붙인 예시를 보여주며) 하나는 오늘 저녁에 무엇을 먹었는지 알림장에 적어오세요. 사진으로 찍어도 돼요.

7. 확장활동을 안내한다.
T : 내일 같이 좋은 지방을 먹었는지 나쁜 지방을 먹었는지 친구들 것도 자신의 것도 함께 살펴보기로 해요.</td><td>– 회상을 못하는 유아를 위해 동화장면을 보여주며 회상을 도와준다.

– 자료) 알림장에 사진을 붙인 예시</td></tr>
<tr><td>유의사항</td><td colspan="2">• 지방이 나쁜 것만이 아니라 정상적인 대사에 필수적인 영양소임을 알려준다.
• 이야기 나누기 외에 간식, 점심 식사시간에 음식을 섭취하며 '지방'에 대해 이야기를 나누며 상호작용을 하도록 한다.</td></tr>
<tr><td>관련사진</td><td colspan="2">   </td></tr>
</table>

〈생활 안전(체육 및 여가 활동) 활동계획안 예시〉

<table>
<tr><td>활동명</td><td colspan="3">안전한 물놀이를 해요.</td></tr>
<tr><td>주제</td><td>놀이 안전</td><td>활동시간</td><td>20분</td></tr>
<tr><td>활동유형</td><td>이야기 나누기</td><td>대상연령</td><td>5세</td></tr>
<tr><td>활동목표</td><td colspan="3">• 물놀이를 할 때 필요한 도구를 안다.
• 안전하게 물놀이를 할 수 있다.</td></tr>
<tr><td>활동자료</td><td colspan="3">• 융판, 물놀이 하는 데 필요한 실물자료(구명조끼),
'물놀이 안전 동화' 장면 그림카드자료, 물놀이 도구 그림자료(튜브, 물안경, 수영복 등)</td></tr>
<tr><td>활동방법</td><td colspan="2">내 용</td><td>자료 및 유의점</td></tr>
<tr><td>도입</td><td colspan="2">1. 물놀이에 사용하는 도구(구명조끼)에 대한 수수께끼로 흥미를 유발한다.
T : 우리 친구들, 오늘 날씨가 어떤가요?
T : 그렇지요. 상당히 더워요. 우리 친구들은 더울 때면 무엇이 생각나나요?
C : 아이스크림!/ 수영하는 거요./ 바닷가요.
T : 아~ 아이스크림 먹고 싶은 친구도 있고 수영하고 싶은 친구도 있고, OO이는 바닷가가 생각난대요.
T : OO이는 바닷가에 가본 적이 있나요?
T : 바닷가에서 무엇을 했나요?
T : 그랬구나. OO이는 더운 여름에 바닷가에서 수영을 했군요. 그럼 오늘은 선생님이 친구들에게 방금 이야기를 나눈 바닷가와 관련된 수수께끼를 하나 내줄 거예요.

〈퀴즈 내용〉
1. 나는 눈에 잘 띄는 색깔이에요.
2. 나는 옷이에요.
3. 나는 수영을 잘 하지 못하는 사람들을 위한 물건이에요.

C : 수영복? 구명조끼!
T : 그래 맞았어요. OO이가 말한 것처럼 정답은 이 구명조끼예요. (구명조끼를 꺼내서 보여준다) 우리 지난 시간에 구명조끼를 입는 법에 대해 배워보았지요. 지난 시간에 나오지 못한 친구들에게 입는 법을 알려줄 수 있는 친구 있나요?
T : 구명조끼를 어떻게 입었지요?
C : 이렇게 까만 것을 잠그고 줄을 잡아당겨요.</td><td>– 자료) 지난 시간에 사용한 구명조끼 실물 자료

– 지난 시간 활동에 참여하지 못한 유아를 위해 구명조끼를 입는 방법을 다시 회상한다.</td></tr>
</table>

	2. 오늘의 활동을 소개한다. T : 그럼 이번 시간에는 이 구명조끼 말고도 물놀이를 할 때 필요한 여러 가지 물건과 안전하게 물놀이를 하는 방법에 대해 이야기를 나누어 보도록 해요.	
전개	3. 물놀이를 해본 경험에 대해 이야기를 나눈다. T : 물놀이를 해본 경험을 이야기해 줄 친구 있나요? T : OO이가 이야기해 볼까요? C : 저번 여름에 엄마, 아빠랑 바닷가에 가서 놀았어요. T : 물놀이를 하면서 가장 신났던 것은 무엇이었나요? C : 물싸움하는 거요. 공 가지고 노는 거요. T : 물을 튀기면서 노는 것도 재밌었고, 공도 가지고 놀았구나. 4. 물놀이에 필요한 여러 가지 도구에 대해 이야기를 나눈다. T : (융판에 유아그림과 함께 여러 가지 물놀이 도구 그림카드를 보며) 그런데 우리 친구들이 물놀이를 할 때 어떤 옷을 입고 있었나요? T : 그래요. OO이가 말한 것처럼 우리는 물놀이를 할 때 지금처럼 이런 옷을 입지 않고 수영복을 입어요. T : 수영복이라고 말해준 OO이가 나와서 여기 있는 아이에게 수영복을 입혀줄까? T : 네. 잘 붙여주었어요. 그리고 또 어떤 물건들이 필요하지요? C : 물안경이요./ 수영모자요./ 튜브도 필요해요! : (중략) : T : (유아가 한 명씩 나와서 융판에 붙여진 해당 물놀이 도구를 찾아서 유아 그림에 알맞게 붙여준다) 우와, 친구들이 잘 말해주어서 여기 있는 친구가 안전한 물놀이를 할 수 있는 복장을 완벽하게 갖추었어요. 5. 안전하고 즐거운 물놀이를 위해 지켜야 할 점이 있음을 알려주며 이야기를 나눈다. T : 자 그런데 물놀이를 시작하기 전에 우리가 또 해야 할 일이 있어요. 무엇이 있을까요? C : 준비운동!! T : 그래요. 우리는 체육시간에 운동을 하기 전에 무엇을 먼저 하지요?	– 모든 유아가 골고루 활동에 참여할 수 있도록 기회를 마련한다. – 자료) 융판자료, 물놀이 도구 그림자료(물안경, 튜브, 수영복 등)

T : ('물놀이를 하기 전에는 꼭 준비운동을 해야 해요.' 카드를 붙여주면서) 그래요, 준비운동을 하고 체육활동을 하는 것처럼 차가운 물에 들어가기 전에 여기 있는 친구처럼 우리 몸에게 먼저 준비 신호를 보내면 다치지 않고 안전하게 물놀이를 할 수 있어요.

T : 그럼 팔과 다리에 물놀이를 한다는 신호를 보내지 않고 물에 갑자기 들어가면 어떻게 될까요?

– 자료) '물놀이 안전 동화' 장면 그림자료

C : 갑자기 너무 차가워요./ 깜짝 놀라요.

T : 그래요, 우리 몸은 깜짝 놀랄 수 있어서 물에 들어가기 전에 우리 몸에 물을 먼저 적셔줘요.

T : 또 친구들은 바다나 수영장에서 무엇을 지킬 수 있을까요? 넓은 바닷가에서 혼자 돌아다니면 어떻게 될까?

C : 엄마를 잃어버려요.

T : ('어른과 함께 물놀이를 해야 해요.' 카드를 붙이면서) 네. 혼자 돌아다니다가 가족을 잃어버릴 수도 있고 또 계곡이나 바다는 물의 깊이가 다르기 때문에 어른의 보호 없이 물놀이를 하다 보면 깊은 곳에서 위험해질 수 있어요.

T : 그리고 우리가 바닷가에 가서 너무 신나고 재미있다고 막 뛰어다니면 어떻게 될까요?

C : 넘어져요./ 다칠 수 있어요.

T : ('뛰어다니지 말아야 해요.' 카드를 붙이면서) 그래요. 물이 있는 곳은 미끄럽기 때문에 뛰어다니다가 미끄러워서 넘어지거나 벽에 부딪히면 머리나 팔, 그리고 다리와 같이 우리 몸을 다칠 수가 있어서 위험해요.

– 유아의 엉뚱한 대답도 경험에 비롯된 것임을 인정, 존중한다. 단, 안전을 위협하는 정보는 올바르게 다시 알려준다.

T : 그리고 우리 친구들이 물놀이가 너무 재미있다고 화장실 가는 것도 참고, 쉬지 않고 놀다 보면 어떨까요?

C : 오줌 싸요./ 너무 힘들어요.

T : ('물놀이를 할 때 꼭 휴식시간이 필요해요.' 카드를 붙이면서) 물속에서 실례를 할 수도 있고, 무리하게 놀이하거나 오랜 시간 물속에 있다 보면 우리 몸이 피곤해져서 조금만 넘어지거나 해도 크게 다치는 경우가 생길 수 있어요.

T : 그리고 물놀이가 다 끝난 후에는 어떻게 해야 할까요?

C : 푹 쉬어요. 씻고 자요.

T : ('물놀이가 끝난 후에는 깨끗이 씻고 쉬어야 해요.' 카드를 붙이면서) 네 그렇지요. 물놀이를 하기 전에 피부를 보호하기 위해 발랐던 선크림이나 우리 몸을 아프게 할 수 있는 병균이 있을 수 있기 때문에 몸을 깨끗하게 씻고 충분히 쉬면 우리 몸이 더욱 건강해져요.

	T : 모두 잘 말해주었어요. 또 그 외에 어떤 것들을 지키면 안전하게 물놀이할 수 있을까요? C : 부모님이랑 같이 놀아요. T : 사람들이 많은 곳에서 놀 때, 부모님이나 친구들, 그리고 선생님이 있는 가까운 곳에서 놀아야 하고 햇볕이 너무 뜨거울 때는 어떻게 하면 좋을까? C : 그늘에서 놀아요. 해가 없을 때 놀아요. T : 맞아. ○○이 말대로 해가 조금 질 때까지 기다렸다가 물놀이를 하면 좋을 것 같아. 물놀이를 할 때 이러한 약속을 지킬 수 있겠어요?	
마무리	6. 물놀이 안전 약속을 생각하며 안전한 물놀이를 하기로 약속한다. T : 모두 잘 이야기해 줬어요. 우리 친구들 이제 약속을 잘 지킬 수 있겠어요? T : 물놀이를 하긴 전에 제일 먼저 무엇을 한다고 했지요? C : 준비운동! T : 그래요, 물놀이를 하기 전에는 준비운동을 해야 해요. 7. 확장활동을 안내한다. T : 다음 시간에는 물놀이를 하기 전에 필요한 준비운동을 다 같이 해보도록 할 거예요.	– 물놀이 안전 약속을 다시 회상하여 중요성을 인식하도록 한다.
유의사항	• 유아들에게 물놀이 안전에 대한 정확한 이해를 위해 구체적인 사진과 정보를 제공한다. • 전이 시간을 활용하여 한국소방방송의 물놀이 안전 동영상으로 회상한다.	
관련사진	 	

2 교통 안전

1) 교통 안전의 개념 및 필요성

도로교통공단 조사에 따르면 2012년부터 2021년까지 어린이 교통사고는 총 10만 9,102건이 발생했으며, 이 중 어린이 사망자 수는 516명에 달하는 것으로 밝혀졌다. 특히 한국의 어린이 10만 명당 보행 중 교통사고 사망자는 0.27명으로 OECD 회원국 평균인 0.19명에 비해 약 1.4배 높은 상황이다.

영유아들은 발달의 특성상 순간적이고 즉각적으로 일어나는 위험한 교통 상황에 빠르게 대처하기 어렵다. 또한 영유아는 영유아교육기관에 다니기 시작하면서부터 도로 보행과 차량에 탑승하는 빈도가 증가하게 되는데, 이 시기부터 교통사고가 급증하는 것으로 분석되고 있다. 이러한 영유아기 교통사고 예방을 위해 교통 안전교육은 매우 중요하다.

교통 안전교육은 도로에서 보행할 때 또는 다양한 교통수단을 탑승할 때 지켜야 할 내용 및 태도, 교통 규칙의 이해, 교통사고 예방에 적극적으로 대처하는 자세와 나아가 성인이 되었을 때 교통안전의 사회적 책임을 다할 수 있는 내용을 포함한 기초 교육을 의미한다(곽은복, 2008).

영유아의 교통사고를 감소시키기 위해서는 영유아 대상뿐 아니라 부모, 영유아교육기관 교직원, 일반 운전자들을 대상으로 한 교통 안전교육을 지속적으로 실시하는 것이 매우 중요하다. 현재 아동복지법 제31조 및 동법 시행령 제28조 별표 6에 의하면 2개월에 1회 이상 연간 10시간 이상 교통 안전교육을 주기적으로 실시해야 한다.

특히 걸어서 영유아교육기관을 다니는 영유아들은 보행자 안전규칙을 반드시 숙지하고 철저히 지키도록 교육해야 한다. 또한 영유아들에게 부주의한 운전자가 있을 수도 있다는 사실을 알려주고, 횡단보도를 건널 때 신호등의 신호만 보고 건너서는 안 되며, 반드시 좌우를 살피고 차가 오는지 확인하며 건너도록 교육해야 한다.

※ 스쿨존 사고 사례

행정안전부가 전국 어린이 보호구역(스쿨존) 보행로 전수조사에 나선다고 21일 밝혔다. 열흘 전인 지난 11일 서울 송파구 어린이집 인근 스쿨존에서 4세 어린이가 차에 치여 숨지는 등 스쿨존 내 사망사고가 끊임없이 발생하는 데 따른 조치다. 일명 '민식이법(도로교통법 개정안 및 특정범죄가중처벌법의 통칭)'이 시행된 2020년부터 지난해까지 4년 동안 스쿨존 내 어린이 교통사고는 2,006건, 연평균 500건에 달했다.

출처 : 한국일보(2024. 4. 21).
https://www.hankookilbo.com/News/Read/A2024042111100003875?did=NA

2) 교통 안전의 내용

(1) 보행자 안전

① 교통표지판 구별하기

교통표지판은 그림이나 글, 색깔과 모양으로 운전자와 보행자에게 지시사항이나 위험사항을 알리는 사회적인 의사소통 도구이다. 글을 모르는 사람들도 식별할 수 있도록 고안되어 있어, 영유아들에게 표지판의 의미와 준수사항에 대한 교육을 실시하면, 교통표지판을 보고 규칙을 준수할 수 있다. 따라서 영유아에게 실제 교통표지판 모형을 제시하거나 교통공원을 체험하도록 하는 실습과 견학을 통한 교육이 병행되어야 한다.

가. 규제표지

규제표지는 운전자 또는 보행자의 행위를 금지하는 것을 알리는 것으로, 흰 바탕에 빨간색 테두리로 되어 있다. 그림만으로 표시된 것도 있고 그림과 글자가 함께 표시된 것도 있다.

나. 주의표지

주의표지는 운전자나 보행자에게 위험한 상황을 알려 주의를 하도록 해주는 것으로, 노란색 바탕에 빨간색 테두리로 되어 있으며 주로 그림으로만 되어 있다.

다. 지시표지

지시표지는 청색 바탕에 흰색의 그림으로 되어있으며, 운전자나 보행자에게 교통안전을 위하여 지시사항을 알리는 것으로 그림으로만 되어있다.

라. 보조표지

보조표지는 주의표지와 규제표지 그리고 지시표지의 기능을 보완해 주고, 운전자와 보행자에게 교통안전을 위해 보다 더 많은 정보를 제공해 주는 것으로, 흰색 바탕에 검은 그림이나 글자로 되어있다.

마. 노면표지

노면표지는 운전자와 보행자의 교통안전을 위해 도로 위에 지시사항을 알리는 것이다. 도로의 중앙선은 노란색의 실선으로 되어있어 절대로 넘어서는 안 됨을 표시한다. 차선은 흰색의 점선 또는 실선으로 되어있으며, 점선으로 된 구간은 차선의 변경 및 추월이 가능하다.

이륜자동차 통행금지 이륜자동차 및 원동기 장치 자전거의 통행을 금지하는 것	**보행금지** 보행자의 보행을 금지하는 것	**일시정지** 보행자 및 자동자를 일시적으로 완전히 정지시키는 것

자전거 통행금지 자전거의 통행을 금지하는 것	**진입금지** 차의 진입을 금지하는 것	**통행금지** 보행자 및 자동차 등의 통행을 금지하는 것

| 그림 4-4 | 규제표지판

도로공사 중 도로상이나 도로변에서 공사나 작업이 있음을 알리는 것	**어린이보호** 어린이 또는 영유아의 통행로나 횡단보도가 있음을 알리는 것	**자전거** 자전거 통행이 많은 지점이 있음을 알리는 것

중앙 분리대 끝남 중앙 분리대가 끝남을 알리는 것	**철길 건널목** 철길 건널목이 있음을 알리는 것	**횡단보도** 횡단보도가 있음을 알리는 것

| 그림 4-5 | 주의표지판

어린이 보호
어린이보호구역 안에서 어린이 또는 영유아의 보호를 지시하는 것

자전거 전용도로
자전거 전용도로 또는 전용구간임을 지시하는 것

횡단보도
보행자가 횡단도로 통행할 것을 지시하는 것

비보호 좌회전
진행 신호 시 반대 방면에서 오는 차량에 방해되지 않도록 좌회전을 조심스럽게 할 수 있다는 것

일방통행
좌측 방향으로만 진행할 수 있는 일방통행임을 지시하는 것

자전거 주차장
자전거 주차장이 있음을 알리는 것

자전거 횡단
자전거 횡단도로임을 지시하는 것

버스 전용차로
버스 전용차로 통행 차만 통행할 수 있음을 알리는 것

보행자 전용도로
보행자 전용도로임을 지시하는 것

| 그림 4-6 | 지시표지판
출처 : 도로교통공단 홈페이지.

② 길 건너는 방법

가. 횡단보도 건너기 5원칙

• 멈춘다 : 어린이는 움직이는 상태에서 교통상황을 확인하기 어렵기 때문에, 횡단보도를 건널 때는 멈춰야 한다.
• 좌우를 본다 : 도로 좌측과 우측을 주의 깊게 살피며, 차가 멈추었는지 확인한다.
• 손을 든다 : 횡단보도의 오른쪽에서 운전자를 보며, 손을 들어야 한다.
• 운전자를 본다 : 운전자와 눈을 마주치며, 차가 멈춰있는 것을 다시 확인해야 한다.
• 건넌다 : 손을 들고 운전자나 차를 계속 보면서, 횡단보도의 오른쪽에서 왼쪽으로 건너야 한다.

나. 신호등이 있는 횡단보도에서의 안전

• 횡단보도의 오른쪽에서 건너야 한다.
• 차가 오는 방향을 보고 차가 멈춘 것을 확인하고 건너야 한다.
• 왼손을 들고 오른쪽에 멈춰있는 운전자를 보고 걷다가, 중앙선 위치를 넘으면 오른손을 들고 왼쪽의 운전자를 보고 건너야 한다.
• 초록불이 깜빡일 때는 다음 신호를 기다려야 한다.
• 도로를 건널 때는 장난치거나 뛰지 않아야 한다.

다. 신호등이 없는 횡단보도에서의 안전

- 서두르지 말고, 운전자가 볼 수 있는 곳에서 손을 들고 건너야 한다.
- 길을 건널 때는 성인의 손을 잡고 함께 건너고, 육교나 지하도를 이용할 때는 꼭 성인을 따라 건너야 한다.

라. 횡단보도가 없는 도로 횡단 시 안전

- 뛰지 말고 주위를 살피고 건너야 한다.
- 건넌다는 표시를 하기 위해 손을 들어 운전자에게 알려야 한다.
- 가능한 한 횡단보도, 육교, 지하도 등 안전한 곳에서 길을 건너야 한다.

③ 보행 안전

- 차가 다니는 길을 갈 때는 반드시 보행자 도로 위로 걸어야 한다. 만약 보행자 도로가 없는 길이라면 차도로 걷되, 도로의 가장 바깥쪽으로 차를 등지지 말고 차가 오는 것을 볼 수 있는 쪽으로 걷도록 한다.
- 평소에 밝은색의 옷을 입어 운전자의 눈에 띄기 쉽게 한다. 비가 오는 날에는 노란색이나 분홍색 등 눈에 잘 띄는 색깔의 옷을 입는다.
- 찻길에서 장난을 치거나 좌우로 뛰어다니지 않는다.
- 항상 익숙한 길로 다닌다. 통학로가 익숙하지 않을 경우 교통사고 발생률이 더 높다.
- 주차장이나 길에 세워둔 차도 항상 후진할 가능성이 있기 때문에, 차 뒤에서 놀거나 숨바꼭질을 하는 것은 매우 위험하다는 것을 인식시킨다.
- 건널목을 건널 때는 반드시 횡단보도로 건너야 하며, 지하도나 육교 등을 이용할 수 있다는 것을 알려준다.
- 신호등이 있는 횡단보도를 건널 때는 보행자 신호가 녹색일 때 좌우를 번갈아 보고, 오는 차가 없거나 모든 차가 멈춘 것을 확인한 다음 차가 오는

쪽을 바라보면서 건넌다. 보행자 신호등의 남은 시간이 적을 때(절반 이하)에는 절대 건너지 않는다.

- 신호등이 없는 횡단보도를 건널 때는 서두르지 말고, 운전자가 잘 볼 수 있는 곳에 서서 손을 들거나 흔들어 차를 멈추게 한 다음, 반드시 차가 멈춘 것을 확인하고 건넌다.

가. 어두울 때의 보행 안전

- 영유아들은 몸이 작아서 어둠 속에서 더 발견되기 어렵기 때문에 성인과 동행해야 하고, 흰색이나 밝은색의 옷을 입어야 한다.
- 어두울 때 길의 모퉁이와 같이 잘 보이지 않는 곳에서는 주변을 더 잘 보고 걸어야 한다.

나. 비가 올 때의 보행 안전

- 시야를 확보할 수 있는 옷을 입어야 한다.
- 우산으로 시야가 가려지지 않게 높이 들어야 한다.
- 노란색과 같은 밝은색 옷을 입어야 한다.
- 바람에 물건이 날아가지 않도록 조심하고, 만약 날아갈 경우 줍기 위해 찻길로 뛰어들지 않아야 한다.

다. 추울 때나 눈 오는 날의 보행 안전

- 외출할 때 구두보다는 운동화를 신어야 한다.
- 귀마개는 착용하지 않는 것이 좋으며, 두꺼운 목도리를 두르고 모자를 써야 한다.
- 장갑을 착용하여, 손을 주머니에 넣지 않도록 해야 한다.

스쿨존

초등학교 및 유치원의 정문을 중심으로 반경 300m 이내로 지정·관리하고 있다.

법적 근거

도로교통법 제12조(어린이보호구역의 지정 및 관리)

현황

경찰에서는 교통사고의 위험으로부터 어린이를 보호하기 위하여 '어린이보호구역의 지정 및 관리에 관한 규칙'을 제정하고 지난 1995년부터 어린이보호구역을 지정·운영해 오고 있다.

보호내용

- 어린이보호구역 내에서는 신호기를 우선적으로 설치하고, 시간대별로 차량통행을 금지하거나 운행속도를 시속 30km 이내로 제한할 수 있으며, 일방통행, 주차규제 등의 교통규제를 실시하고 있다.
- 도로관리청에서도 과속방지시설, 도로반사경 등 도로부속물을 우선적으로 설치하고, 보호구역 내 설치된 노상 주차장은 이를 폐지하거나 다른 곳으로 이전하도록 하고 있다.

어린이보호구역(스쿨존)

횡단보도 앞 옐로우 카펫

(2) 자전거 안전

- 발 앞부분의 반 정도가 땅에 닿는, 내 몸에 맞는 자전거를 선택한다.
- 타기 전 항상 자전거의 상태를 점검한다.
- 자전거의 장비는 몸에 맞아야 한다.
- 항상 보호 장구를 착용해야 한다.
- 길, 횡단보도 등을 건널 때, 자전거에서 내려 밀며 건넌다.
- 자전거 전용도로에서 탄다.
- 자전거 뒤에 사람을 태우지 않아야 한다.

어린이 자전거 교육장

자전거 안전모

(3) 자동차 안전

① 자동차 사고 예방

- 차를 타기 전에는 정해진 안전한 곳에 서서 차를 기다리고, 용변은 미리 본다. 가능한 한 어린이 승하차구역을 이용한다.
- 차를 탈 때에는 차가 완전히 멈춘 후, 앞에 타는 사람을 밀거나 당기지 말고 천천히 순서대로 탄다.
- 자리에 앉으면 바로 안전벨트를 맨다. 어른의 도움이 필요할 경우에는 도

움을 요청한다.

- 차 안에서 큰 소리를 내거나 장난을 치면 운전자의 주의집중을 방해할 수 있기 때문에, 절대로 하지 않도록 엄격하게 금지시킨다.
- 차창 밖으로 절대 머리나 손을 내밀지 않는다.
- 목적지에 도착하면 차가 완전히 멈춘 후에 좌석벨트를 풀고, 순서를 지켜 차례대로 내린다.
- 긴 치마나 코트, 옷자락이 차 문이나 계단에 걸리지 않도록 하고 계단에서 밟고 넘어지지 않도록 조심한다.
- 차에서 내린 후에도 차가 주차나 회차를 하기 위해 움직일 수 있으므로 주의한다.
- 교사가 승·하차 지도를 할 때에는 반드시 내리는 영유아의 두 손을 잡아, 균형을 잃고 넘어지는 일이 없도록 감독한다.

② 교사와 부모를 위한 교통안전규칙

- 승차 시에는 영유아를 먼저 태우고, 하차 시에는 성인이 먼저 내린 후 영유아를 나중에 내리게 한다.
- 영유아를 먼저 태운 경우에는 안전벨트를 착용하도록 하고, 문이 제대로 잠겼는지 확인한다. 또한 안에서 영유아가 문을 열 수 없는 안전장치나 창문 잠금장치가 있다면 이용한다.
- 영유아를 안고 앞좌석에 타는 것은 사고가 났을 경우 영유아를 에어백으로 활용하는 것과 같으므로 삼간다.
- 5세 이하의 영유아(몸무게 18kg, 키 110cm 미만)는 안전의자를 사용한다. 처음에는 잘 앉지 않으려 하지만 습관화되면 익숙해진다.
- 도로에서 영유아와 함께 하차할 때, 뒤에 오는 자동차나 오토바이, 자전거 및 보행자가 없는지 확인한다.

- 밀폐된 차 안에 영유아를 절대 혼자 두지 않는다. 질식의 위험뿐만 아니라 유괴의 위험도 있다.
- 자동차를 임시정차했을 때라도, 시동을 끄고 차 열쇠를 빼둔다.
- 자동차를 잠깐 정차시킬 경우 반드시 시동을 끄고, 기어 변속을 하여 안전하게 세워둔다. 특히 언덕길에 차를 세워둘 때는 바퀴의 방향을 조절하여, 만약의 경우 차가 언덕을 굴러 내려가지 못하도록 한다.
- 영유아가 뒷좌석에 앉았을 경우라도 안전벨트를 매도록 한다. 탑승정원 수 이상으로 타지 않는다.
- 운전자의 주의집중을 방해하는 행위(소음, 운전자 눈을 가리는 장난, 운전자에게 요구를 들어달라고 하는 행위 등)를 엄격하게 금한다.
- 영유아가 용변이 급하거나 멀미를 심하게 할 때는, 차를 안전한 곳에 세우고 조치한다.
- 트럭이나 밴 등 자동차의 짐 싣는 공간에 영유아를 태우지 않는다.
- 차량을 정기적으로 안전하게 정비하고, 운전 중 음주 및 흡연, 휴대폰 사용을 절대 금한다.

③ 어린이 통학버스

가. 버스를 기다릴 때

- 버스 도착 5분 전에 미리 도착하여, 여유 있게 기다린다.
- 도로에서 떨어져서 기다린다.

나. 버스를 타고 있을 때

- 버스가 완전히 정차한 후, 교사가 타도 좋다는 신호를 보내면 승차한다.
- 반드시 안전벨트를 착용한다.

- 줄을 서서 질서를 지키면서 차례로 탄다.
- 차 안에서 너무 큰 소리로 떠들지 않는다.

다. 버스를 타고 내릴 때

- 옷자락이나 신발 끈이 끼이지 않도록 잘 여민다.
- 가방이 문이나 손잡이에 걸리지 않게 조심한다.
- 계단을 오르내리는 유아에게 재촉하거나 말을 걸지 않는다.

라. 버스에서 내린 후

- 통학버스에서 내리는 즉시, 빨리 안전한 보도 위로 올라서게 한다.
- 내릴 때는 좌우를 살피며, 지나가는 차량이나 오토바이, 자전거 등을 조심한다.
- 통학버스 주변을 뛰어다니거나, 버스 안에 있는 친구와 장난치지 않게 한다.
- 통학버스 가까이에 물건을 떨어뜨린 경우 영유아가 줍지 못하도록 하고, 반드시 운전자에게 말한 후 보호자가 주워야 한다.
- 영유아가 버스에서 내린 후 버스의 앞이나 뒤로 지나가지 않도록 한다.

통학버스

어린이 승하차구역 주차금지

※ 도로교통법

[시행 2024. 1. 1.] [법률 제19357호, 2023. 4. 18., 일부개정]

제2조(정의) ㉓ "어린이통학버스"란 다음 각 목의 시설 가운데 어린이(13세 미만인 사람을 말한다. 이하 같다)를 교육 대상으로 하는 시설에서 어린이의 통학 등(현장체험학습 등 비상시적으로 이루어지는 교육활동을 위한 이동을 제외한다)에 이용되는 자동차와 「여객자동차 운수사업법」 제4조제3항에 따른 여객자동차운송사업의 한정면허를 받아 어린이를 여객대상으로 하여 운행되는 운송사업용 자동차를 말한다.

가. 「유아교육법」에 따른 유치원 및 유아교육진흥원, 「초·중등교육법」에 따른 초등학교, 특수학교, 대안학교 및 외국인학교

나. 「영유아보육법」에 따른 어린이집

다. 「학원의 설립·운영 및 과외교습에 관한 법률」에 따라 설립된 학원 및 교습소

라. 「체육시설의 설치·이용에 관한 법률」에 따라 설립된 체육시설

마. 「아동복지법」에 따른 아동복지시설(아동보호전문기관은 제외한다)

바. 「청소년활동 진흥법」에 따른 청소년수련시설

사. 「장애인복지법」에 따른 장애인복지시설(장애인 직업재활시설은 제외한다)

아. 「도서관법」에 따른 공공도서관

자. 「평생교육법」에 따른 시·도평생교육진흥원 및 시·군·구평생학습관

차. 「사회복지사업법」에 따른 사회복지시설 및 사회복지관

제51조(어린이통학버스의 특별보호) ① 어린이통학버스가 도로에 정차하여 어린이나 영유아가 타고 내리는 중임을 표시하는 점멸등 등의 장치를 작동 중일 때에는 어린이통학버스가 정차한 차로와 그 차로의 바로 옆 차로로 통행하는 차의 운전자는 어린이통학버스에 이르기 전에 일시정지하여 안전을 확인한 후 서행하여야 한다. 〈개정 2014. 12. 30.〉

② 제1항의 경우 중앙선이 설치되지 아니한 도로와 편도 1차로인 도로에서는 반대방향에서 진행하는 차의 운전자도 어린이통학버스에 이르기 전에 일시정지하여 안전을 확인한 후 서행하여야 한다.

③ 모든 차의 운전자는 어린이나 영유아를 태우고 있다는 표시를 한 상태로 도로를 통행하는 어린이통학버스를 앞지르지 못한다. 〈개정 2014. 12. 30.〉

제52조(어린이통학버스의 신고 등) ① 어린이통학버스(「여객자동차 운수사업법」 제4조 제3항에 따른 한정면허를 받아 어린이를 여객대상으로 하여 운행되는 운송사업용 자동차는 제외한다)를 운영하려는 자는 행정안전부령으로 정하는 바에 따라 미리 관할 경찰서장에게 신고하고 신고증명서를 발급받아야 한다. 〈개정 2014. 1. 28., 2014. 11. 19., 2017. 7. 26.〉

② 어린이통학버스를 운영하는 자는 어린이통학버스 안에 제1항에 따라 발급받은 신고증명서를 항상 갖추어 두어야 한다.

③ 어린이통학버스로 사용할 수 있는 자동차는 행정안전부령으로 정하는 자동차로 한정한다. 이 경우 그 자동차는 도색·표지, 보험가입, 소유 관계 등 대통령령으로 정하는 요건을 갖추어야 한다. 〈개정 2013. 3. 23., 2014. 1. 28., 2014. 11. 19., 2017. 7. 26.〉

④ 누구든지 제1항에 따른 신고를 하지 아니하거나 「여객자동차 운수사업법」 제4조제3항에 따라 어린이를 여객대상으로 하는 한정면허를 받지 아니하고 어린이통학버스와 비슷한 도색 및 표지를 하거나 이러한 도색 및 표지를 한 자동차를 운전하여서는 아니 된다. 〈개정 2014. 1. 28.〉

제53조(어린이통학버스 운전자 및 운영자 등의 의무) ① 어린이통학버스를 운전하는 사람은 어린이나 영유아가 타고 내리는 경우에만 제51조제1항에 따른 점멸등 등의 장치를 작동하여야 하며, 어린이나 영유아를 태우고 운행 중인 경우에만 제51조제3항에 따른 표시를 하여야 한다. 〈개정 2014. 12. 30.〉

② 어린이통학버스를 운전하는 사람은 어린이나 영유아가 어린이통학버스를 탈 때에는 승차한 모든 어린이나 영유아가 좌석안전띠(어린이나 영유아의 신체구조에 따라 적합하게 조절될 수 있는 안전띠를 말한다. 이하 이 조 및 제156조제1호, 제160조제2항 제4호의2에서 같다)를 매도록 한 후에 출발하여야 하며, 내릴 때에는 보도나 길가장자리구역 등 자동차로부터 안전한 장소에 도착한 것을 확인한 후에 출발하여야 한다. 다만, 좌석안전띠 착용과 관련하여 질병 등으로 인하여 좌석안전띠를 매는 것이 곤란하거나 행정안전부령으로 정하는 사유가 있는 경우에는 그러하지 아니하다. 〈개정 2014. 1. 28., 2014. 11. 19., 2014. 12. 30., 2017. 7. 26., 2018. 3. 27.〉

③ 어린이통학버스를 운영하는 자는 어린이통학버스에 어린이나 영유아를 태울 때에는 성년인 사람 중 어린이통학버스를 운영하는 자가 지명한 보호자를 함께 태우고 운

행하여야 하며, 동승한 보호자는 어린이나 영유아가 승차 또는 하차하는 때에는 자동차에서 내려서 어린이나 영유아가 안전하게 승하차하는 것을 확인하고 운행 중에는 어린이나 영유아가 좌석에 앉아 좌석안전띠를 매고 있도록 하는 등 어린이 보호에 필요한 조치를 하여야 한다. 〈개정 2014. 1. 28., 2014. 12. 30., 2020. 5. 26.〉

1. 삭제 〈2020. 5. 26.〉
2. 삭제 〈2020. 5. 26.〉
3. 삭제 〈2020. 5. 26.〉
4. 삭제 〈2020. 5. 26.〉
5. 삭제 〈2020. 5. 26.〉

④ 어린이통학버스를 운전하는 사람은 어린이통학버스 운행을 마친 후 어린이나 영유아가 모두 하차하였는지를 확인하여야 한다. 〈신설 2016. 12. 2.〉

⑤ 어린이통학버스를 운전하는 사람이 제4항에 따라 어린이나 영유아의 하차 여부를 확인할 때에는 행정안전부령으로 정하는 어린이나 영유아의 하차를 확인할 수 있는 장치(이하 "어린이 하차확인장치"라 한다)를 작동하여야 한다. 〈신설 2018. 10. 16.〉

제53조의3(어린이통학버스 운영자 등에 대한 안전교육) ① 어린이통학버스를 운영하는 사람과 운전하는 사람 및 제53조제3항에 따른 보호자는 어린이통학버스의 안전운행 등에 관한 교육(이하 "어린이통학버스 안전교육"이라 한다)을 받아야 한다. 〈개정 2014. 1. 28., 2020. 5. 26.〉

② 어린이통학버스 안전교육은 다음 각 호의 구분에 따라 실시한다. 〈신설 2014. 1. 28., 2020. 5. 26.〉

1. 신규 안전교육 : 어린이통학버스를 운영하려는 사람과 운전하려는 사람 및 제53조제3항에 따라 동승하려는 보호자를 대상으로 그 운영, 운전 또는 동승을 하기 전에 실시하는 교육
2. 정기 안전교육 : 어린이통학버스를 계속하여 운영하는 사람과 운전하는 사람 및 제53조제3항에 따라 동승한 보호자를 대상으로 2년마다 정기적으로 실시하는 교육

③ 어린이통학버스를 운영하는 사람은 어린이통학버스 안전교육을 받지 아니한 사람에게 어린이통학버스를 운전하게 하거나 어린이통학버스에 동승하게 하여서는 아니 된다. 〈신설 2014. 1. 28., 2020. 5. 26.〉

④ 그 밖에 어린이통학버스 안전교육의 방법·절차 등에 관하여 필요한 사항은 대통령령으로 정한다. <개정 2014. 1. 28.>

제53조의4(어린이통학버스의 위반 정보 등 제공) ① 경찰서장은 어린이통학버스를 운영하는 사람이나 운전하는 사람이 제53조 또는 제53조의5를 위반하거나 제53조 또는 제53조의5를 위반하여 어린이를 사상(死傷)하는 사고를 유발한 때에는 어린이 교육시설을 감독하는 주무기관의 장에게 그 정보를 제공하여야 한다. <개정 2020. 5. 26.>

② 경찰서장 및 어린이 교육시설을 감독하는 주무기관의 장은 제1항에 따른 정보를 해당 기관에서 운영하는 홈페이지에 각각 게재하여야 한다. <신설 2020. 5. 26.>

③ 제1항에 따른 정보 제공의 구체적 기준·방법 및 절차 등 필요한 사항은 행정안전부령으로 정한다. <개정 2014. 11. 19., 2017. 7. 26., 2020. 5. 26.>

④ 대중교통 안전

가. 버스를 이용할 때

- 정류장에서 장난치며 놀지 않는다.
- 정류장으로 버스가 들어올 때까지 보도 가장자리에서 두 걸음 떨어진 곳에서 기다리다가, 버스가 완전히 멈추면 차례를 지켜서 탄다.
- 비상탈출용 망치의 설치 여부 및 위치 등을 확인한다.
- 버스에 승차해서 의자의 손잡이나 어른의 손을 잡고 빈 좌석에 앉는다. 좌석이 없으면 버스 의자의 손잡이를 잡는다.
- 버스 문이 열리면 영유아가 먼저 내린 후 하차한다. 만약 제일 먼저 내려야 할 경우 오토바이나 자전거가 오는지 확인 후 하차한다.

나. 전철과 기차를 이용할 때

- 승강장 사이에 발이 빠지지 않도록 살핀 후 안전하게 타고 내린다.
- 문이 닫히려고 할 때는 다음 열차를 기다린다.
- 열차가 멈추면 양옆으로 비켜서서 내릴 사람이 모두 내린 후, 차례대로 탄다.
- 창 밖으로 손이나 머리를 내밀지 않는다.
- 연결하는 칸과 칸 사이에 서 있거나 돌아다니지 않는다.
- 내린 후 전철에서 멀리 떨어져서 이동한다.

〈표 4-5〉 안전교육 7대 표준안 교통 안전 내용 체계표

중분류	소분류	주요 내용
보행자 안전	보행자 안전	• 교통표지판 알아보기 • 횡단보도 안전하게 이용하기 • 안전한 보행 방법 알아보기
자전거 안전	자전거 안전	• 자전거에 대해 알아보기 • 안전하게 자전거 타는 방법 알아보기 • 안전한 장소에서 자전거 타기
오토바이 안전	오토바이 안전	• 오토바이 특징 알아보기 • 오토바이 사고의 예방법 알아보기
자동차 안전	자동차 안전	• 자동차 보호장구의 중요성 알아보기 • 사각지대에 대해 알아보기 • 어린이 통학버스 안전하게 이용하기
대중교통 안전	대중교통 안전	• 대중교통 이용수칙 알아보기 • 버스, 택시의 탑승 안전 알아보기 • 지하철, 기차의 탑승 안전 알아보기 • 비행기, 선박의 탑승 안전 알아보기

출처 : 교육부(2023).

생각해 봅시다

Q1 유치원 통학차량 안에 방치된 유아의 사망 사고와 관련하여 우리나라의 유치원 통학과 관련된 문제점을 말하고, 안전한 통학을 위해 가장 먼저 해결되어야 하는 것이 무엇인지 교육현장에서 적용 가능한 내용으로 논하시오.

Q2 최근 공공장소 안내 방송 중 유아의 자전거, 킥보드 사용 주의에 대한 내용이 증가하고 있다. 유치원에서 공공장소에서의 자전거, 킥보드 사용에 대한 안전수칙을 정하는 교육활동을 한다고 가정할 때, 지켜야 할 안전수칙과 필요성에 대하여 각각 논하시오.

3) 교통 안전의 실제

〈교통 안전 활동계획안 예시〉

<table>
<tr><td>활동명</td><td colspan="3">안전하게 길을 건너요.</td></tr>
<tr><td>주제</td><td>교통 안전(보행 안전)</td><td>활동시간</td><td>20분</td></tr>
<tr><td>활동유형</td><td>이야기 나누기</td><td>대상연령</td><td>5세</td></tr>
<tr><td>활동목표</td><td colspan="3">• 안전하게 길을 건너는 장소와 방법을 안다.
• 안전횡단 5약속(원칙)을 경험한다.
• 안전한 길 건너기의 중요성을 인식한다.</td></tr>
<tr><td>활동자료</td><td colspan="3">• 수수께끼 자료(신호등), 횡단보도 사진, 신호등 사진, 동영상 자료 ‘우당탕 아이쿠~ 〈길 건너기〉’, 차도 사진, 인도 사진, 안전횡단 5약속판, 횡단보도판, 신호등 교구, 자동차 그림 목걸이, 핸들 모형, 교통안전 지킴이 카드</td></tr>
<tr><td>활동방법</td><td colspan="2">내 용</td><td>자료 및 유의점</td></tr>
<tr><td>도입</td><td colspan="2">1. 수수께끼를 통해 주의집중을 한다.
T : 얘들아, 선생님이 너희에게 수수께끼를 하나 내고 싶은데, 맞힐 수 있겠나요? 총 3개의 힌트를 줄 거야. 정답을 알 것 같은 친구는 말하지 않고 손만 들기로 해요.

〈수수께끼 내용〉
1. 빨간색하고 초록색이 있어요. 그리고 때로는 주황색도 있어요.
2. 이건 동그란 모양도 있고 네모난 모양도 있어요.
3. 마지막으로 제일 큰 힌트는! 길을 건너갈 때 봐야 되는 것이야. 이것은 무엇일까요?

T : 손을 든 친구들이 하나, 둘, 셋 하면 함께 정답을 말해볼까요? 하나, 둘, 셋!
C : 신호등!
T : 신호등 같아요?
T : (신호등 사진을 보여주며) 정말 신호등이었네.

2. 횡단보도를 건너본 경험에 대해 이야기 나눈다.
T : 신호등을 어디서 보았는지 이야기해 줄 수 있는 친구 있나요?
C : 집에 갈 때 신호등 본 적 있어요.
C : 길을 건너도 된다고 알려줘요.
T : 그렇구나, 신호등은 그런 역할을 하는군요.</td><td>– 자료) 수수께끼 자료(신호등)

– 정답을 다르게 말한 유아가 있다면 수수께끼 질문을 다시 생각해 보도록 하여 스스로 정답을 맞혀볼 기회를 준다.

– 자료) 신호등 사진, 횡단보도 사진</td></tr>
</table>

	T : (횡단보도 사진자료를 보여주며) 혹시 이렇게 생긴 것을 본 적이 있나요? T : (신호등을 횡단보도 사진자료에 붙이며) OO이는 어디서 보았나요? T : 신호등이 있는 곳에 그려져 있지요. 이것을 뭐라고 하는지 혹시 아나요? T : 횡단보도를 건너갈 때 앞과 옆을 보지 않고 달려가면 어떻게 될까요? T : 어떻게 해야 횡단보도를 안전하게 건널 수 있을까? C : 초록불에 건너요. 3. 활동을 소개한다. T : 오늘 안전하게 길을 건너는 방법과 장소를 알아보도록 해요.	– 유아가 잘못 이해한 정보는 올바르게 다시 알려준다.
전개	4. 횡단보도를 안전하게 건너기 위한 동영상을 본다. T : 그래 너희 말처럼 초록불에 건너는 게 중요한데, 안전하게 건널 때 지켜야 할 약속이 더 있어요, 함께 볼까? (편집한 안전동영상 자료를 재생한다) 5. 동영상의 내용을 회상한다. T : 동영상에 나온 주인공이 누구였나요? T : (차도 사진을 보여주며) 차가 다니는 길을 뭐라고 한다고 했나요? C : 차도요! T : (인도 사진을 보여주며) 사람이 다니는 길은 뭐라고 했지? C : 인도요! T : 모두 차가 다니는 길이 차도이고, 사람이 다니는 길이 인도인 것을 기억해 주었구나. 혹시 동영상을 보며 기억에 남는 장면을 이야기해 줄 친구 있니? C : 차가 지나가서 공이 펑 터졌어요. T : 왕자님이 길을 건널 때 무엇을 했는지 기억나니? (유아들이 맞힐 때마다 안전횡단 5가지 약속판을 칠판에 붙이도록 한다) C : 멈췄어요./ 자동차를 계속 쳐다봤어요. T : (교사가 한 손을 들며 이야기한다) 그래, 잊지 않고 기억을 해주었군요. 혹시 왕자님이 횡단보도에서 어떻게 했는지 순서대로 이야기해 줄 수 있는 친구 있나요? 6. 완성한 〈안전횡단 5약속판〉을 보며 함께 읽어본다.	– 자료) 우당탕탕 아이쿠 〈길 건너기〉 안전 동영상 – 회상을 못하는 유아를 위해 캡처한 동영상 장면을 보여주며 회상을 돕는다. – 자료) 차도 사진, 인도 사진 – 자료) 안전횡단 5약속판

<table>
<tr>
<td></td>
<td>〈안전횡단 5약속판 내용〉
1) 우선 멈춘다.
2) 왼쪽, 오른쪽 다시 왼쪽을 살핀다.
3) 운전자를 보며 손을 든다.
4) 운전자와 눈을 마주치며, 차가 완전히 멈추어 섰는지 다시 본다.
5) 손을 들고 건너는 동안 차를 계속 보면서 천천히 건넌다.

7. 〈안전횡단 5약속〉을 직접 연습해 본다.
T : 이제 함께 작은 횡단보도를 건너볼 건데 방금 한 다섯 가지 약속을 지키며 건널 수 있을까요?

〈안전횡단 5약속〉 연습 순서
1. 자동차 목걸이를 한 2명의 유아는 핸들을 잡으면서 운전하는 운전자 역할을 한다.
2. 다른 2명은 짝꿍과 손을 잡고 횡단보도를 건너는 연습을 한다.

T : 좋아요. 분단별로 나와서 횡단보도 건너기를 할 거예요.
T : 두 친구가 횡단보도를 잘 건너면 자동차 역할을 했던 친구들과 역할을 바꿔서 자동차 친구들이 그 다음엔 횡단보도를 건너보기로 해요.
T : 오늘은 어떤 분단이 먼저 할 차례지요?
C : 토끼분단!
T : 자리에 앉아있는 친구들은 무엇을 하고 있으면 좋을까요?
C : 자동차가 잘 멈추는지 봐요.
C : 길을 잘 건너는지 봐요.
T : 그래, 자동차가 잘 멈춰주는 것도 중요해요. 앉아있는 친구들은 자동차가 잘 멈추는지, 다른 두 친구가 횡단보도를 잘 건너는지 봐주기로 해요.
T : 횡단보도를 잘 건넌 친구들에게는 선생님이 교통안전 지킴이 카드를 선물할게요.</td>
<td>– 한글을 읽지 못하는 유아를 위해 그림자료를 함께 준비한다.

– 자료) 횡단보도판, 신호등 교구, 자동차 그림 목걸이, 핸들 모형, 교통안전 지킴이 카드

– 〈안전횡단 5약속〉을 이해하지 못한 유아를 위해 시범을 보인다.

– 만약 유아가 홀수일 때, 신호등을 바꿔주는 역할을 맡도록 하여 즐겁게 참여하도록 유도한다.

– 되도록 모든 모둠이 직접 해볼 수 있는 기회를 갖도록 한다.</td>
</tr>
<tr>
<td>마무리</td>
<td>8. 길을 건널 때 〈안전횡단 5약속〉을 지키기로 약속한다.
T : 한번 자신이 가지고 있는 교통안전 지킴이 카드를 들어 볼까요? 우와 우리 햇님반 친구들이 약속을 잘 지켜서 모두 카드를 받았군요.
C : (교통안전 지킴이 카드를 번쩍 든다)
T : 집에 갈 때도 안전하게 횡단보도 건널 수 있겠지요?
T : 멋져요! 우리 다섯 가지 약속 같이 읽어보고 화장실에 다녀오도록 해요.</td>
<td></td>
</tr>
</table>

	9. 확장활동을 안내한다. T : 우리가 이야기 나눈 〈안전횡단 5약속〉으로 유희실에서 게임을 할 거예요. 오늘은 스피드게임이 아니라 누가누가 순서를 잘 지키나 게임이에요.	
유의사항	• 도로를 횡단하는 방법이 단순한 지식의 평면적인 전달이 되지 않도록, 도로 횡단 방법에 대한 이야기를 나누면서 직접 동작으로도 표현해 보도록 한다. • 위치 및 지역적 특성을 고려하여, 신호등이 있는 횡단보도 외에 '신호등이 없는 횡단보도를 안전하게 건너는 방법'의 활동을 계획한다.	
관련사진	 	

3 폭력 및 신변 안전

1) 폭력 및 신변 안전의 개념 및 필요성

폭력 및 신변 안전에서 가장 중요한 내용은 가정폭력, 아동학대, 실종·유괴와 성폭력이다. 아동의 안전에 대한 법령(아동복지법 제31조 제1항)에서 '아동 관련 기관의 장은 성폭력 및 아동학대 예방, 실종·유괴의 예방과 방지에 관한 교육계획을 수립하여 교육을 실시하여야 한다'고 규정하고 있다. 폭력 및 신변 안전사고는 영유아에게 후유증과 심각성이 매우 높기 때문에, 영유아 당사자뿐만 아니라 부모와 교사가 실질적으로 활용할 수 있는 교육이 매우 중요하다.

※ 아동성폭력 사례

작년 16개월 된 아이가 무자비한 학대로 인해 세상을 떠났다. '정인이 사건'이다. 가해자는 양모와 양부였다. 이 사건을 계기로 아동학대의 심각성에 대한 여론이 일었다. 그러나 아동학대 사건은 계속 꼬리를 물고 일어났다.

보건복지부의 '2020 아동학대 주요 통계'에 따르면 아동학대 신고접수는 매년 증가하고 있다. 아동학대 신고 중 아동학대 의심 사례가 차지하는 비중은 2016년부터 87% 이상을 차지했다. 2020년은 전년 대비 신고접수 건수가 2.1% 증가했고, 전체 아동학대 신고 건수 중 92.1%가 아동학대 의심 사례였다.

출처 : 우먼타임스(2022. 3. 29).
https://www.womentimes.co.kr/news/articleView.html?idxno=55913

2) 폭력 및 신변 안전의 내용

(1) 학교폭력

학교폭력예방 및 대책에 관한 법률 제2조에 따르면, 학교폭력이란 학교 내외에서 학생을 대상으로 발생한 상해, 폭행, 감금, 협박, 약취·유인, 명예훼손·모욕, 공갈, 강요·강제적인 심부름 및 성폭력, 따돌림, 사이버 따돌림, 정보통신망을 이용한 음란·폭력 정보 등에 의하여 신체·정신 또는 재산상의 피해를 수반하는 행위를 말한다. 최근 중·고등학교에서 일어나고 있는 청소년 간의 학교폭력의 빈도와 정도가 증가하고 있을 뿐만 아니라, 초등학교 저학년에서도 피해가 많이 발생하고 있는 현실이다.

학교폭력의 범위는 장난삼아 하는 행동이라도 피해를 당한 사람이 장난이 아니라고 느끼면 모두 폭력이 될 수 있고, 치고 지나가거나 미는 행동, 침을 뱉는 행동, 돈이나 물건을 빼앗고 돌려주지 않는 행동, 하기 싫은 일을 시키는 행동, 약점을 잡아 놀리거나 괴롭히는 행동, 일부러 무시하거나 나쁜 말을 퍼뜨리는 행동, 급식을 혼자 먹게 하거나 모둠 활동에서 따돌리는 행동 등도 모두 학교폭력에 포함된다.

영유아교육기관에서 다룰 수 있는 학교폭력은 친구를 때리거나 괴롭히는 행동, 혹은 친구에게 부정적인 언어를 사용하는 행동 등 행동문제와 관련지을 수 있다. 최근 학교폭력의 대상연령은 이전보다 더욱 낮아지고 있으며, 전국 유치원 및 어린이집의 교사를 대상으로 한 연구에 의하면, 학급 내 유아들 간 따돌림이나 배척행동, 공격적 성향, 욕설이나 비속어 등의 행동이 나타나는 것으로 보고되고 있다. 이와 같이 학교폭력의 범위가 학령기 아동뿐 아니라 영유아교육기관에 다니는 유아 간의 폭력이나 따돌림까지 하향화되고 있는 현실이다(심은정, 2017).

특히 또래 간의 사회성이 형성되고, 도덕성이 발달하는 중요한 시기인 유아기에 조기교육을 실시하는 것은 이후 학교폭력 발생을 방지하는 데 중요한 영향을 미치기 때문에, 유아를 대상으로 하는 영유아교육기관 폭력 예방교육이 반드시 필요하다.

학교폭력 예방 리플릿 학부모용

[학교폭력으로부터 우리아이 지키기]

▷ 학교폭력, 어떻게 처리되나요?
▷ 이런 말을 자녀에게 자주 해주세요
▷ 이런 말은 자녀를 힘들게 해요
▷ 학교폭력 발생 시 대응방법
  '자녀가 학교폭력 당했을 때 이렇게 도와주세요'
▷ 학교폭력 피해징후 알아보기
  '평소에 관심을 가지고 자녀들을 지켜봐 주세요'
▷ 학교폭력 예방하기
  '자녀들을 위해 이렇게 해주세요'
▷ 학교폭력, 현장에서 해결해요!

출처 : 교육부(2016).

① 학교폭력 피해 유아의 특징

- 평소보다 늦잠을 자거나, 몸이 자주 아프다고 호소한다.
- 유치원(어린이집) 가기를 싫어하고, 성적이 떨어진다.
- 평소보다 기운이 없고, 집중하지 못한다.
- 옷이 자주 지저분하거나, 구겨져 있다.
- 물건을 자주 잃어버린다.
- 사달라고 하는 것이 많아지거나, 용돈을 평소보다 많이 달라고 한다.
- 유치원(어린이집) 생활이나 친구관계에 대해 물으면 민감하게 반응한다.
- 그룹활동에 참여하지 않으려고 한다.

② 예방대책

- 부모와 교사는 유아와 친구관계에 대한 대화를 많이 나누고, 학교폭력이 일어나면 어른에게 말하도록 당부한다.
- 유아가 지나치게 비싼 개인물품을 유치원(어린이집)에 지참하지 않도록 한다.
- 유아가 인터넷 및 스마트폰 사용 시 타인을 존중하는 태도를 갖추도록 지도한다.
- 교사 직무교육에 학교폭력 예방교육을 포함한다.
- 학교폭력 예방 부모교육을 실시하고 참여율을 높인다.
- 교사는 부모상담 시 유아의 친구관계에 대해 함께 이야기 나누며, 정보를 공유한다.

(2) 성폭력

성폭력이란 타인의 자유로운 성적 결정권을 침해하는 행위로서 강간뿐만 아니라 원치 않는 신체적 접촉이나 치근거림, 불쾌감을 느끼는 성적 언어, 음란한 눈빛으로 바라보는 것 등 성적으로 가해지는 신체적·언어적·정신적 폭력 등을 모두 포함하는 개념이다(보건복지부·인구보건복지협회, 2011). 또한 최근에는 그동안 숨겨져 왔던 근친에 의한 아동 및 유아 성폭력이 수면 위로 떠오르고 있다.

성폭력을 당한 아동 및 유아는 거의 회복 불가능한 정신적·육체적 후유증으로 고통받게 된다. 특히 공포감과 불안감을 갖게 되며, 이런 경우 청소년으로 자라면서 자신의 성폭력 사실을 깨닫게 되고 죄책감과 절망감에 시달린다. 이러한 후유증으로 대인기피증은 물론 남녀관계 자체를 거부하기도 한다.

특히 아동 및 유아는 타인이 시도하는 성적 접촉의 의미를 잘 모르고 단순히 애정표현으로 해석하여 거부하지 못하는 경우가 많기 때문에, 반드시 성폭력 예방교육이 필요하다. 아동 및 유아에게 성폭력 교육을 통해 자신과 타인의 신체의 소중함에 대한 인식, 타인의 부적절한 신체 접촉 시도 중 적절한 유형과 부적절한 유형에 대한 정보, 타인의 부적절한 접촉에 대한 거부의사를 표현하는 방법 등을 교육하여야 한다.

〈표 4-6〉 성폭력 징후

의료적 지표	심리 · 사회적 지표
• 생식기 – 질에 있는 정액 – 찢기거나 손실된 처녀막 – 질에 생긴 상처나 긁힌 자국 – 질의 홍진, 질염, 만성요로감염 – 음경이나 음낭에 생긴 상처 • 항문 – 항문 주변의 멍, 찰과상, 열창, 홍진 – 항문 주변의 착색 증가 – 괄약근의 손상 – 항문내장이 짧아지거나 뒤집힘 • 구강 – 입천장의 손상 – 인두임질	• 성적 지표 – 조숙한 성지식 – 성적인 묘사 – 타인이나 장난감 등에 성적인 행위 – 지나친 자위행위 – 성학대 사실 폭로 • 비성적 지표 – 악몽, 불안, 야뇨, 손가락 빨기 등의 퇴행 – 친구관계의 문제 – 학교 부적응

출처 : 서울 해바라기아동센터 홈페이지.

① 성폭력 피해 아동 및 유아의 특징

- 걷거나 앉기 어려워 보인다.
- 옷이나 속옷이 더럽혀져 있거나 찢긴 흔적이 있고, 혈액, 체액이 묻어 있다.
- 소변을 볼 때 아프다고 하거나, 화장실 갈 때 다른 사람과 함께 가지 않으려 한다.
- 생식기 부위에 상처가 있거나, 고통이나 가려움을 호소한다.

- 속옷을 갈아입지 않으려고 한다.
- 식욕 감퇴, 의기소침, 퇴행행동, 공격성을 보인다.
- 성 문제에 관하여 비정상적인 관심이나, 과민한 반응을 보이거나 집착한다.
- 낮에도 혼자 있는 것을 두려워하고, 문을 꼭 닫아두려고 한다.
- 밤에 잘 때도 불을 켜놓으려고 하고, 지속적으로 악몽을 꾼다.
- 사람을 두려워하거나, 거부반응을 보인다.
- 자주 우울해하고 또래들과 잘 어울리지 않는다.

② 예방대책

- 아동 및 유아에게 자신과 타인의 몸의 소중함을 알게 한다. 특히 신체의 어떤 부분은 아주 개인적인 것이므로 다른 사람이 함부로 보거나 만지지 않아야 함을 인지하도록 한다. 또한 다른 사람으로부터 부당한 요구나 취급을 받았을 때는 단호하게 거부하고, 즉시 부모나 믿을 만한 성인에게 이야기할 수 있게 한다.
- 아동 및 유아로 하여금 좋은 접촉과 나쁜 접촉을 구별할 수 있게 가르친다. 원하지 않는 행동을 요구당했을 때에는 "싫어요"라고 단호하게 소리치며 거부할 수 있게 알려준다.
- 어른이 요구할 때에도, 때로는 자기주장을 하거나 거절할 수도 있으며, 가족이나 친지 또는 아는 사람이라도 이상한 행동을 요구한다면 단호하게 거절하도록 한다.
- 모르는 사람이 접근하여 친구를 외딴 곳으로 데리고 가는 것을 보면, 즉시 근처의 믿을 만한 어른에게 이야기하도록 한다.
- 좋지 않은 말을 하거나 유해한 사진이나 잡지, 비디오를 보여주는 사람이 있으면, 즉시 피하고 이를 부모나 교사에게 반드시 알리도록 한다.
- 왜곡된 성역할을 교육하지 않는다.

- 성폭력에 대해서 직접적으로 이야기하기보다는 동영상이나 동화를 통해 이야기를 시작하는 것이 좋다. 아동 및 유아가 다른 사람에 대해 지나친 공포감을 갖지 않도록 한다.
- 학부모 대상으로도 성폭력 예방 교육을 실시하고, 성폭력 사고가 발생할 경우 피해 사실을 신고하고 도움을 받을 수 있는 기관을 알려준다.
- 교사는 평소 아동 및 유아가 성에 대해 호기심을 보일 때 회피하지 말고 바르게 대답해 주며, 교사가 언제나 지원하고 있다는 것을 느끼도록 노력해야 한다.
- 교사는 부모에게 성폭력 피해 아동 및 유아의 신체적·정신적 문제의 진단 및 치유를 돕기 위한 중재기관에 대한 정보를 알려준다(예 한국성폭력 상담소, 아동학대예방협회 등).

(3) 아동학대

아동복지법 제3조 제7항에 따르면, '아동학대'란 보호자를 포함한 성인이 아동의 건강 또는 복지를 해치거나, 정상적 발달을 저해할 수 있는 신체적·정신적·성적 폭력이나 가혹행위를 하는 것과 보호자가 아동을 유기하거나 방임하는 것을 말한다.

아동학대는 부모를 포함한 성인들이 아동의 권리를 박탈하는 가장 흔하고 중요한 문제로, 아동학대를 방지하는 것은 아동의 권리를 보장하고 아동을 보호하는 1차적인 문제라고 할 수 있다. 그러나 친권자인 학대행위자의 완강한 격리 거부에 대응하는 법적 제도가 미비해 격리보호조치를 취하지 못하는 사례가 많다. 아동은 학대를 받더라도 그것을 문제로 인식하지 못하는 경우가 많기 때문에, 아동이 학대의 위험을 인식하고 아동학대가 발생하였을 때 적절히 대처할 수 있도록 아동학대 예방교육은 반드시 필요하다.

① 아동학대의 분류

- 신체적 학대 : 보통 학대를 말할 때는 주로 신체적 학대를 일컫는 경우가 많다. 신체적 학대는 외적으로 가장 쉽게 손상의 정도와 학대 사실을 발견할 수 있다. 구체적인 신체학대 행위로는 떠밀고 움켜잡는 행위, 뺨을 때리는 행위, 채찍 및 허리띠 등 도구를 사용하여 때리는 행위, 발로 차거나 물어뜯고 주먹으로 치는 행위, 팔·다리 등을 심하게 비트는 행위, 뜨거운 물이나 물체 등으로 화상을 입히는 행위 등이 있다.
- 정서적 학대 : 정서적 학대는 아동의 심리와 정서에 폭력을 가하는 것으로, 아동의 자아존중감과 정서에 손상을 준다. 아동에게 가해지는 신체적 구속, 억제 혹은 감금, 언어적 혹은 정서적 위협, 기타 가학적 행위들을 포함한다.
- 성적 학대 : 성적 학대는 아동에게 성적인 활동을 요청, 권유하거나 강요하는 행위(행위의 대가가 제공되는가의 여부와 상관없이), 성적인 욕구를 충족하기 위해 아동에게 외설적인 자극을 노출시키는 것, 그러한 대상이 될 아동을 구하거나 협박하는 행위, 아동과의 성적인 신체 접촉, 아동 포르노를 제작하기 위해 아동을 이용하는 일 등이다.
- 방임 및 유기 : 방임은 보호자가 고의적이고 반복적으로 아동에 대한 양육과 보호를 책임지지 못하여, 아동의 건강 혹은 복지를 해치거나 정상적인 발달을 저해할 수 있는 모든 행위로, 물리, 교육, 의료, 정서적 방임을 포함한다. 아동에게 의식주를 제공하지 않거나, 장시간 위험한 상태에 방치하는 물리적 방임, 아동의 무단결석을 허용하는 등 교육적 방임, 예방접종을 제때에 하지 않거나 필요한 치료를 소홀히 하는 등 의료적 방임, 아동과의 약속에 무신경하거나 아동의 마음에 상처를 입히는 정서적 방임으로 구분된다.
  유기는 보호자의 적절한 보호나 감독 없이 아동을 방치하는 경우를 말하는 것으로, 아동을 방치하는 시간이 2일 이상 경과해서는 안 된다.

이처럼 아동학대의 유형을 증상별로 분류할 수 있지만, 특정 한 가지 학대유형에 국한되는 것이 아니라 중복되어 해당될 수 있다.

〈표 4-7〉 아동학대의 피해 유형별 증상

학대 유형	신체적 징후	행동적 징후
신체 학대	• 발생과 회복에 있어 시간차가 있는 상처 • 사용된 도구 모양이 그대로 나타난 상처 • 손바닥, 발바닥, 등, 엉덩이에 담배자국, 양말 모양, 장갑 모양, 도넛 모양 상처 • 뜨거운 물에 잠겨서 생긴 화상자국 • 팔, 다리, 목 등에 묶은 줄 자국의 화상	• 어른과의 접촉 회피 • 다른 아동이 울 때 공포를 나타냄 • 공격적이거나 위축된 극단적인 행동 • 부모에 대한 두려움 • 집에 가는 것을 두려워함 • 위협에 대한 지속적 경계 • 부모가 손상을 알려옴
정서 학대	• 성장장애 • 신체발달 저하 • 언어장애	• 특정 물건을 계속 빨고 있거나 물어뜯음 • 반사회적, 파괴적 행동장애 • 수면장애, 놀이장애 등 신경성 기질 • 강박, 공포 등 정신신경성 반응 • 과잉행동, 발달지연
성적 학대	• 걷거나 앉는 데 어려움 • 찢어지고 피로 얼룩진 속옷 • 회음부의 동통과 가려움 • 회음부, 질, 항문부위의 출혈이나 멍 • 십대 이전의 성병감염 • 임신	• 위축, 환상, 유아적 행동 • 기괴하고 미묘한 성적 행동과 지식 • 친한 친구가 없음 • 비행, 가출 • 성적 모독을 호소함
방임 및 유기	• 불규칙적 식사 또는 잦은 굶주림으로 인한 영양 상태 불량 • 비위생적인 신체 상태 • 예방접종과 의학적 치료 불이행으로 인한 건강상태 불량 • 계절에 맞지 않는 부적절한 옷차림 • 지속적 피로, 불안정감 호소	• 음식을 구걸하거나 훔침 • 장시간에 걸친 감독 소홀 • 위험한 행동에 대한 감독 소홀 • 비행 또는 도둑질 • 학교에 일찍 등교하고 집에 늦게 하교함

② 예방대책

아동학대 안전교육의 교육내용은 다음과 같다.

〈표 4-8〉 아동학대 안전교육의 교육내용

구 분	교육내용
아동학대 상황 인식하기	• 아동의 권리 • 아동학대의 개념 • 좋은 느낌과 나쁜 느낌의 구분
아동학대에 대처하기	• 아동학대 상황을 알리는 방법 • 아동학대에 거부하는 방법 • 아동학대에 대처하는 바른 태도
아동학대로부터 보호하기	• 도움을 받을 수 있는 대상 • 아동학대로부터 자신을 보호하는 방법 • 아동학대로부터 도움을 청하는 방법

| 그림 4-7 | 아동학대 사례 개입 과정
출처 : 보건복지부·중앙보육정보센터(2012).

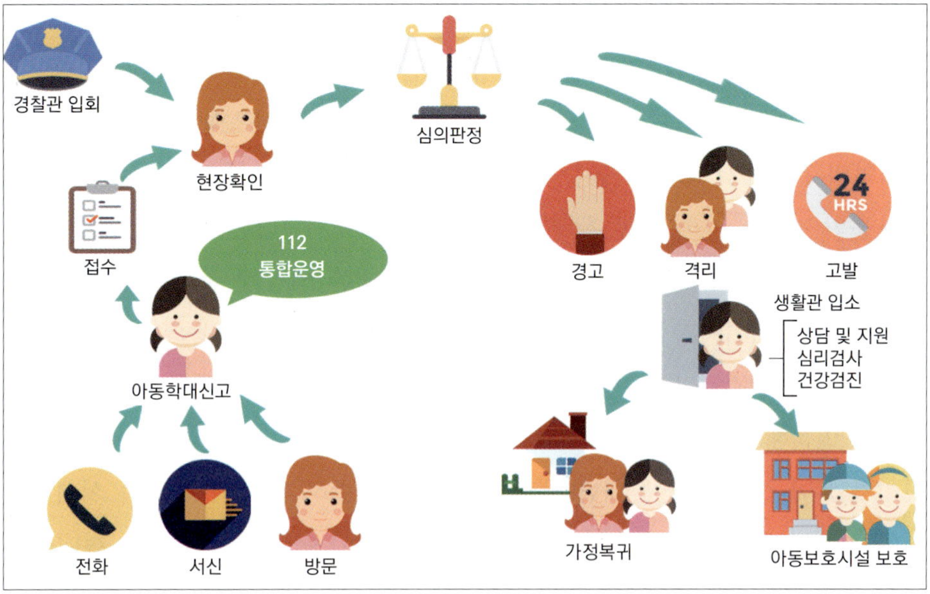

| 그림 4-8 | 아동학대 신고 절차

(4) 자살

자살이란 행위자가 자신의 죽음을 초래할 의도를 가지고 자신의 생명을 끊는 행위를 말한다. 최근 암과 같은 불치병은 현대 의학의 발전과 함께 사망률이 급속도로 낮아지고 있고, 교통사고와 같은 사고사도 안전 수칙을 준수하면 예방이 가능하지만, 자살은 당사자가 자의적으로 저지르는 것이기 때문에 예방하기가 쉽지 않다. 태도이론에 따르면, 자살에 대한 사람들의 태도와 생각은 실제 사람들이 자살을 행동으로 옮길 가능성과 유의한 관계가 있다는 것을 시사한다.

① 아동의 자살에 대한 생각

우리나라는 자살률과 자살증가율이 매우 높은 국가로 알려져 있으며, 특히 아동·청소년의 사망원인으로 자살이 가장 많은 비중을 차지하고 있다. 이와 같은 양상의 구체적 원인으로는 학업성적, 진학문제, 가정불화, 경제적인 문제, 부모와의 관계, 따돌림, 외모 스트레스, 온라인상의 언어폭력, 교사와의 관계, 또래와의 관계에서 오는 우울증 등으로 밝혀졌다(중앙자살예방센터, 2017).

아동의 자살에 대한 접근은 자살을 시도하는 행위보다는 자살에 대한 아동의 생각이 더 중요하다고 볼 수 있다. 자살에 대한 생각을 시작으로 자살시도와 죽음으로 이어지기 때문이다. 그러므로 부모와 교사는 아동의 자살을 하는 과정에 대한 생각과 타인에게 자살에 대한 이야기를 하는 행위까지를 중요한 문제로 인식해야 한다.

이처럼 아동의 자살에 대한 생각과 행위는 단순히 자살에 대하여 실제적인 지식이 없는 상태에서 충동적으로 발생하는 사건이 아니라, 급변하는 현대사회에서 가족 간의 상호작용이 부족하고, 미디어의 부정적 영향으로 인한 또래관계 등으로 발생한다고 볼 수 있기 때문에, 죽음에 대한 교육뿐만 아니라 유아기부터 다양한 접근의 생명존중 교육이 실시되어야 한다.

② 예방대책

유아를 대상으로 실시되는 자살예방교육은 생명존중교육을 기반으로 한다. 생명존중교육이란 자신을 포함한 인간과 모든 생명체에 관심을 가지고, 생명의 가치를 존중하고, 모든 생명을 소중하게 여기는 감수성을 형성하는 것을 의미하는데, 현재 초등학교뿐 아니라 영유아교육기관에서도 유아를 대상으로 교육활동이 실행되고 있다. 우리나라에서도 국가수준의 교육과정인 개정 누리과정에 '사람과 자연을 존중하고 배려하며 소통하는 태도를 기른다'는 생명존중의 기본 방향이 명시되어 있다. 특히 누리과정 영역 중 사회관계 영역에서는 '자신을 존중하고 더불어 생활하는 태도를 가진다'는 목표 내에서 '나를 알고 존중하기', '더불어 생활하기', '사회에 관심 가지기'라는 내용을 통해 생명존중교육을 진행하고 있다(교육부, 2019a).

또한 이후 학령기에 접어들면서 본격적인 자살예방교육을 실시하게 되는데, 각 발달단계마다 아동의 발달 특성 및 가정·사회 환경을 섬세하게 고려하는 것이 중요하다. 아동의 성별, 한부모 가족구성의 특징, 과거 학대 및 방임에 대한 경험, 공격성 및 소아우울증을 포함한 정신건강의 특성을 그 예로 들 수 있다. 특히 자살위험을 보이는 대상 아동의 담임교사와 부모를 위한 지속적인 교사직무교육과 부모교육을 전문성을 갖춘 강사진을 통해 진행할 때 예방효과를 극대화할 수 있다. 생명존중교육의 교수방법을 정보전달식 교육으로 실시하면 역효과를 가지고 올 수 있으므로, 자연친화교육, 인성교육, 사회성교육, 자존감 및 정서지능 향상교육, 의사소통 강화 교육, 부모-자녀 관계 향상 교육 등의 다양한 활동이 통합적으로 진행되는 것이 중요하다. 더불어 지역 내 정신건강증진센터, 건강가정지원센터 등을 통한 활발한 지역사회연계 프로그램을 활용하는 것이 바람직하다.

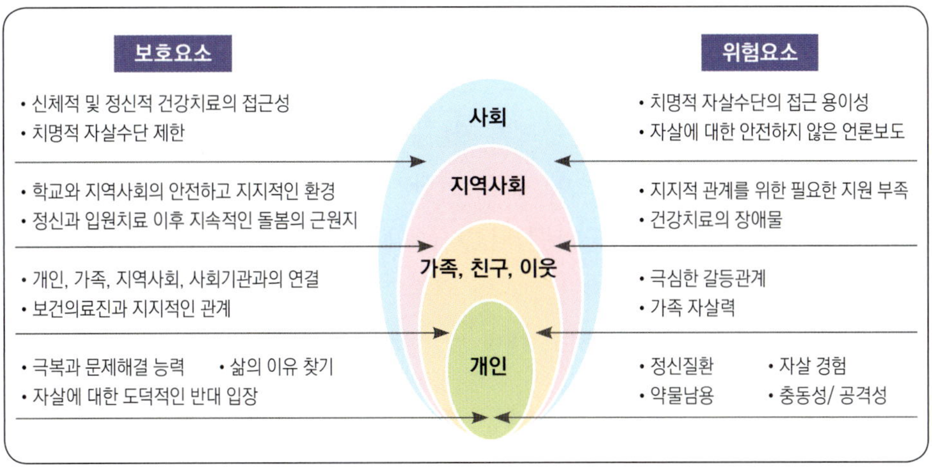

| 그림 4-9 | 사회생태학적 자살예방 중재 모델

출처 : USDHHS(2012).

(5) 가정폭력

가정폭력이란 가족구성원 사이의 신체적·정신적·재산상의 피해를 수반하는 행위를 말하며, 가족구성원의 범위는 다음과 같다.

- 배우자(사실상 혼인관계에 있는 사람 포함), 전 배우자
- 자기 또는 배우자와 직계존비속관계(사실상 양친자관계 포함)에 있거나 있었던 자
- 계부모와 자녀의 관계 또는 적모와 서자의 관계에 있거나 있었던 자
- 동거하는 친족

가정폭력은 복합적인 요인들이 상호작용하여 발생하는 것으로, 가족이라는 틀에서 발생하기 때문에 일반적인 폭력보다 반복적인 성격을 띨 가능성이 많다. 특히 가부장적 문화의 잔재 속에 남성다운 강함을 보이거나, 다른 가족구성원을 때릴 수 있다는 고정관념에서 발생하기도 한다. 가정폭력은 그 사실이 외부로 알려지기 힘든 은폐적 특성이 있기 때문에, 가정폭력을 당한 영유아를 외부에서 조기개입하여 지원하기는 어렵다. 가정폭력을 경험한 영유아는 정서적으로 매우 불안하고 위축되게 된다. 또한 가정폭력이 일어나는 가정에서 성장하거나 어린 시절 학대를 경험한 부모의 자녀는 이후 성장하여 학대 부모가 된다는 연구결과가 보고된 바 있으며, 주의가 산만하고, 공격적이며, 자아존중감이 낮은 특성을 보이는 것으로도 분석되었다(송남두, 2000). 이처럼 가정폭력이 발생하면 이후 나타나는 부정적인 결과와 후유증이 매우 심각하므로, 교사는 가정폭력의 유형을 자세히 이해하고 예방 및 대처법에 대해 숙지하여야 한다.

① 가정폭력의 유형

〈표 4-9〉 가족폭력의 유형

신체적 폭력	정서적 폭력	성적 폭력	경제적 폭력
폭력 감금 신체적 억압 상해 학대	언어적 학대 정신적 학대 원가족 비난 심각한 욕설 인간관계 통제 간섭과 의심	강제추행 성적 자기결정권 침해	경제활동 통제 경제적인 방임

② 예방대책

가정폭력 예방을 위한 열 가지 지침

▷ 어떤 상황에서도 폭력은 사용하지 맙시다.
(화 조절하기, 스트레스 관리하기, 대화 나누기)
▷ 자녀들에게 매를 들기 전에 다시 한번 생각합시다.
▷ 평소 폭력적인 말과 행동을 삼가고, 칭찬 한마디가 기적을 만듭니다.
▷ 남이 폭력을 행하는 것을 보면 제지합시다.
▷ 가까운 경찰서와 가정폭력 상담기관의 전화번호를 메모해 둡시다.
▷ 심각한 폭력이 일어나는 위기상황인 경우 바로 112에 신고합시다.
누구나 폭력상황을 신고할 수 있습니다.
▷ 경찰은 가정폭력 신고가 들어오면 즉각 출동합시다.
▷ 의사나 간호사는 가정폭력 피해자를 위한 적절한 조치를 취합시다.
▷ 가정 내 폭력을 호소하는 친구에게는 상담기관을 안내해 줍시다.
▷ 가족 간의 대화를 통해 서로 존중하고 이해하도록 노력합시다.

출처 : 여성가족부(2011).

〈표 4-10〉 안전교육 7대 표준안 폭력 및 신변 안전 내용 체계표

중분류	소분류	주요 내용
학교폭력	학교폭력	• 친구와 사이좋게 지내기 • 학교폭력 이해하기
	언어/ 사이버 폭력	• 언어폭력 이해하기 • 사이버폭력 이해하기 • 개인정보의 소중함 알아보기
	물리적 폭력	• 신체폭력 이해하기 • 신체폭력 대응 방법 알아보기 • 친구와의 갈등 해결 방법 알아보기
	집단 따돌림	• 집단 따돌림 이해하기 • 집단 따돌림 시 대응 방법 알아보기
성폭력	성폭력 예방 및 대처 방법	• 좋은 느낌과 나쁜 느낌 구분하기 • 동의와 거절 표현하기 • 성폭력 상황 및 예방법 알아보기
	성매매 예방	• 나의 몸 소중히 여기기 • 나의 감정 알고 조절하기 • 나의 출생과정 알아보기
아동학대	아동학대	• 아동 4대 권리 알아보기 • 아동학대 의미와 사례 알아보기 • 아동학대 대처 방법 알아보기
자살	자살	• 생명을 소중히 여기기 • 스트레스 대처 및 해소 방법 알아보기
가정폭력	가정폭력	• 가족의 소중함 알아보기 • 가정폭력의 의미 알아보기

출처 : 교육부(2023).

생각해 봅시다

Q1 아래와 같은 상황에 대한 정 교사의 문제점, 그리고 유아를 지도하기 위한 방안 및 학부모의 항의에 대처하는 방안을 각각 논하시오.

성민이가 영희의 바지를 발목까지 내렸다. 그 광경을 지켜본 영희가 선생님께 달려가 울면서 상황을 이야기하였다. 하지만 정 교사는 유아기에는 흔히 있을 수 있는 일이라며 심각하게 여기지 않았다. 다음 날 정 교사가 대수롭지 않게 여긴 상황에 대해 영희 아버지께서는 성폭력 상황에 대한 담임교사의 방관이라며 항의전화를 하였다.

Q2 아래의 상황에서 부모의 반응이 현규에게 미치는 영향 두 가지와, 이를 해결하기 위해 실시해야 할 부모교육 내용에 대하여 논하시오.

성에 관심을 가지는 현규에게 부모님은 "몰라도 돼"라고 회피하거나, "자식, 저도 남자라고" 하며 장난스럽게 반응한다. 또한 현규와 대화 시 '찌찌' 등 유아적 표현이나 '○지, ○지' 등 정확한 우리말이긴 하지만, 우리의 성문화에서 저질스럽게 말할 때 쓰는 표현을 구분 없이 사용한다.

3) 폭력 및 신변 안전의 실제

〈폭력 및 신변 안전 활동계획안 예시〉

<table>
<tr><th>활동명</th><td colspan="4">소중한 나의 몸</td></tr>
<tr><th>주제</th><td>폭력 및 신변 안전(성폭력)</td><th>활동시간</th><td colspan="2">20분</td></tr>
<tr><th>활동유형</th><td>이야기 나누기</td><th>대상연령</th><td colspan="2">4세</td></tr>
<tr><th>활동목표</th><td colspan="4">• 위험한 상황으로부터 내 몸을 보호하는 방법을 안다.
• 위험한 상황에서 자신의 몸을 스스로 지킬 수 있는 방법을 말로 표현할 수 있다.
• 내 몸을 소중히 여기는 태도를 갖는다.</td></tr>
<tr><th>활동자료</th><td colspan="4">• 동화 '소중한 나의 몸', '소율' 음성자료, 위험한 상황카드 4장과 음성자료, 목걸이</td></tr>
<tr><th>활동방법</th><th colspan="3">내 용</th><th>자료 및 유의점</th></tr>
<tr><th>도입</th><td colspan="3">1. 지난 시간에 읽은 동화 내용을 회상하며 주의집중을 한다.
T : 바다반 친구들 저번 시간에 선생님이랑 같이 읽었던 '소중한 나의 몸' 동화 기억나나요? 어떤 내용이었지요?
C : 우리 몸은 소중해요.

2. 〈소율이에게 온 전화〉 이야기로 동기유발을 한다.
T : 오늘 소율이라는 친구가 바다반 친구들한테 물어보고 싶은 것이 있어서 전화를 했어요. 소율이한테 전화가 오면 소율이 고민을 들어보자.

〈소율이에게 온 전화 내용〉
여보세요. 바다반 전화가 맞나요?
바다반 친구들 안녕. 나는 소율이야.
내가 며칠 전에 옆집 아줌마를 만났는데, 옆집 아줌마가 내 엉덩이를 만지는 거야. 그리고는 아무한테도 말하지 않아야 "착한 아이"라고 해서 난 아무한테도 이야기하지 못했어. 이럴 때 어떻게 해야 하는 거야?

T : 소율이에게 무슨 일이 일어났나요?
T : 소율이의 기분은 어땠을까요?
T : 소율이처럼 위험한 상황이 생겼을 때 어떻게 해야 할까요?
C : 소리를 질러요./ 경찰 아저씨를 불러요.

3. 활동을 소개한다.
T : 오늘은 소율이처럼 누군가 나의 소중한 몸을 만지려 할 때 어떻게 행동해야 하는지 알아보고 소율이한테 알려주도록 해요.</td><td>– 자료) 동화 '소중한 나의 몸'

– 자료) 소율 음성자료

– 유아에게 이야기를 들려줄 때 높은 집중력을 위해 목소리의 강약을 조절한다.

– 유아가 기분이 나쁜 접촉이나 좋은 접촉에 대해 구분할 수 있도록 경험을 통해 이야기를 나눈다.</td></tr>
</table>

<table>
<tr>
<td>전개</td>
<td>
4. 위험한 상황 목소리를 들려주며 그림 자료를 소개한다.
T : 선생님이 위험한 상황에 처한 목소리를 들려줄 테니까, 바다반 친구들이 어떤 상황카드가 들어있을지 상상해 보아요.
T : (그림카드 1 음성자료를 들려주며) 어떤 상황일 것 같나요?
C : 다른 사람이 만지려고 해요./ 예쁘다고 안으려고 해요.
T : ○○이가 말한 것처럼 어떤 아저씨가 친구가 예쁘다면서 몸을 만지는 상황이에요.
T : 그림카드에는 여자 아이와 남자 어른이 나와 있지만, (그림카드 2를 보여주며) 남자 아이들도 이런 위험에 처할 수 있고, 여자 어른들도 우리의 몸을 함부로 만질 수도 있어요.
T : 다른 사람이 나의 몸을 함부로 만지거나 안으려고 한다면, 기분이 어떨 것 같아요?
C : 무서워요./ 싫어요.
T : (그림카드 3 음성자료를 들려주며) 어떤 상황일 것 같나요?
T : 어른이 남자 아이의 소중한 부분을 함부로 만지려고 하는 상황이에요.
T : 다른 사람들이 우리의 몸을 함부로 만질 때에는 어떻게 해야 할까요?
C : '만지지 마세요'라고 이야기해요./ 소리 질러요.
T : (그림카드 4 음성자료를 들려주며) 어떤 상황일 것 같나요?
T : 어른이 자신의 몸을 만지라고 하는 상황이에요.
T : 다른 사람이 우리의 몸을 함부로 만졌을 때, 우리는 누구에게 도움을 요청해야 할까요?
C : 선생님이요./ 부모님이요.
T : (3단계 대처방법판을 보여주며) 선생님이 지금까지 바다반이 이야기해 준 것을 정리해 왔어요. 우리 다 같이 대처방법을 말해볼까요?

〈3단계 대처기술판〉
1. "안 돼요. 싫어요. 하지 마세요"라고 큰 소리로 말한다.
2. 그 자리를 피한다.
3. 일어난 일에 대해 부모님 등 믿을 수 있는 사람에게 말한다.

C : 선생님 그런데 저는 그 사람이 저를 못 만지게 더 강하게 내 기분을 말하고 싶어요.
T : 우리가 "안 돼요. 싫어요. 하지 마세요"라고 말할 때, 강조할 수 있는 방법이 있을까요?
</td>
<td>
- 자료) 위험한 상황 카드 4장

- 교사가 일반적인 선입견과 편견을 가지고 활동을 전개하지 않도록 한다.

- 자료) 3단계 대처방법판

- 한글을 모르는 유아를 위해 카드에 그림을 함께 삽입한다.

- 손을 든 유아에게 먼저 기회를 주고, 대답하지 않는 유아에게도 강요하지 않는 선에서 대답할 기회를 준다.
</td>
</tr>
</table>

	C : 손으로 X표시 해요./ 고개를 가로 저어요. T : 오늘은 다 같이 ○○이가 말한 것처럼 동작을 하면서 말해볼까요? 바다반이 크게 잘 말해주어서 나쁜 사람이 바다반을 만지지 못할 것 같아요.	– 유아가 응급상황에서도 능숙하게 대처할 수 있도록 반복한다.
	5. 역할극 규칙을 정한다. T : 선생님이 우리가 보았던 상황카드로 역할극을 하려고 목걸이를 준비해 왔어요. 바다반 친구들이 앞에 나와서 어른과 어린이 역할을 직접 해보아요. T : 역할극을 하면서 어떤 규칙을 지켜야 할까요? C : 실제로 만지면 기분 나쁘니까, 만지는 척만 해요. C : 앞에 있는 친구들이 부끄러워할 수 있으니까 다른 친구들도 같이 해요. T : 우리 친구들이 말한 것처럼, 앞에 나오지 않은 친구들은 앞에 나온 친구가 잘하고 있는지 지켜봐 주고 우리가 정했던 동작을 같이 해주면 좋겠어요. T : 역할극을 할 때는 꼭 아까 들은 목소리대로 하지 않아도 되고 자유롭게 표현해 보아요.	– 자료) 목걸이 – 일상생활과 관련된 다양한 상황을 가정하여 역할극을 정한다. – 유아가 잘못 이해한 정보는 올바르게 다시 알려준다.
	6. 역할극을 한다. T : 어른 역할을 맡고 싶은 친구 있나요? T : 어린이 역할을 맡고 싶은 친구 있나요? T : 카드 네 가지 중에 역할극을 하고 싶은 카드를 골라보세요. T : △△이는 어른 역할을 어떻게 해볼지 생각해 보고, ○○이는 아까 배웠던 대처 방법을 다시 생각해 봐요. T : 준비되었나요? 그럼 시작해 보도록 해요. T : 똑같은 상황을 다르게 표현하고 싶은 친구들 있나요? T : 다른 상황카드로 역할극을 해봐요.	– 모든 유아가 골고루 역할극에 참여할 수 있는 기회를 마련한다.
마무리	7. 오늘의 활동을 회상한다. T : 앉아 있는 친구들도 동작을 열심히 해주어서 바다반 친구들이 대처를 아주 잘할 수 있을 것 같아요. 오늘 역할극을 한 것처럼 다른 사람이 우리 몸을 만지면 싫다고 말하고 자리를 피해야 해요. 그리고 꼭 누구에게 말해주어야 한다고 했지요? C : 선생님이요./ 부모님이요. T : 만약 다른 사람이 우리 몸을 만지면 오늘 배운 것처럼 행동할 수 있나요?	

	8. 활동을 정리하고 평가한다. T : 오늘 활동하면서, 기억에 남는 부분이 있었나요? T : 오늘 어렵거나 아쉬웠던 부분이 있었나요? 9. 확장활동을 안내한다. T : 그러면 소율이한테 뭐라고 말해주는 것이 좋을까요? T : 선생님이 언어영역에 소율이에게 쓸 편지지를 준비했어요. 소율이에게 편지를 쓰고 싶은 친구들은 오늘 배운 내용을 기억해서 편지를 써보세요.
유의사항	• 유아가 신체접촉의 경계선인 혼란 등을 스스로 느끼고, 구분하는 방법을 알도록 반복 지도한다. • 활동내용을 가정에 공유하여 가정에서도 연계하여 일관되게 지도하도록 안내한다.
관련사진	 

4 약물 및 사이버 중독

1) 약물 및 사이버 중독의 개념 및 필요성

호기심이 많은 발달 특성을 보이는 영유아기에는 손으로 사물을 잡고, 기고, 걸을 수 있는 운동능력이 발달하면서 영유아 관련 약물 사고가 많이 발생한다. 이 시기에는 주변을 탐색하는 과정에서 발견한 것을 무엇이든지 입으로 가져가 빨거나 삼킴으로써 약물사고로 이어지는 경우가 많다. 보통 영유아 손에 닿기 쉬운 곳에 놓여 있는 의약품, 화장품, 세제, 살충제 등이 원인이 되며, 최근에는 납이나 수은 등의 중금속, 에어졸과 같은 분무식 용품 등도 중독사고의 원인으로 보고되고 있다.

약물 및 물질 중독은 가정에서만 발생하는 것이 아니라 영유아교육기관, 놀이터, 공원과 같은 가까운 곳에서도 자주 발생하기 때문에, 가정 이외의 주변 환경에서 일어날 수 있는 안전사고에 대한 교육도 이루어져야 한다. 우선 부모나 교사들이 영유아들에게 발생할 수 있는 약물사고의 원인에 대해 바르게 알아야 하며, 예방할 수 있는 방법을 이해하고 안전한 환경을 제공하기 위해 노력해야 한다.

영유아기에는 아직 신체 장기들이 덜 발달되어 있으므로, 체내에 약이 흡수되고, 퍼지고, 분해되고, 몸 밖으로 빠져나가는 과정이 성인과 차이가 있다. 면역력이나 소화기능이 약하기 때문에, 피부나 소화기를 통한 화학물질 흡수율이 성인보다 빠르고 높아 후유증이 더 심각하다. 한 번의 약물오남용도 영유아에게는 큰 영향을 미칠 수 있기 때문에, 영유아교육기관에서는 적절한 약물 안전교육을 통하여 약물의 올바른 사용방법 및 목적, 약물중독 시 대처방법 등에 대하여 체계적으로 지도하는 것이 중요하다.

또한 최근 영아기부터 스마트폰이나 컴퓨터, 태블릿 PC 등 디지털 미디어에 접근이 용이하기 때문에, 스마트폰 어플리케이션이나 인터넷 영상 및 게임 등 다양한 콘텐츠를 시청하는 것을 주변에서 쉽게 볼 수 있다. 디지털 미디어를 활용하여 양질의 교육내용을 담고 있는 교육용 콘텐츠를 통해 긍정적인 교육효과를 일으킬 수도 있지만, 여과 없이 유해한 정보를 습득하게 되는 계기가 되기도 한다. 또한 부모나 교사가 자신의 여유시간을 확보하기 위해 영유아의 장시간 이용을 방치하는 현상은 경각심을 가져야 할 부분이다.

이렇게 급증하고 있는 영유아의 디지털 미디어 기기 등의 과도한 사용으로 일상생활에 지장이 생기는 사이버 중독은 사회문제로 대두되고 있다. 사이버 중독은 시력저하, 소화장애, 목이나 척추 변형 등의 건강문제뿐 아니라 뇌발달을 포함한 인지발달, 언어발달, 사회성 발달에도 부정적인 영향을 미칠 수 있으며, 극단적으로는 가상적 대인관계 지향성과 같은 정신병리에도 영향을 미치는 것으로 나타나고 있다. 특히 영아가 스마트폰에 과도하게 노출되면 뇌가 정상적으로 발달하지 못하는 것은 물론, 애착을 비롯한 정서적 발달에도 장애가 발생하는 것으로 보고되고 있다. 부모와 교사가 이에 대한 심각성을 깨닫지 못하면 아이가 자라나는 동안 계속 노출이 누적된다는 문제도 있다.

부모와 교사는 먼저 디지털 미디어의 올바른 사용방법에 대하여 숙지하여야 한다. 또한 사이버 중독 예방법을 이해하고, 영유아들이 디지털 미디어에 바르게 접근할 수 있도록 다양한 방식의 교육이 이루어져야 한다.

※ 어린이 중독 사고 사례

최근 3년 동안 열네 살 이하 어린이가 의약품이나 화학제품 등을 삼켜 발생한 사고가 1000건이 넘는 것으로 나타났다. 연령대별로 살펴보면 1살에서 3살 사이의 걸음마기의 사고가 600여 건으로 가장 많고, 6살 이하의 취학 전 유아가 어린이 중독사고의 83%를 차지했다. 중독사고 품목으로는 혈압약과 당뇨약 등의 의약품이 가장 많고, 살충제, 표백제 등이 그 뒤를 이었다. 특히, 어린이들이 빙초산 등을 만져 화상을 입거나 구강청결제 등을 삼켜 복통과 구토를 일으키는 경우도 있다.

출처 : EBS정오뉴스(2015. 5. 5).
http://news.ebs.co.kr/ebsnews/allView/10318898/N

※ 어린이 스마트폰 중독 경향

"한국 어린이, 하루에 3시간 미디어 이용"…WHO 3배

한국언론진흥재단이 지난해 만 3세에서 9세까지의 어린이들의 미디어 이용시간을 조사해봤더니, 185분으로 집계됐습니다. 코로나 직후인 2020년에 비교해서 1시간 40분가량 줄어든 수치입니다.

텔레비전이 72분으로 가장 많았고, 스마트폰과 태블릿 PC가 뒤를 이었습니다. 시간대는 어린이집이나 유치원, 초등학교를 마치고 집에 돌아올 때가 가장 많았습니다. 시청 수단은 연령대에 따라 달라졌습니다. 어린이집과 유치원에 다니는 아동 그리고 초등학교 2학년 때까지는 TV를 더 많이 봤지만, 초등학교 3학년 때부턴 스마트폰이 TV를 따라잡았습니다. 스마트폰을 이용하는 용도는 유튜브 등을 통한 동영상 시청이 70.3%로 가장 많았고, 게임과 정보 찾기 등이 뒤를 이었습니다. 특히 스마트 TV로 EBS 등 방송 채널을 보는 비율보다 유튜브 같은 온라인 동영상을 보는 비율이 더 높았습니다. 전문가들은 한국 어린이들의 미디어 이용 시간은 세계보건기구(WHO)의 권고 기준의 3배가 넘는다며 적극적인 교육을 당부했습니다.

출처 : EBS뉴스(2024. 2. 13).
https://news.ebs.co.kr/ebsnews/allView/60445172/N

2) 약물 및 사이버 중독의 내용

(1) 약물 중독

① 유해물질의 침입경로

가. 소화기를 통한 침입(섭취 중독)

영유아는 성인에 비해 섭취 중독이 많이 발생하는데, 유해물질은 타액이나 그 밖의 소화액에 영향을 주고 주로 장관에서 흡수되며, 흡수속도는 유해물질의 종류에 따라 상당히 다르다.

더구나 소화기로 들어간 유해물질은 위장관에서 산과 알칼리에 의해서 중화되고, 소화액에 의해서 분해되며, 흡수된 것은 일부가 간을 통해 담즙으로 배설된다. 간에서는 유해물질의 산화, 환원, 분해, 포합 등으로 무독화되기도 하지만, 성인보다 간 기능이 미숙한 영유아는 간이나 신장장애를 일으킬 수 있다. 일반적으로 독성은 호흡기로 흡수된 경우보다는 적다.

나. 호흡기를 통한 침입(흡입 중독)

유해물질은 호흡기계를 통하여 들어가는 경우가 가장 많다. 호흡에 의하여 유해물질이 폐포까지 이르게 되면 폐포 내의 모세혈관에 빠르게 흡수되어 전신으로 퍼지게 된다. 호흡기계를 통한 침입은 전신적 장애를 가장 빠르고 심하게 유발하여 소화기 침입의 수 배에서 수십 배까지의 독성을 나타낸다.

다. 피부를 통한 침입

화학물질을 흡수할 수 있는 피부의 면적은 폐포의 표면적보다 훨씬 좁다. 피부를 통한 침입은 주로 독성을 지닌 세제, 유기용제, DDT, BHC, PCB, 유기인제 등의 지용성 물질로 인해 나타나며 피부에서 흡수되어 전신장애를 일으킬 수 있다. 또한 피부에 수포나 궤양 및 화상을 일으켜 국소 피부장애의 원인이 된다.

라. 기타

안구나 점막을 통하여 유해물질이 침입하는 경우도 있다. 안구에서는 거의 흡수가 되지 않지만, 안구에 손상을 입을 수 있다. 점막을 통한 침입은 점막의 국소적 손상을 일으킬 수 있으며, 전신에 퍼져 전신장애를 유발할 수 있다.

② 증상

우선 영유아 주변에 있는 약봉지나 약병, 개방된 세제통 등을 확인하여 중독을 의심할 수 있는 물건이 무엇인지 확인한다. 영유아를 관찰하여 체온, 혈압, 맥박, 호흡, 동공의 크기, 피부, 배뇨 등의 변화와 침 흘림, 식은땀, 구역·구토 등의 증상이 있는지 살펴본다. 중독된 물질의 종류에 따라 증상이 매우 다양하므로 어떤 물질에 의한 것인지 확인하는 것이 중요하다. 영유아가 나타내는 증상에 따른 중독의심 유해물질은 다음 표와 같다.

〈표 4-11〉 중독 시 나타나는 증상

냄 새	중독 물질
아세톤 냄새	이소프로필알코올, 메탄올, 살리실산염(아스피린)
알코올 냄새	에탄올
마늘 냄새	비소, 유기인(살충제)
석유 냄새	가솔린, 석유
눈 증상	**중독 물질**
축소된 동공	마약, 유기인, 독버섯, 수면제
확장된 동공	아트로핀, 알코올, 코카인(자극제), 암페타민(각성제)
눈 떨림	페니토인(항경련제), 수면제, 에탄올, 일산화탄소
눈 물	유기인, 자극 가스
시력장애	메탄올, 보톨리즘, 일산화탄소
피부 증상	**중독 물질**
수 포	헤로인, 암페타민, 수면제

건조하고 더운 피부	항콜린제, 보톨리즘
땀	유기인, 버섯, 아스피린, 코카인
탈 모	탈리움, 비소, 납, 수은
구강 증상	**중독 물질**
침 흘림	유기인, 살리실산염, 부식제
구강 건조	암페타민, 항콜린제, 항히스타민제
화 상	부식제
잇몸의 선	납, 수은, 붕산
잘 삼키지 못함	부식제, 보톨리즘
위장 증상	**중독 물질**
산통(배앓이)	비소, 납, 탈리움, 유기인
설 사	비소, 철, 붕산
변 비	납, 마약, 보톨리즘
토 혈	아미노필린(천식약), 부식제, 철, 살리실산염
심장 증상	**중독 물질**
빠른 맥박	아트로핀, 아스피린, 암페타민, 코카인, 항우울제
느린 맥박	디지털리스(강심제), 마약, 버섯, 유기인
고혈압	암페타민, LSD(환각제), 코카인
저혈압	페노다아아진(항경련제), 수면제, 항우울제
부정맥	암페타민, 비소, 카페인, 일산화탄소, 코카인, 강심제, 항경련제, 항고혈압제, 항우울제
호흡 증상	**중독 물질**
호흡 억제	알코올, 마약
호흡 증가	암페타민, 아스피린
중추신경 증세	**중독 물질**
조화운동 불능	알코올, 항우울제, 수면제, 항콜린제, 항경련제, 마약
혼 수	진정제, 마약, 수면제, 살리실산염, 일산화탄소
과체온	항콜린제, 항부정맥제, 살리실산염, 일산화탄소
근육 이완	유기인

근육 경직	항우울제, 항경련제
경 련	암페타민, 항히스타민, 카페인, 코카인, 일산화탄소, 유기인, 항경련제
이상 감각	코카인, 환각제
이상 행동	LSD, 암페타민, 코카인, 항콜린제

출처 : 안효섭(2007).

③ 유해물질 중독의 관리

가. 유해물질의 제거

빠른 시간 내에 유해물질을 제거해야 하고, 유해물질이 수용성인 경우는 따뜻한 물로 씻는다. 물에 녹지 않는 물질은 알코올이나 비눗물로 헹군다. 눈에 들어간 경우는 적어도 10분 동안 물로 가볍게 세척한다.

나. 흡수의 방지

섭취, 흡입, 피부를 통해 침입한 유해물질을 가능한 한 신속히 제거해야 한다. 섭취했을 경우에는 되도록 빨리 토하게 한다. 유해물질을 먹은 후 1시간 이내에 토하게 하기 위해 토근시럽(ipecac syrup)을 주로 사용한다. 6~12개월의 영아는 10㎖를 먹이고, 1~5세는 15㎖, 이보다 큰 아동은 30㎖를 투여한다. 6개월 미만의 영아, 혼수상태, 경련 중인 환자, 강산이나 강알칼리를 먹은 경우, 출혈소인(혈소판 부족증, 백혈병 등)이 있는 경우에는 토근시럽을 사용하지 않는다.

독물의 흡수를 적게 하는 데에 가장 효과적이고 안전한 것이 활성탄(숯)이다. 영아는 10g, 유아는 20g 정도를 물에 잘 타서 먹인다. 이러한 조치를 취하고 병원에 이송하여 위세척을 받도록 한다.

다. 배설의 촉진

배설 촉진 방법은 주로 강제이뇨법이나 혈액투석, 혈액 관류 등의 수단을 통해 하게 되는데, 주로 병원에서 수행되는 방법이다.

④ 중독 물질에 따른 관리

가. 일산화탄소 및 세제류

- 일산화탄소는 무색, 무취의 유독성 가스인데 주로 화석연료가 불완전연소할 때 발생한다. 연탄을 사용하는 난방기구가 있을 때에는 반드시 방이나 문틈 등으로 가스가 들어오는 곳이 없는지 점검해야 한다.
- 차고 안에서 자동차의 엔진을 켜둔 채 장시간 대기하면 일산화탄소가 증가하기 때문에 폐쇄된 공간에서 자동차의 시동을 걸어둔 채 방치하지 않아야 한다. 일산화탄소는 헤모글로빈 친화력이 산소에 비해 210배 정도 강하여 낮은 농도에서도 산소결합력을 떨어뜨려 생명을 앗아간다.
- 물감이나 페인트, 유리세정제, 제초제, 등유나 알코올 부동액, 표백제 등은 유독성이 있는 제품으로 영유아들의 손이 닿거나 보이는 곳에 보관하지 않는 것이 좋다. 모든 독극물과 약은 별도의 상자에 잠금장치를 설치하여 안전한 곳에 보관하도록 한다.
- 세제는 액체보다 과립 형태로 된 제품, 이보다는 종이 형태로 된 제품을 사용하는 것이 좋다. 세제가 엎질러졌을 때 과립이나 종이 형태로 된 것은 액상으로 된 세제보다 피부에 닿아도 제거하기가 더 쉽기 때문이다. 만약 세제가 쏟아져 피부에 닿았다면, 10~15분 동안 흐르는 물에 씻어내도록 한다.
- 두 가지 이상의 세제를 함께 섞으면 세제에 포함된 성분이 화학반응을 일으켜 위험한 상황이 발생할 수 있다. 예를 들어, 암모니아를 표백제와 함께 섞으면 심한 자극적 가스가 발생한다. 따라서 함부로 세제를 섞지 않도록 주의하며, 만약 세제를 잘못 섞어 유독성 가스가 발생한다면 빨리 신선한 공기가 있는 장소로 대피해야 한다.
- 세제나 약품을 영유아의 손이 닿는 장 속에 보관하지 않아야 하며 반드시 잠금장치를 설치한다.

나. 약물

- 약은 반드시 개봉일자와 유통기한을 기입하고, 유통기한이 없는 약품은 개봉일로부터 3년을 유통기한으로 명기한다. 그리고 영유아가 쉽게 열 수 없는 안전한 용기에 넣어 보관한다.
- 약을 다른 종류의 용기에 보관하지 않아야 하며, 제조한 지 너무 오래됐거나 보관을 잘 하지 못해 색이나 형태가 변한 약은 폐기해야 한다.
- 영유아에게 약은 우리가 아플 때 건강을 회복하기 위해 먹는 것임을 알려주어야 한다.
- 영유아에게 약을 먹이기 전에, 반드시 약의 이름과 적절한 용량 등을 확인하고 처방 및 설명서대로 정확하게 먹인다.
- 약의 설명서를 잘 보관해 둔다.
- 영유아가 약물이나 독극물을 섭취했을 때에는, 가능한 한 신속하게 전문가의 도움을 받아야 한다.
- 사고가 발생했을 때를 대비하여 구토를 도와주는 토근시럽(ipecac syrup)이나 장을 비울 때 사용되는 사리염(epson salts)을 준비해 놓는다. 그러나 마신 물질에 따라 토하는 것이 더 위험한 경우도 있기 때문에, 무조건 토하게 해서는 안 된다. 토하는 방법 이외에 물이나 우유를 마시게 하여 독성 물질을 희석시키는 방법도 있다. 따라서 집 안에 구토제를 상비하되, 반드시 전문가의 지시에 따라 사용하도록 한다.
  - 토하게 하는 것이 좋은 것 : 담배, 약, 술, 세제, 화장수, 나프탈렌 등
  - 토하게 하는 것이 위험한 것 : 석유, 농약, 벤젠(신속하게 위세척을 받는다) 등

다. 납 중독

- 페인트는 납 중독을 일으킬 수 있는 가장 위험한 물질이라고 할 수 있다. 영유아의 생활공간이나 놀잇감 등에 사용하는 페인트는 납 성분이 없는

것으로 선택해야 한다. 가정이나 영유아교육기관 내 벽면 혹은 놀이기구나 장난감의 벗겨진 페인트 부스러기가 바닥에 떨어져 있으면, 영유아가 페인트 조각을 입에 넣거나 씹을 수 있기 때문에 매우 위험하다.

- 정기적으로 수질을 검사하여 마시는 물속에 납이 포함되어 있는지를 조사하고, 상수도 배관의 노후 정도를 고려하여 배관을 동관으로 교체한다.
- 오래된 페인트칠이 된 건물이나 교통체증이 심한 도로 가까이에서는 놀지 않도록 한다.
- 일반적으로 깡통은 납땜이 되어 있으며, 착색된 플라스틱 용기에도 납이 포함되어 있다. 따라서 음식을 깡통에 넣은 채 재가열하지 않아야 하며, 통조림 식품을 개봉한 후에 남은 음식을 깡통 속에 그대로 두지 않는다. 반드시 유리나 플라스틱 용기에 옮겨 담는다.
- 크리스탈 컵에 산의 성분이 포함된 오렌지 주스나 토마토 주스 등을 담으면 납 성분이 스며들 위험이 있다.
- 담배연기, 공장연기, 납이 함유된 살충제에 영유아가 노출되지 않도록 한다.

(2) 사이버 중독

현대사회는 디지털 미디어의 홍수로 영유아들은 하루 중 많은 시간을 디지털 미디어 기기와 함께 보내고 있고, 이러한 경험은 영유아에게 막대한 영향력을 미치고 있으나 이에 대한 역기능 또한 간과할 수 없다.

최근 영유아의 놀이문화가 빠르게 변화하고 있다. 또래들과 함께하는 놀이가 주를 이루었던 놀이문화는 혼자 디지털 미디어를 보며 몰입하는 경향으로 바뀌고 있고, 심지어 부모와 접촉하는 시간도 감소하고 있는 것으로 분석되고 있다.

이에 따른 역기능으로 디지털 미디어 과의존에 따른 디지털 격리증후군, 팝콘브레인, 거북목 증후군, 스마트폰 블루라이트로 인한 수면장애, 유아스마트폰 증후군 등의 현상이 일어나고 있다.

그러나 많은 부모와 교사들은 문제의 심각성은 인식하고 있는 반면, 실제적 예방방안을 마련하지 못하고 있는 실정이다. 현재 대부분의 부모와 교사들은 영유아가 컴퓨터나 스마트폰으로 게임을 즐기는 시간을 금지한다든지, 강제로 뺏는 등 물리적인 통제방법을 주로 사용하고 있다. 하지만 이는 장기적인 효과를 기대할 수 없으므로, 좀 더 체계적인 교육방법을 모색해야 한다.

① TV

TV는 현대사회 영유아의 일상생활을 지배하는 매우 중요한 환경이며, 영유아가 쉽게 접근할 수 있고 오락성이 높아 많은 시간을 그 앞에서 보내므로 영향력이 매우 크다. 또한 영유아는 모방심리와 상상력이 강하기 때문에 TV 시청을 통해 사물에 대한 개인이 태도를 바꾸거나 특정 행동을 하기 쉽다. 질 좋은 교육 프로그램은 영유아가 경험하기 힘든 세계에 대한 경험을 제공하고, 친사회적 행동을 강화할 수 있는 장점도 있으나, 장시간의 TV 시청은 영유아의 건전하고 활동적인 여가와 교육활동을 방해할 수도 있다. 그뿐만 아니라 폭력성과 잔인성이 있는 장면은 영유아의 공격성을 강화하며, 불안증이나 공포반응을 일으킬 수도 있다. 영유아가 혼자 TV를 장시간 시청하는 경우, TV 시청 중독증이 나타날 수 있으며, 타인에게는 무관심한 유사자폐나 언어지체를 보일 수도 있다.

가. TV 시청방법

- 화면을 너무 가까이서 보지 않도록 거리를 조정하여 시청하도록 한다.
- 화면을 15° 정도 내려다보는 것이 좋다.
- 좌우 시청 각도는 60~90° 이내가 되도록 한다.
- 일상적인 조명 아래에서 시청하며, 빛이 정면에서 비추는 장소에서 시청하지 않는다.

나. TV 시청지도

- 영유아와 함께 TV 시청 지침을 만들고, 사용약속을 반드시 지키도록 한다.
- 특별한 목적 없이 TV를 켜거나 사용하지 않는다.
- 부모나 교사가 영유아와 함께 시청한다.
- TV를 볼 때 식사나 간식을 먹지 않는 것이 좋다.
- 프로그램 방영 내용에 대하여 영유아와 함께 이야기한다.
- TV 시청 태도에 있어서 부모나 교사 자신이 좋은 모델이 된다.

② 컴퓨터와 인터넷

컴퓨터 게임은 그 특성상 공격적인 본능이나 경쟁심을 거리낌 없이 표현하게 하기 때문에, 영유아의 폭력성과 공격성을 증가시키는 큰 요인으로 지적되고 있다. 영유아는 '정보의 바다'라고 불리는 인터넷으로 인해 통제되지 않는 불확실한 정보와 건전하지 못한 불법 콘텐츠 등을 무분별하게 접하게 된다. 이런 무분별한 정보들을 영유아들이 통제력 없이 받아들일 경우, 정신적 갈등과 정보들로 인한 피해를 경험하기도 한다.

특히 판단력과 자기조절능력이 부족한 영유아의 경우 이런 사이버 공간에 무방비하게 노출될 가능성이 크다. 따라서 영유아가 사이버 중독에 스스로 대처할 수 있는 능력을 키워 나가는 것이 필수적이라고 할 수 있다.

가. 컴퓨터의 안전 설치 및 사용

■ 모니터

- 모니터는 눈과 45~75cm 정도 거리를 두어야 하며, 눈이 20° 이내의 각도로 아래 방향을 향하도록 낮은 높이로 놓는다.
- 전자파로 인한 영향을 줄이기 위해, 모니터 시청 시 1.2m 정도 거리를 유지하는 것이 좋다.
- 손과 어깨는 긴장을 풀고, 의자에 등을 기댄다.

■ 컴퓨터 테이블과 의자

- 컴퓨터를 사용할 때 발이 바닥에 닿도록 의자 높이를 살피고, 무릎을 90° 로 굽혀 아래로 내린 상태에서 등을 곧게 폈을 때 등이 등받이에 닿지 않는다면 베개, 상자, 두꺼운 책을 이용해 의자가 영유아에게 맞도록 조절한다.
- 엉덩이는 척추와 수직(90~100° 정도)이 되도록 한다.

■ 키보드

- 키보드 사용 시 가슴이나 어깨가 아니라, 복부가 닿을 수 있는 높이여야 한다.
- 타이핑 시 손목이 너무 구부러지면 손가락에 무리가 가고, 시간이 오래 경과하면 손목이 상할 수 있다.

■ 마우스

- 마우스를 사용할 때는 가볍게 쥐고, 클릭할 때도 버튼을 가볍게 클릭하도록 지도한다.

■ 영유아교육기관에서의 컴퓨터 영역 설치 및 배열

- 컴퓨터를 사용하면서 시선만 옮기면 다른 영역을 볼 수 있도록 개방적인 공간을 활용하는 것이 좋다.
- 컴퓨터 영역은 읽기 영역과 같은 조용한 영역과는 떨어져 있는 것이 좋다. 단, 헤드셋을 사용하는 경우에는 조용한 영역과 연계하여 배치하여도 좋다.
- 1대의 컴퓨터에 2~3개의 의자를 놓아, 여러 명의 영유아가 함께 상호작용하며 사용할 수 있도록 구성한다.

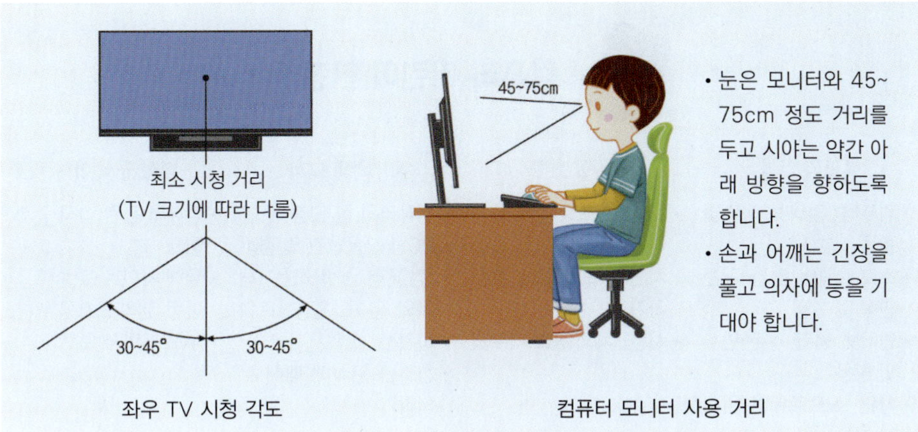

| 그림 4-10 | TV 및 컴퓨터 모니터 시청 자세

나. 컴퓨터와 인터넷 안전교육

영유아가 컴퓨터와 인터넷을 바람직하게 활용할 수 있도록 교사는 다음과 같은 역할을 할 수 있다.

- 교사는 컴퓨터와의 다양한 경험을 통해 컴퓨터 활동을 놀이 활동의 하나로 즐겁게 상호작용할 수 있는 방법을 제시해야 한다.
- 영유아들에게 내재적 동기유발을 향상시키고, 발달적·문화적·지식적으로 적합한 소프트웨어를 선택하여 제공해야 한다.
- 컴퓨터 소프트웨어를 현 교육과정에 통합시키는 데 있어서, 창의적이고 계획적인 구성을 해야 한다.

컴퓨터 어린이 안전

부모의 인식	지킴이 활동	자녀와의 대화	법적 규제 이해
• 컴퓨터/ 인터넷 인식 및 활용 • 소프트웨어 평가 기준 인식 및 활용 • 인터넷 평가 기준 인식 및 활용 • 차단 소프트웨어 인식 및 활용	• 차단 소프트웨어 설치하기 • 차단 소프트웨어 추천하기 • 시민단체와 정보 나누기	• 컴퓨터의 장·단점 • PC방 사용시간 및 경비 • '컴퓨터 놀이하는 해야와 달이' 활용-토의하기 • 청소년 문화에 대해 토의하기	• 컴퓨터 관련 법적 규제 이해 • 유해 사이트 고발 • 아동, 권리 보호를 위한 부모 동의서 요구

| 그림 4-11 | 컴퓨터 어린이 안전교육 모형

출처 : 한국어린이미디어교육연구소 홈페이지.

또한 인터넷상에서의 안전을 위해 영유아에게 지도해야 할 내용은 다음과 같다.

- 온라인상에서 개인에 대한 정보를 제공하지 않도록 지도한다. 온라인상에서는 영유아의 진짜 이름이 아닌 별명을 지어 사용하도록 한다.
- 온라인상으로 사람들이 요구하는 말을 모두 믿지 않도록 지도한다.
- 가끔 인터넷 사용 시 다른 사이트로 끊임없이 연결되어 영유아들에게 유해한 사이트에 노출되는데, 이런 경우 그곳을 빠져 나온 후 어른들과 이야기를 나눌 수 있도록 한다.
- 온라인상에서 많은 것을 배울 수 있지만, 확실한 정보가 아닐 수도 있다는 것을 지도한다.
- 모든 콘텐츠는 정당한 대가를 지불하고 다운받도록 지도하며, 불법적인 콘텐츠를 다운받지 않는다.

• 부적절하고 공격적인 언어는 사람들의 감정을 상하게 하므로, 인터넷상에서도 사용하지 않는다.

③ 스마트폰

영유아의 스마트폰 사용은 양육환경과 밀접한 관계가 있다. 영유아는 주로 양육자의 스마트폰을 사용하는 경우가 많기 때문에, 양육자의 스마트폰 사용 습관이나 자녀의 스마트폰 사용에 대한 태도에 따라 영유아의 스마트폰 사용 습관이 형성될 가능성이 많다. 영유아들의 스마트폰 중독원인을 살펴보면, 영유아 기질, 부모의 인터넷 중독, 영유아의 공격성, 가족형태 등에 따라 스마트폰 사용능력의 능숙도, 자극추구 및 위험회피 정도가 영향을 받는 것으로 나타났다. 특히 주양육자인 어머니의 양육환경과 스마트폰 사용습관의 영향을 받는 것으로 나타났는데, 어머니의 스마트폰 중독에 대한 자기인식과 자기절제가 자녀들의 스마트폰 중독예방에 대한 인식을 갖게 하는 효과가 있는 것으로 나타났다(조메리명희·현은자, 2014). 따라서 가정에서의 스마트폰 중독예방에 대한 주양육자 대상 부모교육이 매우 중요하다는 것을 알 수 있다.

스마트폰 중독을 구체적으로 살펴보면, 일방적이고 반복적인 자극에 장시간 노출되면 좌·우 뇌 균형이 깨지게 되는 것으로 알려져 있다. 초기에는 주의가 산만하거나, 한 가지 행동이나 물건에 집착하는 행동, 또래보다 말이 늦는 등의 증상으로 나타나지만, 계속 진행될 경우 ADHD(주의력결핍 과잉행동장애), 틱장애, 발달장애 등 유아스마트폰 증후군의 위험성이 대두되고 있는 현실이다. 이에 최근 영유아교육기관에서는 올바른 스마트폰의 사용법, 스마트폰 중독에 대한 이해 등에 대한 안전교육의 필요성이 증가하였으며, 사이버 중독 관련 안전교육을 실시하기 시작하였다. 단순한 시청각 교육보다는 이야기 나누기, 동요 및 동시 연계 활동, 스마트폰 증후군 예방체조, 캠페인 활동, 토론, 역할극 등 다양한 활동유형으로 반복적인 교육을 하는 것이 효과적인 것으로 나타났다.

가. 스마트폰 사용

유아 부모용 스마트미디어 중독예방 가이드라인

▷ 스마트미디어를 지나치게 사용하는 우리 아이!
IT 신동이 아니라 미디어중독자가 될 수 있습니다.

▷ 아이가 스마트미디어를 달라고 보채고 있나요?
자녀의 스마트미디어 사용습관은 부모 하기 나름입니다.
한 달만 노력해 보세요.

▷ 아이가 스마트미디어를 사용할 때는 반드시 부모님이 함께 해주세요.
스마트미디어는 부모와 자녀가 상호작용하는 도구로 활용되어야 합니다.

▷ 최대한 스마트미디어를 접하는 시기를 늦추어 주세요.
따뜻한 대인관계를 통해 아이의 지능과 정서가 충분히 발달할 수 있도록 보호가 필요합니다.

▷ 가정에서 스마트미디어가 허용되는 장소와 시간을 정해주세요.
거실 등 열린 공간에서 보호자와 함께 1회 20분 미만으로 스마트미디어를 사용하는 등 우리 가정만의 규칙을 정합니다.

▷ 아이 스스로 스마트미디어 사용을 끝낼 수 있도록 도와주세요.
사소한 행동이지만 스스로 사용을 끝내는 행동을 통해 아이는 조절능력을 기르고 성취감을 느낄 수 있습니다.

▷ 스마트미디어를 지나치게 사용하면 위험하다는 것을 아이에게 가르쳐 주세요.

▷ 아이와 스마트미디어 사용시간을 정할 때는 아이의 연령과 수준을 고려해서
"30분까지만 하자"보다는 "한 번(게임)만 더 하자"라고 구체적으로 약속해 주세요.

▷ 스마트미디어를 끄고 나면 아이가 좋아하는 활동이나 재미있는 놀이를 부모님과 함께 하도록 해주세요.

▷ 부모님의 스마트미디어 사용습관! 아이들이 그대로 따라 합니다.

출처 : 한국정보화진흥원(2013).

나. 스마트폰 안전교육

| 그림 4-12 | 스마트폰 안전교육 내용

출처 : 학교안전 정보센터(2016).

교사는 영유아가 올바르게 스마트폰을 활용할 수 있도록 다음과 같은 역할을 할 수 있다.

- 교사는 우선 스마트폰을 활용하여 교육적 효과가 일어날 수 있는 활동을 구성하려고 노력해야 한다.
- 스마트폰 과의존 예방을 위한 전문강사 연계 프로그램, 관련 뮤지컬 및 인형극, 스마트폰 사용관리 어플리케이션 이용 등 다양한 접근을 해야 한다.
- 영유아에게 유아스마트폰 증후군을 방지할 수 있도록 예방교육을 실시하여야 한다.

〈표 4-12〉 안전교육 7대 표준안 약물 및 사이버 중독 내용 체계표

<table>
<tr><th>중분류</th><th>소분류</th><th>주요 내용</th></tr>
<tr><td rowspan="4">약물 중독</td><td>마약 등 약물류 폐해 및 예방</td><td>• 약물의 이해와 올바른 복용 방법 알아보기
• 약물 오남용의 문제점 알아보기
• 약물의 보관과 폐기 방법 알아보기</td></tr>
<tr><td>흡연 폐해 및 예방</td><td>• 담배 속 해로운 성분 알아보기
• 간접흡연의 문제점 알아보기
• 담배가 우리 몸에 미치는 부정적인 영향 알아보기</td></tr>
<tr><td>음주 폐해 및 예방</td><td>• 술의 특성 이해하기
• 술이 미치는 부정적인 영향 알아보기
• 음주운전의 위험성 알아보기</td></tr>
<tr><td>고카페인식품 폐해 및 예방</td><td>• 카페인이 들어있는 식품 알아보기
• 고카페인이 미치는 부정적인 영향 알아보기
• 카페인 섭취를 줄이기 위한 생활습관 알아보기</td></tr>
<tr><td rowspan="2">사이버 중독</td><td>인터넷게임 중독 예방</td><td>• 나의 인터넷 사용 습관 알아보기
• 인터넷게임 중독 예방하기
• 건전한 인터넷게임 사용 습관 알아보기</td></tr>
<tr><td>스마트폰 중독 예방</td><td>• 나의 스마트폰 사용 습관 알아보기
• 스마트폰 중독 예방하기
• 스마트폰의 올바른 사용 습관 알아보기</td></tr>
</table>

출처 : 교육부(2023).

생각해 봅시다

Q1 유아가 스마트폰, 태블릿 PC 등의 기기를 바르게 사용하기 위한 활동을 간략하게 계획하여 보시오. 또한 그 활동에 사용할 교구는 어떤 것이 좋을지 생각해 보시오.

Q2 다음 내용에서 김 교사의 음주와 건강에 대한 안전교육이 잘못된 점을 지적하고, 교육 시 고려할 점을 논하시오.

김 교사는 음주와 건강에 대한 주제로 안전교육을 하던 중 "술은 먹으면 몸에 해로우므로 먹으면 안 된다", "술을 먹는 것은 나쁜 행동이다"라고 말하였다. 이러한 내용을 듣던 몇몇 유아들이 술을 먹는 부모의 모습이 생각나 부모님의 건강을 걱정해, 부모님이 나쁜 사람이라 생각하여 울음을 터뜨렸다.

3) 약물 및 사이버 중독 예방 실제

〈약물 및 사이버 중독(약물) 활동계획안 예시〉

<table>
<tr><td>활동명</td><td colspan="4">어른이 주는 약만 먹어요.</td></tr>
<tr><td>주제</td><td colspan="2">약물 오 · 남용</td><td>활동시간</td><td>20분</td></tr>
<tr><td>활동유형</td><td colspan="2">이야기 나누기</td><td>대상연령</td><td>3세</td></tr>
<tr><td>활동목표</td><td colspan="4">• 혼자서 약을 먹지 않아야 함을 안다.
• 약을 올바른 방법으로 복용한다.</td></tr>
<tr><td>활동자료</td><td colspan="4">• 투명한 영유아용 약병(100cc) 4개, 영유아용 시럽, 물, 간장, 식초</td></tr>
<tr><td>활동방법</td><td colspan="3">내 용</td><td>자료 및 유의점</td></tr>
<tr><td>도입</td><td colspan="3">1. 투명한 영유아용 약병(100cc)을 보여주며 주의집중을 한다.
T : (약병을 제시하며) 선생님이 여러 가지 약이 들어 있는 약병을 가지고 왔어요.
T : 이 안에는 무엇이 들어있을까요?

2. 활동을 소개한다.
T : 오늘은 약을 바르게 먹는 방법에 대해 이야기 나눠보도록 해요.</td><td>– 자료) 투명한 영유아용 약병 (100cc) 4개</td></tr>
<tr><td>전개</td><td colspan="3">3. 유아들과 약병 안에 들어있는 것에 대해 이야기 나누며 후각 및 미각, 시각을 이용하여 활동한다.
T : 너희들이 말한 것처럼 약병 안에는 약이 들어 있지요.
T : 그런데 그렇지 않은 병도 있대요.
T : 선생님이 가져온 약병 안의 약들의 냄새를 맡아 볼까요?
C : 달콤한 냄새가 나요./ 이상한 냄새가 나요!
T : 달콤한 냄새가 나는 것(영유아용 시럽), 아무 냄새도 안 나는 것(물), 짠 냄새가 나는 것(간장), 시큼한 냄새가 나는 것(식초) 등 여러 가지 냄새가 나지요?
T : 조금만 맛을 볼까요?
T : 색깔도 보세요. 어떤 색인가요?
C : 분홍색, 투명색, 검정색, 연노란색이요.

4. 약병에 들어있는 내용물이 무엇이었는지 알려주고, 영아들이 혼자서 약병의 약을 먹지 않도록 약속한다.
T : 약병에 무엇이 들어있었을까요? 함께 무엇이었는지 찾아볼까요?
C : 물이요./ 간장이요./ 아! 시어요.</td><td>– 자료) 영유아용 시럽, 물, 간장, 식초가 담긴 약병

– 만약 실제 약을 제시할 경우 먹지 않도록 열리지 않는 용기에 넣어 제시한다.

– 냄새를 맡을 때 직접적으로 맡지 않고 손을 휘저어 맡도록 한다.</td></tr>
</table>

<table>
<tr>
<td></td>
<td>T : 우리가 먹는 진짜 약, 물, 간장, 식초였네요.
T : 그럼 약병에 들어있다고 다 먹어도 되는 것이었나요?
C : 먹으면 안 되는 것도 있어요.
C : 아니에요. 약병에 들어있는 것은 약이 아닐 수도 있어요.
T : 그럼 약은 어떻게 먹어야 할까요?
C : 엄마가 주시면 먹어요.
T : 엄마, 아빠가 주시는 약을 정해진 용량과 용법에 따라 먹어야 해요.
T : 친구들은 혼자서 약을 먹지 않기로 약속할 수 있죠?</td>
<td>– 맛을 볼 때는 소량의 맛을 볼 수 있도록 면봉 등을 사용한다.</td>
</tr>
<tr>
<td>마무리</td>
<td>5. 활동을 회상한다.
T : 오늘 선생님과 이야기 나누기 한 내용 기억나나요?
C : 약은 혼자 먹지 않아요./ 너무 많이 먹으면 안 되는데.../ 의사 선생님이 먹으라는 만큼만 먹어요.
T : 그래요. 그리고 선생님이 너희들이 집에서 약을 가져올 때마다 가방 속에 넣어오는 종이를 가져왔어요. 무슨 종이인지 아나요?
T : 투약의뢰서예요. 엄마, 아빠가 "우리 ★★이 약 한 숟가락 먹여주세요. 이만큼 먹여주세요. 언제 먹여주세요"라고 쓴 종이예요. 이 종이를 보고 선생님이 우리 반 친구들에게 약을 먹이는 거예요. 앞으로도 선생님과 함께 집에서 써온 투약의뢰서 종이를 읽어보고 약을 먹도록 해요.

6. 확장활동을 소개한다.
T : 약을 간식으로 생각하고, 비타민을 많이 먹고 오줌이 노랗게 나와서 놀란 아픔이 동화를 들려주도록 할게요.</td>
<td>– 투약의뢰서를 통해 부모님이 먹여 달라고 부탁한 약만 먹인다는 것을 함께 설명한다.</td>
</tr>
<tr>
<td>유의사항</td>
<td colspan="2">• 가정과 연계를 위해 부모님께 집에서도 정해진 복용방법과 시간에 먹도록 안내한다.
• 실물 약품을 보여주면서 교육을 하면 좋으나, 유아가 호기심으로 인해 복용하거나 만질 수 있고 위험할 수도 있으므로 주의를 기울인다.</td>
</tr>
<tr>
<td>관련사진</td>
<td colspan="2"> </td>
</tr>
</table>

〈약물 및 사이버 중독(사이버) 활동계획안 예시〉

<table>
<tr><th>활동명</th><td colspan="3">스마트폰 안전 수칙</td></tr>
<tr><th>주제</th><td>사이버 중독, 미디어 안전</td><th>활동시간</th><td>20분</td></tr>
<tr><th>활동유형</th><td>이야기 나누기</td><th>대상연령</th><td>5세</td></tr>
<tr><th>활동목표</th><td colspan="3">• 스마트폰의 장점과 단점에 대해 안다.
• 올바른 방법으로 스마트폰을 사용할 수 있다.</td></tr>
<tr><th>활동자료</th><td colspan="3">• 손인형, 스마트폰, 안전수칙 판, 보드마커, 가사가 없는 멜로디 파일</td></tr>
<tr><th>활동방법</th><th colspan="2">내 용</th><th>자료 및 유의점</th></tr>
<tr><th>도입</th><td colspan="2">1. 손인형이 나와 이야기를 들려준다.
T : 우리 반에 이야기를 들려주려고 푸름이라는 친구가 찾아왔대요. 친구가 어떤 이야기를 하는지 잘 들어줄 수 있나요?
T : 그럼 우리 다 같이 친구를 불러보도록 할까요?

〈이야기 내용〉
안녕. 친구들! 만나서 반가워. 너희들을 만났으니까 내가 퀴즈를 하나 내줄게. (안경을 쓰지 않은 손인형 사진을 보여주며) 이건 내 예전 사진인데, 이 사진 속 내 모습과 지금 내 모습에서 어떤 점이 다른 것 같니? 그래. 안경을 쓰고 있어. 며칠 전 눈앞이 잘 보이지 않는 것 같기도 해서 엄마와 함께 안과에 다녀왔단다. 의사 선생님이 하시는 말씀이 아주 좋지 않은 상태는 아니지만, 그래도 책이나 스마트폰을 너무 가까이서 보면 이렇게 눈이 나빠질 수 있다고 말씀하셨어. 처음에는 안경을 쓰는 것이 너무나도 신기하고 재미있었지만, 시간이 흐르고 보니 뛸 때에도 불편하고 넘어질 때 안경이 망가질까 봐 불안하기도 해. ㅇㅇ반 친구들 중에서도 나처럼 벌써 안경을 쓴 친구가 있니?

T : 얘들아, 우리 반에 찾아온 푸름이의 이야기를 잘 들어보았나요? 그래요. 우리 반에도 푸름이처럼 안경을 쓴 친구들이 있지요. 또 우리 반 안에 있는 사람들 중에 우리 반 친구들 말고 안경을 쓴 사람이 누가 있지요?
T : 선생님도 푸름이처럼 어렸을 때부터 눈이 좋지 않아서 안경을 썼는데 불편한 점이 많았어요.
T : 푸름이의 기분은 지금 어떨까요?
T : 그래요. 푸름이에게 어떤 일이 생겼나요?
C : 눈이 나빠져서 안과에 다녀왔어요./ 눈이 나빠져서 안경을 썼어요.</td><td>– 자료) 안경을 쓴 손인형, 안경을 쓰지 않은 손인형 사진</td></tr>
</table>

	T : 그래요. 모두 푸름이 이야기를 귀 기울여서 잘 들었군요. 그런데 푸름이의 눈이 나빠진 이유는 무엇일까요? C : 책을 너무 가까이서 봤어요./ 스마트폰을 가까이서 봤어요. T : 그래요. 책과 스마트폰을 가까이에서 보아서 안경을 쓰게 됐어요.	- 안경을 쓴 유아가 의기소침해지지 않도록 주의 깊게 관찰한다.
전개	2. 스마트폰을 사용해 본 경험에 대해 이야기 나눈다. T : 오늘 선생님이 한 물건을 가지고 왔어요. 어떤 물건인지 볼까요? T : 그래요. 잘 알고 있군요. 그럼 우리 친구들은 스마트폰을 사용해 본 적이 있나요? 손을 들고 언제 스마트폰을 사용해 봤는지 이야기해 줄 친구 있나요? T : 그래요. 스마트폰으로 여러 가지 재미있는 것들을 해봤군요. 3. 스마트폰이 우리에게 주는 고마운 점에 대해 이야기 나누기를 한다. T : 그럼 스마트폰을 사용하면 무엇이 편리할까요? T : OO이가 말한 말처럼 스마트폰을 사용하면 다른 사람과 얼굴을 보며 통화를 할 수도 있고, 재미있는 동영상을 함께 볼 수도 있을 것 같아요. OO이가 말한 것처럼 내가 좋아하는 동요도 들을 수 있어요. 4. 스마트폰을 사용할 때 주의할 점에 대해 이야기 나누기를 나눈다. T : 그래요. 여러 친구들이 말해준 것처럼 스마트폰을 사용하면 여러 가지 재밌고 편리한 점들이 있어요. 그런데 스마트폰을 사용할 때 주의해야 할 점이 있을까요? C : 가까이서 보지 않아요./ 오랫동안 사용하지 않아요. T : 스마트폰을 오랜 시간 사용하면 우리 몸이 어떻게 변할까요? T : 눈이 나빠지고, 목이나 어깨가 쿡쿡 아프지 않기 위해서는 어떻게 해야 할까요? 5. 스마트폰 안전수칙을 만들어 본다. T : 우리 친구들이 여러 가지 주의점들을 알고 있구나. 그래서 선생님이 이 판을 준비해 왔어요. 이 판에 제목이 뭐라고 쓰여있는지 함께 읽어볼까요? C : 스마트폰 안전수칙. T : 그래요. 스마트폰 안전수칙. 스마트폰을 사용할 때 주의해야 할 점들을 이 판에 함께 적어보도록 해요.	- 역기능만 강조하여 통제하는 것이 아니라 순기능과 역기능에 대해 정확하게 인식하도록 알려준다. - 유아 스스로 역기능에 대한 부정적 영향을 예측할 수 있도록 한다. - 자료) 안전수칙판, 보드마커 - 글자를 모르는 유아의 이해를 위해 그림과 함께 안전수칙판을 완성한다.

	〈안전수칙판 내용 예시〉 예시 1) 스마트폰을 하는 시간을 정하고 사용한다. 예시 2) 스마트폰을 켤 때는 부모님의 허락을 받는다. 예시 3) 스마트폰을 끌 때에는 끄기로 약속한 시간을 지킨다. 예시 4) 허리를 세우고 바른 자세로 본다. 6. 정한 안전수칙으로 노래 지어 불러본다. T : 자, 그럼 우리가 함께 스마트폰 안전수칙을 완성해 보았어요. 그럼 이 안전수칙을 가지고 지난번에 동시를 노래로 부른 것처럼 우리가 노래를 만들어 불러보는 게 어떨까요?	– 자료) 가사가 없는 멜로디 노래 파일
마무리	7. 활동을 마무리하며 평가한다. T : 얘들아, 오늘 우리 스마트폰에 대해 알아보고 안전수칙도 정해보았어요. 오늘 함께 활동을 하면서 새롭게 알게 된 사실이 있나요? C : 스마트폰을 바르게 사용하는 방법에 대해 알게 됐어요. T : 그래요. 우리 푸른하늘반 친구들, 모두 오늘 우리가 정한 안전수칙을 집에 가서도 잘 지킬 수 있나요? 8. 확장활동을 안내한다. T : 유희실에 가서 스마트폰을 사용한 후 할 수 있는 스트레칭을 해보도록 해요.	– 가정과 연계하여 지도한다.
유의사항	• 디지털 미디어 사용을 무조건 금지하거나 통제하는 것이 아니라, 유아 스스로 부정적 영향을 예측하고 이에 대처할 수 있도록 다양한 대안을 제시할 수 있는 예방적 교육을 한다. • 습관처럼 스마트폰을 사용하는 것과 능동적으로 계획하고 사용하는 것에는 차이가 있음을 알고, 유아가 이러한 차이에 대해 인식하고 스스로 스마트폰을 활용하도록 지도한다.	
관련사진		

5 재난 안전

1) 재난 안전의 개념 및 필요성

재난은 사회현상으로 인한 폭발 및 붕괴 등뿐만 아니라 자연현상으로 인한 홍수, 황사, 지진, 태풍, 폭염, 눈사태, 산불 등을 포함한다. 이러한 재해는 발생률이 높지 않더라도 그 피해의 정도가 심각해 엄청난 피해와 고통을 주기도 한다. 발생하는 사회재난과 자연재난을 모두 다 막을 수는 없지만 영유아기부터 평소에 철저히 대비하고, 사고재해 발생 시 신속하고 적절하게 대처할 수 있는 방법에 대해 교육을 실시하여 피해를 줄이도록 하는 것이 중요하다.

※ 교육기관 화재 사건

서울교육청은 C초등학교 화재로 인해 오는 27일부터 이틀 동안 휴업에 들어가며, 방과 후 학교와 돌봄교실은 29일까지 하루 더 쉰다고 밝혔다. 화재 당시 학교 안에는 방과후 학교 수업을 듣던 학생 116명과 병설유치원 원생 12명, 유·초등 교사 30명 등 모두 158명이 있었다. 그러나 긴급히 대피해 피해가 크지는 않았다고 한다.

출처 : 조선일보(2019. 6. 26).
http://news.chosun.com/site/data/html_dir/2019/06/26/2019062603477.html?utm_source=naver&utm_medium=original&utm_campaign=news

※ 미세먼지 수준

초미세먼지, 세계에서 10개국만 '좋음' … 한국은 더 안 좋아져

한국도 지난해 초미세먼지가 19.2㎍/㎥를 기록해 전년보다 5% 늘어났다. 이는 세계보건기구 권장 기준보다 4배 가까이 높은 것이다. 서울과 부산, 대구, 인천, 울산 등 대부분의 도시에서 대기질이 떨어졌으며, 대도시 중엔 대전이 유일하게 초미세농도가 낮아져 대기질이 개선됐다. 보고서는 또 봄철 황사를 한국의 대기질을 악화시키는 요인 중 하나로 꼽았고, 기후변화로 고비사막이 넓어지고 있는 점이 도전 과제가 되고 있다고 경고했다. 이밖에 국내에 있는 석탄화력발전소 57곳도 주요 오염원이라고 지적했다. 보고서는 또 한국 대기의 외부 오염원으로 중국뿐 아니라 북한도 꼽았다.

출처 : 한겨레(2024. 3. 21).
https://www.hani.co.kr/arti/international/international_general/1133084.html

2) 재난 안전의 내용

(1) 화재

화재란 불로 인한 재난으로, 불은 우리 생활에 없어서는 안 되지만 부주의하게 사용하면 순식간에 엄청난 재난을 가져다준다. 따라서 영유아기부터 화재가 발생하지 않도록 예방하고, 화재에 대처하는 방법을 교육하여야 한다. 특히 영유아기는 발달 특성상 위험상황에서 대처할 수 있는 능력이 부족하기 때문에 경미한 화재사고에도 매우 치명적인 피해를 입거나 후유증이 크다.

화재 안전교육은 화재가 발생하지 않도록 예방하는 차원과 화재가 발생했을 때 대처하는 차원으로 나눌 수 있다. 영유아교육기관에서는 이 두 가지 차원을 모두 고려하여 교육함으로써 영유아들이 화재에 대비할 수 있도록 해야 한다.

영유아 화재 안전교육은 화재의 원인과 예방법, 화재 시 적절한 대처 방법, 화상의 원인과 예방에 대한 지식, 기술, 태도를 형성할 수 있도록 돕는 교육으로 정의된다(김계자, 2008; 김현자·신지현, 2009; 이기숙 외, 2011).

① 화재의 종류와 그에 따른 예방

화재의 유형은 무엇이 타는가에 따라 나누어진다. 연료가 무엇이냐에 따라 구분되는데, 이는 불을 끄는 방법과 직접적인 관계가 있기 때문이다(한국소방방재청, 2008; Bever, 1984; Marotz, et al., 1989). 화재는 발화원인과 매개체에 따라 다음과 같이 분류되며, 소화기는 화재의 매개체에 따라 그 종류가 구분된다. 영유아교육기관에서는 다목적용 소화기인 ABC형을 구비해 두는 것이 좋다.

〈표 4-13〉 화재의 유형과 소화기의 종류

유형	매개체	소화방법	소화기
A형	나무 종이, 섬유 등	• 발화점을 낮춘다(대개 물을 사용).	A형 또는 ABC형
B형	유류	• 산소를 차단한다. • 소규모일 때는 담요 등을 덮어서 끈다. • 금지사항 : 절대 물을 사용하지 않는다(불꽃이 사방으로 번져 더 큰 화재 발생).	B형 또는 ABC형
C형	전기	• 전원을 차단해야 하며, 반드시 소화기를 이용한다. • 금지사항 : 절대 물을 사용하지 않는다(물은 전기가 통하기 때문).	C형 또는 ABC형

화재의 유형에 따른 예방 원칙은 다음과 같다.

가. 전기화재

- 가전제품은 KS 마크 표시가 있는 제품을 선택한다.
- 플러그와 콘센트가 튼튼한지, 서로 맞닿은 부분의 접촉이 잘 되는지, 스위치가 부드럽게 움직이는지 등을 시험해 보고 구입한다.
- 전기기구를 사용할 때는 사용설명서를 잘 읽고 사용하여야 하고, 사용하지 않을 때는 스위치를 끄고 플러그를 뽑아 둔다.
- 전열기 근처에 타기 쉬운 가연물을 두지 않도록 한다.
- TV 위에는 물이 들어있는 주전자, 물컵, 금속판 등을 올려놓지 않도록 하며, 덮개는 먼지를 수시로 제거해야 한다.

나. 유류화재

- 석유난로, 풍로, 버너 등은 불씨를 완전히 끈 후 기름을 넣는다.
- 열기구 가까이에 가연성 물건을 놓지 않는다.

- 유류화재는 물로 소화되지 않기 때문에, 난로 주위에는 언제나 비상시를 대비하여 소화기나 모래 등을 준비해 둔다.
- 열기구를 본래의 사용목적 이외의 다른 용도로 사용하지 않는다.
- 석유난로, 풍로 등에 올려놓은 주전자 등의 물이 끓어 넘쳐 이상 연소를 일으키지 않도록 주의한다.
- 외출을 할 때나 잠자리에 들기 전 반드시 열기구가 꺼졌는지 점검해야 한다.
- 유류저장소, 취급소에는 환기가 잘 되도록 하여 인화성 기체가 발생하거나 머물지 않도록 한다.

다. 가스화재

- 가스 사용 전에는 가스가 새고 있는지 반드시 확인하도록 한다(가스 연결 부분에 비누거품 등으로 확인).
- 가스레인지 근처에 가연성 물질을 두지 않는다.
- 사용 후에는 가스중간밸브를 확실히 잠가야 하며, 외출할 때에는 반드시 가스밸브가 잘 잠겼는지 확인해야 한다.
- 가스연소기구는 켜놓은 상태에서 절대 이동시키지 않도록 한다.
- 가스가 샐 때는 창문을 열어 환기를 시킨 후, 바닥에 깔려 있을 가능성이 있는 가스를 빗자루나 방석 등으로 쓸어내듯이 밖으로 내보내야 한다.

라. 불장난에 의한 화재

- 성냥, 라이터, 유류 등을 영유아가 가지고 놀지 않도록 해야 하며, 영유아의 손이 닿지 않는 안전한 곳에 두어야 한다.
- 영유아가 성냥이나 양초에 불을 켜고 노는 장난을 하지 않도록 한다.
- 영유아끼리 모닥불을 피우거나 불장난을 하지 않도록 한다.
- 영유아가 불에 대하여 올바른 인식을 가질 수 있도록 교육한다.

- 영유아 주변에 점화물질을 놓지 않는다.
- 영유아가 화약 및 폭죽을 가지고 장난하지 않도록 한다.
- 가스난로나 가스레인지를 사용하는 곳에서는 자주 환기를 시킨다.
- 전열기구 주변에서 영유아들이 장난하지 않도록 한다.

② 화재 발생 시 대처방법

가. 화재 발생의 피해를 최소화할 수 있는 시설·설비 및 교육

■ 시설·설비

- **교실** : 화재 시 영유아와 교사들의 안전한 대피를 위해, 영유아가 사용하는 건물에는 2개 이상의 출입구가 있어야 하며, 적어도 하나의 문은 바깥과 직접 연결되는 것이 좋다. 영아 보육실은 신속한 대피를 위하여 1층에 배치하고, 2층에 교실이 위치한 경우에는 바깥으로 대피할 수 있는 시설(비상미끄럼틀)을 설치한다. 또한 연기탐지기나 열탐지기 기능을 이용한 화재경보기 및 스프링클러가 설치되어 있어야 한다. 각 교실과 복도에는 소화기가 마련되어 있어야 하며, 소화기와 비상구 위치를 알리는 표지판이 설치되어 있어야 한다.

비상미끄럼틀

소화기(투척용)

화재경보기 및 발신기

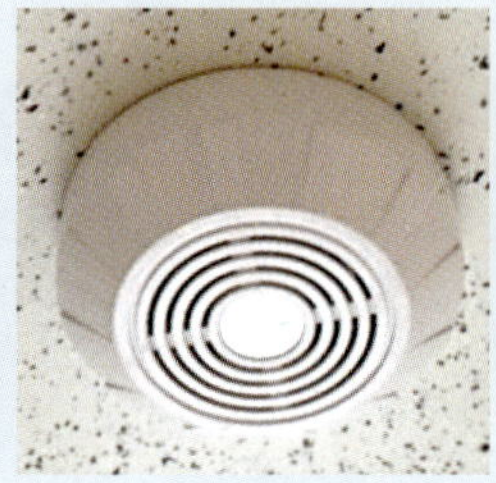
스프링클러

비상구 유도등

- 주방 : 화재경보기와 함께 가스누출탐지기, 소화기도 반드시 설치해 두어야 한다.

나. 교육 및 대피훈련

화재 시에 신속하고 안전하게 대피할 수 있도록 평소에 대피훈련을 해야 한다. 화재 발생 시의 적절한 대처방법에 대한 안전교육을 실시하고, 그 내용을 반복적으로 교육한다. 또한 숙지한 대처방법을 실제로 경험할 수 있도록 화재 상황을 가상으로 체험할 수 있는 환경을 설정하여 훈련한다. 대피훈련을 반복함으로써 실제로 위험상황이 일어났을 경우 당황하지 않고, 빠르고 신속하게 대처하여 손상을 최소화할 수 있도록 한다. 영유아도 적절한 교육을 받으면 화재 예방과 대처를 시행할 수 있는 주체가 될 수 있다.

다. 화재 시 대처방법

- 화재가 났을 때는 “불이야!” 하고 큰 소리로 외치며, 가장 빠른 경로를 통하여 바깥으로 나올 수 있도록 한다. 간혹 영유아들은 책상 밑이나 옷장 속에 숨으면 화재를 피할 수 있다고 생각하는 경우가 있다. 화재는 불길이 없는 곳으로 도망가야만 피할 수 있다는 것을 알아야 하고, 평소 여러 곳의 대피용 출구가 있다는 것을 인지해야 한다.

- 화재가 났을 때는 소중한 물건을 가지고 나오려 하지 말고, 얼른 건물 바깥으로 나와야 하며 다시 건물 안으로 들어가면 안 된다. 다른 사람이 남아 있는 등의 경우 소방대원에게 알린다.
- 화재 시 엘리베이터는 정전으로 불이 난 층에 멈출 위험이 있고, 유독가스에 질식될 위험이 매우 크기 때문에 절대 사용하지 않는다.
- 정전 시 비상구의 유도등을 따라 대피한다.

영유아에게 교육해야 할 화재 위험 상황에서의 대처방법(실습)

- 옷에 불이 붙었을 때에는 절대로 뛰지 않도록 하고, 눈과 입을 손으로 가리고 몸을 바닥에 뒹굴어 불을 끈다. 만약 옆 사람의 옷에 불이 붙었으면 전기에 의해서 불이 붙은 경우를 제외하고는 바닥에 눕혀서 물을 사용하여 불을 끈다.
- 연기가 꽉 차면 바닥에서 30~60cm 사이의 공기가 더 맑기 때문에, 고개를 숙이고 팔과 무릎으로 기어서 나간다. 물에 적신 수건이나 옷을 코에 대고 숨을 쉬면 유독가스에 의한 기도의 손상을 어느 정도 감소시키는 데에 효과적이다. 신발을 신지 않고 대피한다.
- 방 밖에서 불이 난 경우 방문을 잡고 나가기 전에 손잡이가 뜨거운지 살짝 열을 느껴보고, 뜨겁지 않으면 천천히 문을 열고 나간다. 손잡이가 뜨거울 경우는 바로 바깥까지 불길이 번졌다는 것을 예상할 수 있으므로, 다른 문이나 창문을 통하여 대피해야 한다.
- 대피하지 못하고 건물이나 방 안에 갇혔을 경우 불길이 번져 들어오지 못하도록 문을 닫고, 문 틈새를 이불이나 옷(젖은 것이 더욱 좋다) 등으로 막아 연기가 들어오지 못하게 한다. 창문을 통하여 소방관들이 잘 볼 수 있게 밝은색의 수건이나 옷을 벗어 흔들어 도움을 요청한다.
- 베란다가 있는 건물에서 대피하지 못한 경우에는 베란다로 대피한다. 이때에는 베란다로 통하는 문을 꼭 닫아 불길이나 유독가스가 새어 들어오지 못하게 한다.

③ 소화기 사용방법

- 소화기는 잘 보이는 곳, 잘 꺼낼 수 있는 곳, 그늘지고 습기가 없는 곳에 보관해야 한다. 소화기는 여러 개를 묶어 두지 않아야 하며, 사용 후에는 반드시 재충전하고 한 달에 한 번 이상 점검을 해야 한다.
- 평소에 소화기를 가지고 장난하지 않으며, 소화기는 항상 있던 자리에서 옮기지 않아야 한다.
- 소화기는 불의 유형에 따라 구분되어 있는 것도 있으며(A형, B형, C형), 어떤 종류의 불이나 끌 수 있는 것(ABC형)이 있다. 소화기를 사용할 때는 다목적용을 고르는 것이 무난하다.
- 가정의 경우에는 적어도 주방과 각 층에 소화기를 하나씩 비치해야 하며, 영유아교육기관의 경우에는 각 교실과 주방에 소화기를 하나씩 비치해야 한다.
- 부모와 교사는 소화기의 사용법을 반드시 알고 있어야 한다.

가. 소화기 설치 및 취급 요령

- 소화기는 발견하기 쉽고, 사용하기 용이한 곳에 비치한다.
- 통행에 지장을 주지 않는 곳에 습기나 직사광선을 피하여 비치한다.
- 이산화탄소 소화기는 지하층, 무창층에는 설치하지 말아야 하며, 방사 시 노즐 부분 취급에 주의해야 한다.

나. 소화기 및 옥내소화전 사용방법

〈일반소화기 사용방법〉

- 소화기를 불이 난 장소로 옮긴다.
- 소화기의 손잡이 부분 안전핀을 뽑는다.
- 바람을 등지고 서서 호스를 불이 난 곳을 향하게 한다.

• 손잡이를 힘껏 움켜쥐고 불을 향해 빗자루로 쓸듯이 소화액을 뿌린다.
• 소화기는 햇빛이나 습기에 노출되지 않도록 하며, 잘 보이고 사용하기에 편리한 곳에 두도록 한다.

〈투척용 소화기 사용방법〉

• 커버를 벗긴다.
• 약제를 꺼낸다.
• 불을 향해 던진다.

〈옥내소화전 사용방법〉

• 화재가 발생하면 화재를 알리기 위해 발신기 스위치를 누르고, 소화전을 열고 관창(물을 뿌리는 부분, 노즐)과 호스를 꺼낸다.
• 관창을 가지고 간 사람이 물을 뿌릴 준비가 되었으면, 다른 사람이 호스의 접힌 부분을 펴주고 소화전함 개폐밸브를 돌려 개방한다.
• 관창을 불이 타는 곳으로 향하여 물을 뿌린다.

소화기 사용교육

가상 화재 진압 체험

④ 화재 신고하기

- 불이 나면 전화로 119에 신고해야 한다.
- 불이 났다는 것을 정확하게 전달하고, 불이 난 곳의 위치를 정확하게 알려준다. 영유아가 신고하게 될 경우 위치를 정확하게 알릴 수 있도록 교육한다. 정확한 주소와 주변의 중요한 건물명 등을 각 영유아의 집과 영유아교육기관으로 나누어 연습한다.
- 가능하면 신고 시 화재의 원인과 시작 시기, 장소를 간단하게 알려주는 것이 도움이 된다.
- 화재장소를 정확하게 파악할 때까지 전화를 끊지 않는다.
- 공중전화로 화재신고를 할 때에는, 전화기에 있는 긴급통화용 빨간색 단추를 누르면 긴급전화가 가능하다는 것을 알려주고, 사용법을 숙지하도록 한다.

⑤ 화재대피훈련

- 실제 화재 상황은 아니지만 화재대피훈련을 하는 목적을 설명하고, 영유아가 상황을 이해할 수 있도록 한다.
- 대피훈련은 놀이가 아니므로 진지하게 참여해야 함을 알려준다.
- 화재경보기(연기 탐지기, 열 탐지기)의 소리를 식별하도록 교육하고, "불이야" 하는 소리도 중요한 화재경보임을 교육시킨다.
- 사이렌 소리가 들리면 유아는 안내자(성인)의 지시에 따라 대피하도록 한다.
- 함께 대피하지 못하는 만약의 경우를 대비하여 화재가 났을 때 모일 바깥의 장소를 평소에 정해두고, 화재가 나면 즉시 그곳으로 가야 한다는 것을 알려주며 반복적으로 상기시켜 준다.
- 화재경보기가 울리거나 "불이야" 소리가 들리면 즉시 모든 행동을 멈춘다. 화장실이나 식당에 있다면 얼른 나와 교사에게로 간다. 만약 건물 밖에 있었다면 안으로 절대 들어가지 말고 그대로 바깥에 평소 모이기로 약속해 둔 장소로 가도록 한다.

• 교사의 지시대로 신속하게 움직이며, 영유아 자신의 소지품을 챙기느라 시간을 소비하지 않도록 한다.

화재대피훈련

(2) 사회재난

• 연기, 가스 등에 의한 질식이나 호흡기관 장애를 초래할 위험이 있으므로 풍향에 따라 적절히 행동해야 한다.
• 질식에 대비해 바람이 불어오는 방향으로 파편에 주의하여 대피한다.
• 사고 장소에서 멀리 떨어진 공터와 같은 안전한 장소로 신속히 대피한다.
• 물수건으로 입과 코를 막는다.
• 폭발사고 때는 굉음이 발생하여 청각이 다칠 수 있으니 귀를 막고 대피한다.
• 의심이 되는 폭발물을 발견했을 때에는 마음대로 분해하지 말고, 가까운 경찰서나 군부대에 신고한다.
• 추가폭발에 대비하여 전기스위치와 화기 사용을 금지한다.
• 폭발한 건물이나 구조물은 2차 폭발이나 붕괴의 가능성이 매우 크므로, 신속히 사고 건물에서 빠져나온다.
• 부상자는 즉시 안전한 장소로 옮긴 후에 응급조치를 실시한다.

(3) 자연재난

자연재난은 기후와 지형 등의 자연환경 요소들이 인간의 안전한 생활을 위협하고 피해를 입히는 현상을 말한다. 인명, 재산 피해를 유발하며, 지리적 특징과 관련 있어 특정 지역에서 반복적으로 발생하는 경향이 있다. 대표적으로 지진, 황사, 미세먼지 등이 있다.

① 지진 안전

지진은 지표면의 지각변동에 의해 예고 없이 단시간에 가장 높은 파괴력을 가지고 있는 자연재해이다. 전 세계에 고르게 발생하는 것이 아니라 띠 모양을 이루며 일정 지역(지진대)에서 많이 발생한다. 우리나라는 지진대에 속해 있지는 않아 큰 지진이 발생할 가능성은 상대적으로 적은 편으로 알려져 있지만, 근래에 들어 지진 발생 건수가 점차 증가하고 이에 따른 피해 규모도 커지고 있다.

가. 지진의 특징

지진은 지구 내부의 에너지가 한 곳에 집중되어 있다가, 한 순간 밖으로 나오면서 그 충격으로 땅이 흔들리는 현상으로, 지구 내부 어느 지점에서 급격한 지각변동으로 인해 생긴 파동인 지진파가 지표면까지 전해져 지반을 진동시키는 것이다. 최근 우리나라에서도 지진 발생 횟수가 증가하고 있는데, 규모가 5.0 이상인 지진이 많이 보고되고 있다.

나. 지진의 피해

지진의 피해는 그 규모와 진도에 따라 다르게 나타난다. 규모는 지진 자체가 갖는 에너지 크기로, 지진파가 관측된 어느 곳에서 계산해도 규모는 같게 산출된다. 진도는 어떤 장소에서 느끼는 지진의 세기를 사람의 느낌이나 주변 물건 또는 구조물의 흔들림 정도로 표현한 것으로, 큰 지진이라도 아주 멀리서는 그 영향이 작아져 진도도 작게 산출되며, 같은 지역에서라도 지반조건이나 건물상태 등에 따라 달라진다.

〈표 4-14〉 지진의 규모에 따른 영향력

규모	규모에 따른 영향력	등급 (MMI진도)	진도에 따른 영향력
2.5 미만	지진계에만 기록되고 사람은 느끼지 못함	Ⅰ	사람이 거의 느낄 수 없는 미세한 진동이 나타나지만, 지진계는 감지할 수 있음
2.5	정지해 있거나, 민감한 사람만 다소 흔들린다고 느낌		
3.0	모든 사람이 느낄 정도로 창문이 다소 흔들림	Ⅱ	매달린 물건이 약하게 흔들리며, 사람들이 느낌
3.5	건물, 창문이 흔들리고 형광등과 같은 매달린 물건이 흔들거리거나, 그릇의 물이 출렁이며, 사람은 놀라서 자다 깸	Ⅲ	실내에서도 느낄 수 있으며, 큰 트럭이 지나가는 것과 같은 진동이 있음
4.0	건물의 흔들거림이 심하여 꽃병이 넘어지며, 그릇의 물이 넘침. 많은 사람들이 매우 놀라 자다 깨서 집 밖으로 뛰어나옴	Ⅳ	멈춰있는 자동차가 흔들림
		Ⅴ	거의 모든 사람들이 흔들림을 느끼며, 그릇이나 창문이 깨지기도 함
5.0	벽에 금이 가고, 비석이 넘어지고, 굴뚝, 돌담, 축대 등이 파손되어 사람은 서있기 곤란한 정도의 심한 공포를 느낌	Ⅵ	모든 사람들이 놀라서 밖으로 뛰어나가며, 운전자들도 흔들림을 느낌
		Ⅶ	창틀로부터 창문이 떨어져 나가고, 벽이나 담장 등이 무너짐
6.0	30% 이하의 건물이 파괴되고, 산사태가 발생할 수 있고, 땅에 금이 가며, 사람이 혼자 서있거나 도움 없이 걸을 수 없음	Ⅷ	굴뚝, 기둥, 기념비, 구조물 등이 무너짐
		Ⅸ	모든 건물이 피해를 입고, 지표면에 균열이 가며, 지하 송수관이 파괴됨
7.0	30% 이상의 건물이 파괴되고, 산사태가 나고, 땅이 갈라지며, 사람들은 이성을 상실하게 됨	Ⅹ	땅이 갈라지고, 기차선로가 휘어짐
8.0	건물이 완전히 파괴되고, 철로가 휘고, 지면에 단층현상이 발생하며, 사람들은 대공황에 빠짐	Ⅺ	다리가 무너지고, 지표면에 심한 균열이 생김
9.0 이상	관찰된 바가 없음	Ⅻ	물건이 공중으로 튀어나가며, 땅 표면에 파동이 보임

출처 : 행전안전부 홈페이지.

다. 지진 발생에 따른 행동 요령

- 지진 발생 시 크게 흔들리는 시간은 길어야 1~2분이므로, 탁자나 책상 등의 밑으로 들어가 몸을 피하고, 탁자 등이 없을 때는 방석, 쿠션 등으로 머리를 보호한다.
- 문을 열어서 출구를 확보하고 가스와 전기 등을 차단한다.
- 화재 발생 시 침착하고 빠르게 불을 꺼야 하며, 불을 조기에 진화할 기회는 크게 흔들리기 전, 큰 흔들림이 멈춘 직후, 발화된 직후의 3번으로 화재의 규모가 작을 때이다.
- 지진 발생 때는 건물의 창문이나 간판 등의 부착물이 떨어져 위험하므로, 무조건 밖으로 뛰어나가지 않는다.
- 엘리베이터를 이용하지 말아야 하고, 이미 타고 있다면 신속하게 내린 후 대피한다. 만일 갇혔다면 인터폰이나 비상전화번호로 구조를 요청한다.
- 큰 진동이 멈춘 후 가까운 운동장, 공터, 공원 등 넓은 공간으로 대피한다. 또한 고정되지 않은 물건 등은 넘어질 우려가 있으므로 가까이 가지 않는다.

| 그림 4-13 | 지진 발생 시 장소별 행동 요령

출처 : 국민안전처 홈페이지.

| 그림 4-14 | 지진 발생 시 상황별 행동 요령

출처 : 국민안전처 홈페이지.

〈표 4-15〉 영유아 교사의 지진 단계별 조치사항

단 계	조치내용
1단계 지진발생 감지 및 알림	• 지진 발생 즉시 교사는 큰 소리로 지진 발생을 알리고, 관리자(원장)에게 연락한다.
2단계 안전확보	• 영유아들과 함께 현재 위치에서 가깝고 몸을 보호할 수 있는 곳으로 신속히 이동하여, 몸을 웅크리고 머리를 보호한다. • 2차 피해를 방지하기 위해 가스, 전기를 신속히 차단하고, 대피 가능한 출입구를 열어 확보한다.
3단계 피난장소로 이동	• 비상연락처 및 비상용품을 챙긴다. • 지진이 멈추면, 인근 공터 및 운동장 등 대피장소로 이동한다.
4단계 부상자 확인 및 응급처치	• 부상자를 확인한다. • 부상자가 있을 경우 응급처치를 하고 의료기관 등에 연락한다.
5단계 재해정보 확인/ 보호자 인계	• 재난방송을 통해 지진상황을 확인한다. • 상황이 정리되면, 보호자에게 연락하여 영유아를 안전하게 인계한다. • 연락이 되지 않을 경우, 긴급대피장소에서 영유아에게 휴식을 취하게 한 후 보호자에게 연락을 시도한다.

라. 교육지침

- 영유아들에게 지진에 대한 개념과 원인, 문제점, 대피 요령 등에 대해 이해할 수 있게 교육한다.
- 시각자료, 동영상 등 다양한 매체를 활용하여 이해를 돕는다.
- 안전체험관에서 지진체험을 경험하여 경각심을 갖도록 한다.
- 지진 대피 요령에 대한 가정용 매뉴얼을 각 가정에 전달한다.

지진대피훈련

② 황사 안전

황사현상은 주로 건조한 봄철 중국과 몽골의 고비 사막, 타클라마칸 사막 등 사막지대 및 황하 상류지대의 흙먼지가 원인이다. 수많은 미세한 모래 먼지가 강한 상층 기류에 의해 상공으로 올라가, 편서풍에 의해 우리나라로 퍼져 하늘을 뒤덮었다가 서서히 내려오면서 생기는 현상이다.

가. 황사발원지의 특징

우리나라에 영향을 미치는 황사발원지는 중국과 몽골의 경계에 걸친 넓은 건조 지역과 그 주변에 있는 반건조 지역인 사막지대와 황하 상류지대이다. 특히 황사는 공업화로 인하여 유해물질이 많이 배출되고 있는 중국을 통과하면서 아황산가스 등의 오염물질이 섞여서 오게 된다. 또한 1990년까지만 해도 황하 상류와 중류 지역에서 발생한 황사가 주로 영향을 미쳤으나, 최근에는 과거보다 훨씬 동쪽에 위치한 내몽골 고원 부근에서도 황사가 생성되어 우리나라에 더욱 심각한 영향을 미치고 있다. 이는 황사발원지가 점점 동쪽으로 확대되면서 한반도에 전보다 더 가까워지고 있으며, 앞으로 우리나라에 지금보다 더 심한 황사가 나타날 수 있음을 예상할 수 있다.

나. 황사의 피해

황사는 태양빛을 막고 산란시켜 가시거리를 짧게 하며, 농작물이나 활엽수의 기공을 막아 잘 자라지 못하게 한다. 또한 반도체나 항공기 등 정밀기계 작동에도 문제를 일으킨다. 황사가 사람의 호흡기관에 들어오면 기관지염을 일으키고, 눈에 닿으면 결막염이나 안구건조증 등의 질환을 유발한다.

다. 황사 발생에 따른 행동 요령

〈표 4-16〉 황사 발생 행동 요령

황사 발생 전(황사 예보 시)	
가정에서	• 황사가 실내로 들어오지 못하도록 창문 등을 점검한다. • 외출 시에 필요한 손수건이나 휴지, 보호용 안경, 마스크, 긴 소매 의복 등을 준비한다. • 실내에 공기정화기, 가습기 등을 준비한다. • 포장되지 않은 식품은 오염되지 않도록 위생용기 등에 보관한다.
영유아 교육기관에서	• 기상예보를 청취, 지역 실정에 맞게 휴원 또는 단체교육을 검토한다. • 원아 비상연락망을 점검하고 연락체계를 유지한다. • 휴원 또는 단축운영 시 맞벌이 부부의 자녀에 대한 대책을 수립한다. • 영유아 및 부모를 대상으로 황사대비 행동 요령을 지도하거나 홍보한다.

황사 발생 중(황사 특보 발령 시)	
가정에서	• 대기 중 실시간 미세먼지 농도를 확인하여 현재 상황을 파악한다. (대기오염도 실시간 공개 http://www.airkorea.or.kr) • 황사가 들어오지 않도록 창문을 닫고 공기정화기와 가습기를 사용하여 실내 공기를 쾌적하게 유지한다. • 가급적 외출을 삼가되, 외출 시 손수건이나 휴지, 보호용 안경, 마스크, 긴 소매 의복을 착용하고, 귀가 후 손과 발 등을 깨끗이 씻고 양치질을 한다. • 황사에 노출된 채소, 과일, 생선 등 농수산물은 충분히 세척한 후에 섭취한다. • 2차 오염을 방지하기 위해 식품 가공, 조리 시 손을 철저히 씻는다. • 영유아, 노약자, 호흡기 질환자의 경우 실외활동을 자제한다. • 렌즈착용 시 각막이나 결막 염증이 생길 수 있으므로 안경을 착용한다.

영유아 교육기관에서	• 대기 중 실시간 미세먼지 농도를 확인하여 현재 상황을 파악한다. (대기오염도 실시간 공개 http://www.airkorea.or.kr) • 영유아교육기관의 실외활동을 금지하고, 운영시간 단축 또는 휴원을 한다. • 개인위생을 철저히 한다(손 씻기, 양치질, 물 마시기, 눈점안제 이용).

황사 종료 후(황사 특보 해제 후)	
가정에서	• 황사가 지나간 후 실내 공기를 환기시킨다. • 황사에 노출된 물품 등은 충분히 세척한 후 사용한다.
영유아 교육기관에서	• 황사가 지나간 후 실내 공기를 환기시킨다. • 영유아교육기관 실내 · 외 시설을 청소하여 먼지를 제거하고 방역을 실시한다. • 감기, 안질환 등에 걸린 영유아는 쉬게 하거나 일찍 귀가 조치한다.

라. 교육지침

- 영유아들에게 황사의 개념과 원인, 문제점, 대피 요령 등에 대해 이해할 수 있게 교육한다.
- 애니메이션, 동영상, 지도 등 다양한 매체를 활용하여 이해를 돕는다.
- 황사 발생 시의 대비 요령에 관한 가정통신문을 가정에 전달하여 가정과의 연계가 이루어질 수 있도록 한다.

황사 발생상황은 이렇게!

1. 방송매체를 통한 확인
   - TV나 라디오의 일기예보를 청취합니다.

2. 기상청 홈페이지를 통한 확인
   - 기상청 : weather.go.kr

3. 전화를 통한 확인
- 기상청 : 02-841-0011 / 02-831-0365
- 국번 없이 131(지역 기상정보 : 지역번호+131)
- 국립수의과학검역원 : 031-467-1851

출처 : 국민안전처 홈페이지.

③ 미세먼지 안전

가. 미세먼지의 개념 및 위해성

미세먼지는 대기 중에 떠다니거나 흩날려 내려오는 10㎛ 이하의 입자상 물질이다.

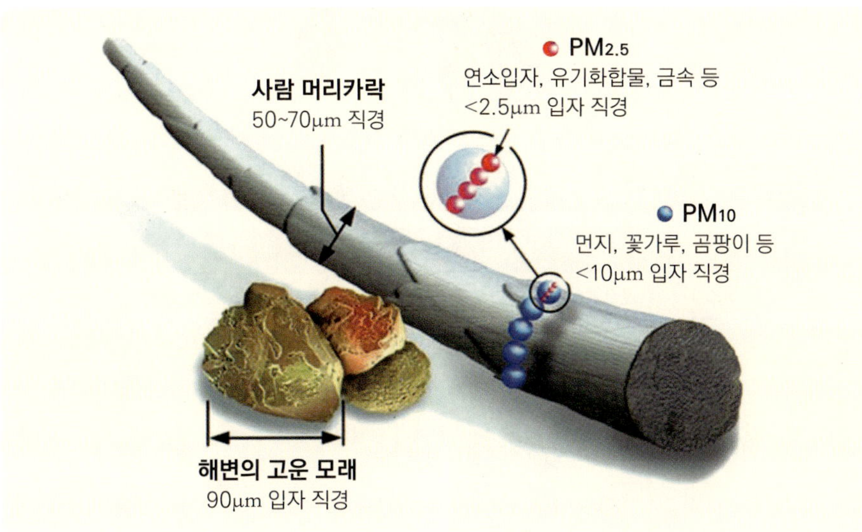

| 그림 4-15 | 미세먼지

출처 : 네이버 지식백과.

미세먼지는 PM−10과 PM−2.5 등 먼지 직경에 따라 구분한다. PM−10은 1000분의 10mm보다 작은 먼지이며, PM−2.5는 1000분의 2.5mm보다 작은 먼지로, 머리카락 직경(약 60㎛)의 1/20~1/30 크기보다 작은 입자이다. 미세먼지는 이와 같이 입자가 미세하여 코점막을 통해 걸러지지 않고 흡입 시 폐포(뇌)까지 직접 침투하여, 천식·폐질환 유병률 및 조기사망률이 증가한다.

미세먼지로 인해 발생할 수 있는 각종 질병

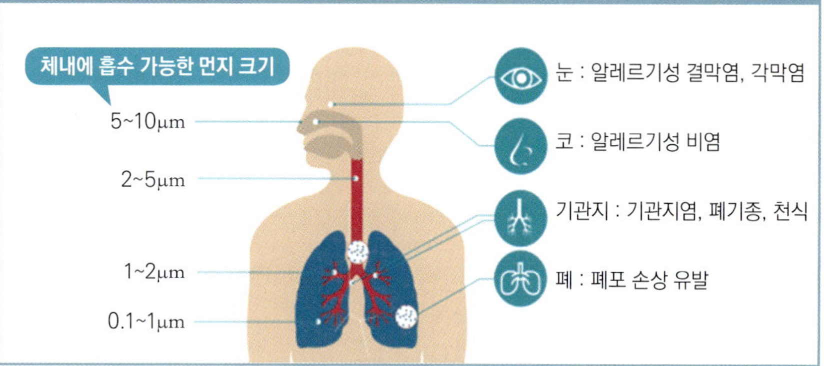

국제암연구소(IARC)에 따른 발암물질 분류

구분	주요 내용	예시
1군(Group 1)	인간에서 발암성이 있는 것으로 확인된 물질	석면, 벤젠, 미세먼지
2A군(Group 2A)	인간에서 발암성이 있을 가능성이 높은 물질	DDT, 무기납화합물
2B군(Group 2B)	인간에서 발암성이 있을 가능성이 있는 물질	가솔린, 코발트
3군(Group 3)	발암성이 불확실하여 인간에서 발암성이 있는지 분류하는 것이 가능하지 않은 물질	페놀, 톨루엔
4군(Group 4)	인간에서 발암성이 없을 가능성이 높은 물질	카프로락담

그림 4-16 | 미세먼지가 유발하는 질병

출처 : 보건복지부(2017).

나. 미세먼지의 원인

미세먼지는 배출원에서 직접 배출되거나 화학반응에 의해 2차 생성 또는 자연적으로 생성된다.

- **직접 배출** : 사업장 연소, 자동차 연료 연소, 생물성 연소과정 등 특정 배출원으로부터 직접 발생되는 입자이다.
- **2차 생성** : 황산화물(SOx), 질소산화물(NOx), 암모니아(NH_3) 등 전구물질이 대기 중의 특정 조건에서 반응하여 2차로 생성한다.
- **자연 발생** : 자연적으로 존재하는 입자로서 광물입자(황사 등), 소금입자, 생물성 입자(꽃가루 등) 등이 있다.
- 중국 등에서 발생한 고농도 미세먼지가 강한 서풍 또는 북풍의 영향으로 서해안 등을 통과하여 국내로 유입한다는 주장과 우리나라와 중국에서 발생한 미세먼지가 대기정체로 인하여 서해안에 축적된 후 국내로의 유입·유출이 반복되어 발생한다는 주장이 있다.

다. 미세먼지 사전 준비사항

- 고농도 미세먼지 발생 시 대처방안을 숙지하고, 미세먼지 문자알림서비스를 신청한다.
- 보호자 비상연락망 구축 및 피해예방, 대응조치를 지도한다.
- 고농도 미세먼지 상황을 대비하여 바깥놀이를 대체한 활동 및 수업을 변경하는 등 대비책을 마련한다.
- 호흡기 질환과 같은 질병이 있는 민감군·고위험군의 영유아를 위한 대책을 마련한다(영유아는 건강취약계층으로 면역체계가 완벽히 발달하지 못하고 피부, 호흡기와 같은 신체 조직이 대기오염에 민감하게 반응한다).
- 보건용 마스크(KF80, KF94, KF99)와 상비약을 비치하여 점검한다.
- 미세먼지 유지기준을 준수한다.

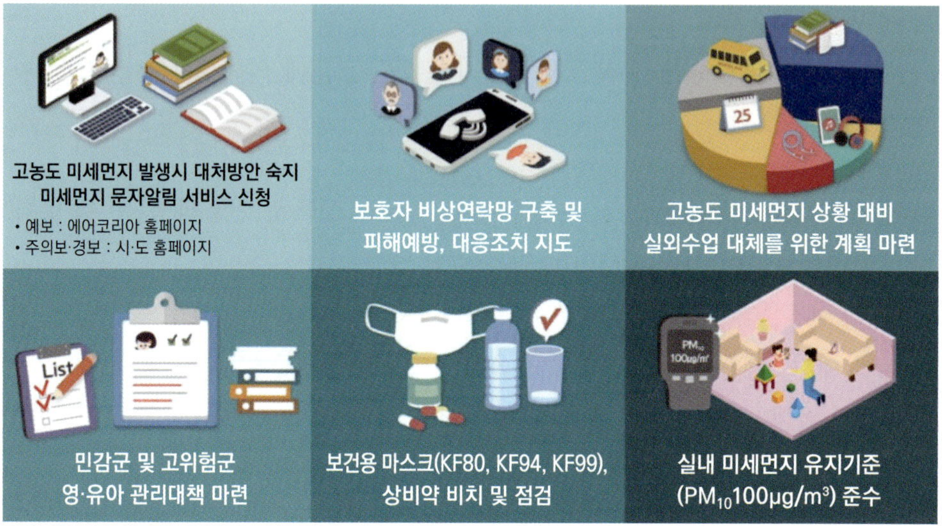

| 그림 4-17 | 미세먼지 사전 준비사항
출처 : 환경부 홈페이지.

미세먼지 확인은 이렇게!

1. APP '에어코리아' 사용
   - GPS로 지역설정 후 확인

2. 홈페이지 '에어코리아' 통해서 확인
   - 에어코리아 홈페이지 www.airkorea.or.kr

3. 문자 신청

   〈예보문자〉
   - 신청방법 : 에어코리아 홈페이지 접속(www.airkorea.or.kr) → 고객의 소리 → 문자 서비스
   - 문자발송 : 미세먼지 예보등급 '나쁨' 이상 시 안내문자 발송

〈경보문자〉

- 신청방법 : 안내를 받고자 하는 지역의 각 시·도 홈페이지에 접속하여 문자서비스 신청
- 문자발송 : 미세먼지 주의보 또는 경보 발령 시 안내문자 발송

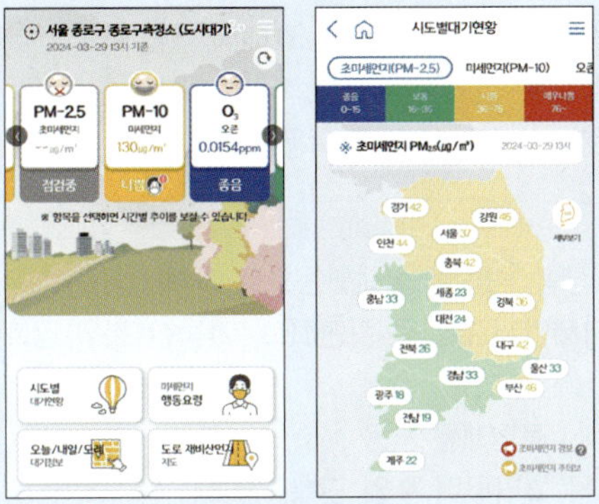

앱 에어코리아

홈페이지 에어코리아

출처 : 환경부 홈페이지.

라. 미세먼지 대응 단계

1\. 고농도 예보 → 2. 비상 저감조치 → 3. 주의보 발령 → 4. 경보 발령 → 5. 경보 발령 해제 → 6. 사후 보고

좋음 (PM10 0~30μg/m² PM2.5 0~15μg/m²)
대기오염과 관련된 환자군에게도 영향을 미치지 않는 수준

보통 (PM10 31~80μg/m² PM2.5 16~35μg/m²)
환자군에게 만성 노출 시 경미한 영향이 유발될 수 있는 수준

나쁨 (PM10 81~150μg/m² PM2.5 36~75μg/m²)
환자군과 민감군에게 좋지 않은 영향을 미칠 수 있는 수준. 일반인도 건강상의 불쾌감을 경험할 수 있음

매우 나쁨 (PM10 151μg/m² 이상 PM2.5 76μg/m² 이상)
환자군 및 민감군에게 노출 시 심각한 영향 유발. 일반인도 약한 영향을 받을 수 있는 수준

| 그림 4-18 | 미세먼지 대응 단계 및 농도별 예보 등급

마. 고농도 미세먼지 대응 요령

〈표 4-17〉 고농도 미세먼지 대응 요령

단 계	대응 요령
나쁨 이상 예보	• 보호자 비상연락체계 확인 • 미세먼지 농도를 확인하여 기관별 어린이 보호대책 수립 • 영유아 · 보호자를 대상으로 실외활동 자제, 마스크 착용(천식 등 호흡기 질환이 있는 경우는 의사와 상의 후 이용), 손 씻기, 수분섭취 등 안내
주의보 · 경보	• 실외활동(야외활동, 현장학습 등)을 실내활동으로 대체 • 창문을 닫아 외부의 미세먼지 유입을 차단하고, 가능한 경우 공기청정기 작동 • 실내청소 시 청소기 대신 물걸레를 사용 • 고농도 미세먼지 농도를 고려하여 수업 단축, 필요시 등 · 하원 시간 조정, 휴원 등 조치 실시 • 보호자 등을 대상으로 건강 유의사항 안내 – 등 · 하원 시 식약처에서 인증받은 보건용 마스크 착용 (천식 등 호흡기 질환이 있는 경우는 의사와 상의 후 이용) – 귀가 후 손, 발, 얼굴 등을 깨끗이 씻기 – 물 등을 충분히 섭취
주의보 · 경보 해제	• 영유아교육기관별 실내 · 외 방역 및 청소 • 미세먼지 농도가 낮은 시간에 창문을 열어 실내 환기 • 환자 발생 여부를 파악하여 휴식 등 적정 조치

출처 : 보건복지부(2017).

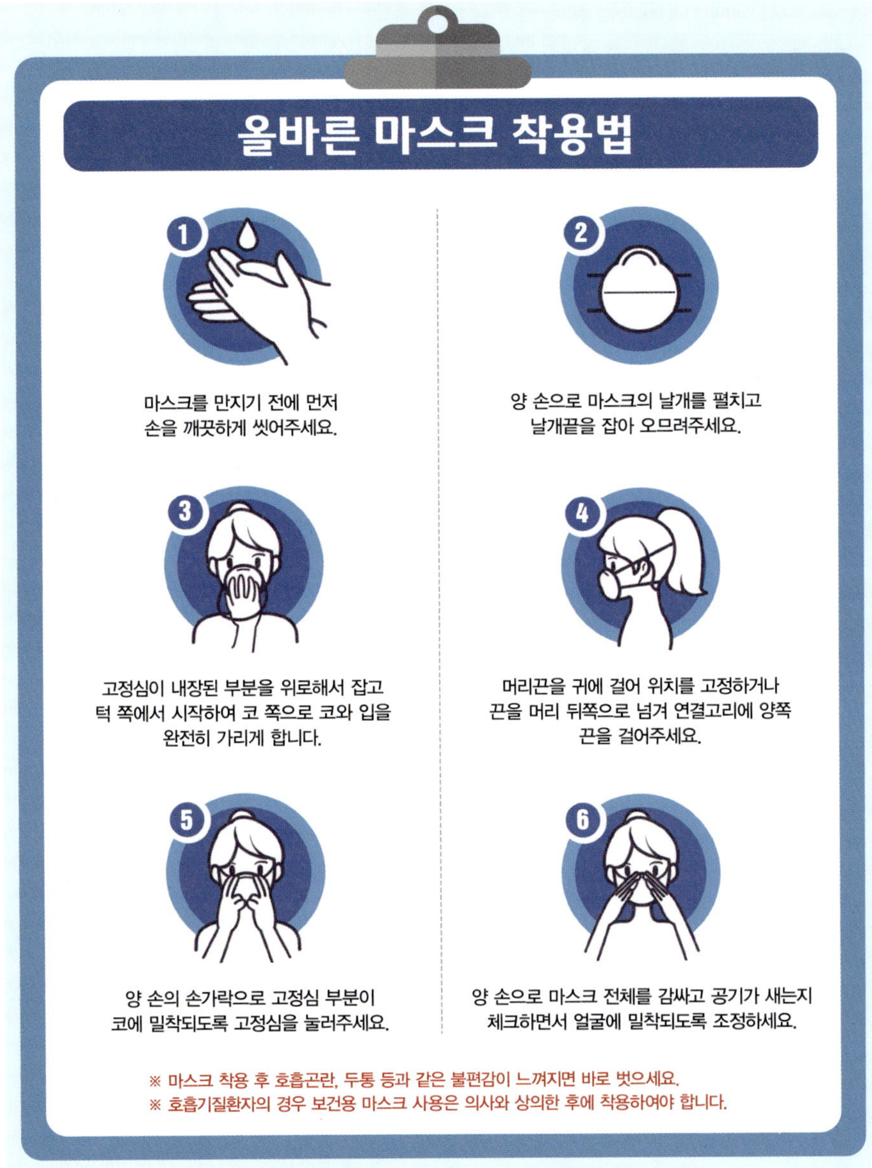

| 그림 4-19 | 보건용 마스크 착용방법

출처 : 질병관리본부·대한의사협회(2018).

〈표 4-18〉 안전교육 7대 표준안 재난 안전 내용 체계표

중분류	소분류	주요 내용
화재	화재 발생	• 불의 이로움과 위험함 알아보기 • 화재의 발생 원인과 예방법 알아보기
	화재 발생 시 안전 수칙	• 화재 발생 시 안전한 대피 방법 알아보기 • 완강기에 대해 알아보기 • 119 신고 방법 알아보기
	소화기 사용 및 대처 방법	• 소화기의 중요성을 알고 위치 찾아보기 • 소화기 사용 방법 알아보기
사회재난	폭발 및 붕괴의 원인과 대처 방법	• 가스의 쓰임과 주의점 알아보기 • 폭발사고 원인과 위험성 알아보기 • 가스누출과 폭발사고의 대처 방법 알아보기
	각종 테러사고 발생 시 대처 요령	• 테러 예방법과 테러 경보에 대해 알아보기 • 폭발물 테러사고 시 대처 요령 알아보기 • 방사능 테러사고 시 대처 요령 알아보기
	감염병 등	• 감염병에 대해 알아보기 • 감염병 예방수칙 알아보기 • 인공우주물체 추락사고 알아보기
자연재난	홍수 및 태풍 발생 시 대처 요령	• 자연재난 개념 알아보기 • 홍수 발생 시 대처 방법 알아보기 • 태풍 발생 시 대처 방법 알아보기
	지진 발생 시 대처 요령	• 유치원에서의 지진 대피 방법 알아보기 • 가정에서의 지진 대피 방법 알아보기 • 지진해일 대피 방법 알아보기
	대설·한파·폭염·낙뢰 발생 시 대처 요령	• 대설 발생 시 대처 요령 알아보기 • 한파 발생 시 대처 요령 알아보기 • 폭염 발생 시 대처 요령 알아보기 • 낙뢰 발생 시 대처 요령 알아보기
	황사 및 미세먼지 발생 시 대처 요령	• 황사 및 미세먼지 위험단계 이해하기 • 황사 및 미세먼지 대처 방법 알아보기 • 마스크의 중요성과 바른 착용법 알아보기

출처 : 교육부(2023).

생각해 봅시다

Q1 화재대피훈련 전, 유아들과 화재대피훈련의 필요성과 화재대피훈련 순서에 대해 이야기 나누기 활동을 하고자 한다. 화재대피훈련의 필요성에 대한 유아들의 반응을 예상해 보고, 교사-유아의 상호작용도 함께 논하시오.

Q2 최근 하루 일과 중 바깥놀이 활동 시간이 제한될 정도로 미세먼지가 심하다. 만약 비염, 천식 등과 같은 호흡기 질환을 앓고 있는 유아가 있을 경우의 지도방안에 대해 논하시오.

3) 재난 안전의 실제

〈재난 안전 활동계획안 예시〉

활동명	옷에 불이 붙었을 때는?		
주제	화재 안전	활동시간	25분
활동유형	이야기 나누기	대상연령	4세
활동목표	• 게임을 통해 옷에 불이 붙었을 때의 대처방법에 대해 안다. • 옷에 불이 붙었을 때의 대처방법을 말하고 행동할 수 있다.		
활동자료	• 그림단계 카드, 순서판(벨크로판), 불꽃카드, 조끼		

활동방법	내 용	자료 및 유의점
도입	1. 지난 시간 이야기 나누기 활동을 회상한다. T : 모두 원하는 자리에 다 앉았나요? 우리 지난 화재 안전교육 시간에 집에서 불이 날 수 있는 물건에 대해 이야기 나누어 보았지요. 오늘은 어떤 화재 안전교육을 배워볼지 사진을 보고 이야기 나누어 보아요. T : (몸에 불이 붙은 그림카드를 제시하며) 이 그림은 어떤 상황일까요? C : 몸에 불이 붙었어요! T : 정말 옷에 불이 붙었나 봐. 옷에 붙은 불을 끄려면 어떻게 해야 할까요? C : 물을 부어요! 119 불러요! 2. 옷에 불이 붙었을 때 대처방법 단계를 확인한다. T : 여러 가지 방법을 말해주었구나. 그런데 옷에 불이 붙었을 때 어떻게 해야 하는지 가장 안전하고 너희들이 할 수 있는 방법을 소방서에서 알려주셨어요. 선생님이 소방서에서 알려준 방법이 그려진 카드를 가져왔는데 순서가 섞여있네. 너희들이 카드 순서를 올바르게 바꿔줄 수 있을까요? T : 좋아. 그럼 일단 어떤 그림의 카드들이 있는지 살펴보아요. ('엎드려요' 카드를 보여주며) 어떤 그림인 것 같나요? T : 그래요, 바닥에 엎드려 있어요. ('멈춰요' 카드를 보여주며) 이 그림은 어떤 그림일까요? T : 그래요. 서서 가만히 멈춰야 한다고 말해주는 것 같아요. ('뒹굴어요' 카드를 보여주며) 마지막으로 이 그림은 어떤 그림일까요? T : ○○이가 말한 것처럼 바닥에서 뒹구는 그림이군요. 이런 카드들이 있는데 어떤 순서대로 행동해야 옷에 붙은 불을 끌 수 있을까요? 첫 번째 순서 칸에 어떤 카드를 놓아야 할까요?	– 자료) 몸에 불이 붙은 그림카드 – 유아들이 활동에 참여할 수 있도록 고려한다. – 유아가 잘못 이해한 정보는 올바르게 다시 알려준다.

	T : 두 번째는? 세 번째는? 각자 그렇게 생각하고 있구나. 그럼 누가 한 번 나와서 자기가 생각하는 순서로 카드를 옮겨볼까요? T : ○○이가 옷에 붙은 불을 끄는 방법을 순서대로 만들어 봤어요. 어, 그런데 불을 다 끈 다음인데 아직 불이 몸에 남아 있네? 어떻게 순서를 바꿔야 불이 완전히 꺼질까요? 그럼 우리 순서가 맞는지 확인해 볼까요? 여기 스티커를 떼면 번호가 써져있어요. 그럼 우리 한번 떼어 봐요. 와, 카드가 올바른 순서대로 놓였어요. 우리 한번 올바르게 놓인 카드를 순서대로 다시 볼까요? 첫 번째, 불이 붙어있어요. 옷에 불이 붙었을 때 놀라서 몸을 더 움직이면 옷에 붙은 불이 더 커진대요. 그럼 어떻게 해야 할까요? C : 움직이지 말고 서있어요. T : 그래요, 일단 가만히 멈추어야 해요. 따라 해볼까요? 멈춰요. T, C : 멈춰요. T : 그 다음 엎드려요. T : 그림 속에 친구는 엎드리면서 어떻게 하고 있지요? C : 눈을 감고 있어요!/ 코를 막고 있어요! T : 그래요, 엎드리면 땅에 있는 모래와 흙이 눈, 코, 입으로 들어갈 수 있고 얼굴이 다칠 수 있기 때문에 눈도 감고 코와 입도 손으로 막아야 해요. 마지막으로 뒹굴어요. 따라 해볼까요? T, C : 뒹굴어요! T : 엎드린 다음에 바닥에 뒹굴거려서 옷에 붙어 있는 불을 끄는 거예요. 친구들 이해되었나요? T : 옷에 불이 붙었을 때 어떻게 해야 한다고 했는지 차례대로 선생님과 같이 말해볼까요? T, C : 멈춰요. 엎드려요. 뒹굴어요. 3. 활동을 소개한다. T : 옷에 불이 붙었을 때 불을 끄는 방법을 더 잘 기억하기 위해서 게임을 준비했어요. 오늘 함께 게임을 해보도록 해요.	– 자료) "멈춰요, 엎드려요, 뒹굴어요" 그림단계 카드, 순서판(벨크로판) – 그림카드를 신체로 표현하기 전, 안전을 위해 유아의 개인 공간을 충분히 확보한다.
전개	4. 게임 방법을 설명한다. T : 강당에 올라가서 게임을 할 건데 그 전에 교실에서 게임 방법에 대해 이야기 나누어 보아요. (게임 준비물을 보여주면서) 이건 뭘까요? T : 이걸로 무엇을 할 수 있을까요? C : 직접 옷에 붙은 불을 끄는 연습을 해봐요. T : 그래요, 이 불을 가지고 너희들이 직접 불을 끄는 연습을 할 수 있을 것 같아요. 2명씩 나와서 조끼에 불을 붙이고 바닥에 굴러서 불을 전부 다 먼저 떼면 이기는 게임을 해볼 거예요.	– 자료) 조끼 – 이해하지 못한 유아나 평소 소극적인 유아에게 시범의 기회를 주어 적극적으로 참여하도록 격려한다.

	T : 앞에 나온 친구가 어떻게 하면 더 재미있게 할 수 있을까요? C : '멈춰요, 엎드려요, 뒹굴어요'를 말하면서 해요. T : 좋은 생각이군요. 그럼 여기 나와서 조끼에 불을 붙이고, '멈춰요, 엎드려요, 뒹굴어요'를 외치면서 직접 불을 끄도록 해보자. 앉아 있는 친구들은 무엇을 하면 좋을까요? C : 누가 먼저 불을 다 끄는지 확인해요./ 순서에 맞게 하고 있는지 확인해요. T : 좋아요. 앉아 있는 친구들은 앞에 나온 친구가 순서에 맞게 잘하고 있는지 보고, 누가 먼저 불을 다 떼었는지 확인도 해보도록 해요. T : 시범을 보여줄 수 있는 친구 2명 있나요? C : 저요! (시범을 보인다) T : 잘 해주었어요. 박수! 그럼 우리 이제 진짜 게임을 하기 위해서 강당으로 올라갈 거예요. 5. 게임을 진행한다. T : (강당에서 팀을 나눈 후) 팀별로 모두 앉았나요? 우리 게임을 할 때 지켜야 할 약속이 있는데 무엇이 있었나요? C : 차례를 지켜요. T : 그래. 잘 기억하고 있구나. 이제 게임을 시작할게요. : (중략) :	– 강당 이동 시 유아들이 다치지 않도록 질서를 지키도록 한다. – 유아들이 게임 활동 중 미끄러지지 않도록 양말을 벗고 활동을 한다. 또는 미끄럼방지 양말을 신는다.
마무리	6. 활동을 평가한다. T : 너희 모두 게임을 열심히 해주었어요. 오늘 우리는 옷에 붙은 불을 끄는 방법을 알아보았어요. 어떤 순서로 불을 껐는지 다시 한번 말해볼까요? T : 친구들, 아주 잘 기억하고 있군요. 혹시나 다음에 친구들 몸이나 옷에 불이 붙으면 당황하지 않고 오늘 배운 대로 할 수 있나요? T : 그럼 게임을 하면서 아쉬웠던 점이 있나요? T : 게임을 하면서 어떤 점이 가장 재미있었나요? T : 아쉬웠던 친구도 있고 재미있었던 친구도 있군요. 그러면 우리 내일 다시 강당에 모여서 게임을 또 해볼 건데 그땐 더 재미있게 해보아요. 7. 확장활동을 안내한다. T : 우리 이제 다시 교실로 이동하도록 한 줄 기차 서보도록 해요. 교실에 돌아가서 자유놀이를 할 거예요. 역할놀이 영역과 쌓기놀이 영역에서 불났을 때 대피하는 방법과 옷에 불이 붙었을 때 불을 끄는 방법같이 다양한 화재 상황으로 함께 놀이해요.	– 유아가 대피 동작을 기억하도록 하기 위해 반복한다. – 이전 시간에 하였던 화재 관련 안전교육 내용을 회상한다.

유의사항	• 불은 일상생활에서 없어서는 안 되는 것이므로 유아에게 불을 무조건 사용하지 못하도록 막는 것보다 불의 위험성을 올바르게 가르쳐 주고, 화재에 대비할 수 있도록 지도한다. • 유아가 대피동작을 익숙하게 할 때까지 세부동작으로 나누어 정확하게 연습하도록 지도한다.
관련사진	 

6 직업 안전

인공지능, 사물인터넷, 빅데이터 등의 지능정보 기술이 기존 산업 및 서비스와 융합되거나, 로봇공학, 나노기술, 바이오공학 등 여러 분야의 신기술과 결합되는 4차 산업혁명 시대에는 새로운 직업들이 등장하고 있다. 하지만 이런 현상으로 인해 산업재해의 다양성과 위험성이 커지고, 산업재해로 인한 트라우마 등의 정신질환 및 신체장애, 사망 같은 결과로 이어질 수 있다. 또한 유가족의 경우 심리적 문제뿐만 아니라 경제적인 문제로 인해 고통받게 될 가능성이 많다.

그리고 산업재해는 최근 작업자들의 실수 이외에도, 조직 내 안전불감증으로 인해 사고가 많이 발생하고 있다. 비행기 추락 사고, 세월호 침몰 사고, 스포츠센터 화재 사고, 스크린도어 사고, 대학병원 신생아 사망 사고, 펜션 가스 누출 사망 사고, 통학버스 차량 내 유아 사망 사고 등이 그 대표적인 예라고 할 수 있다. 직업 안전교육 또한 인간발달의 측면에서 보면 영유아를 대상으로 실시할 경우 높은 교육적 효과를 기대할 수 있기 때문에, 영유아교육기관에서의 직업 안전을 생활화하고, 안전한 직업 문화를 형성하기 위한 체계적인 교육을 실시하는 것은 매우 중요하다.

1) 직업 안전의 개념 및 필요성

직업 안전이란 산업현장에서 직업과 관련하여 발생하는 안전에 대한 전반적인 것을 지칭한다. 일반적으로 우리나라에서 직업 안전은 주로 산업재해, 작업환경, 직업병 등 산업안전에 대한 내용을 다루고 있다. 즉, 산업활동 중에 일어나는 모든 재해나 사고로부터 근로자의 신체와 건강을 보호하고, 산업시설을 안전하게 보호 및 유지하는 모든 활동이라고 할 수 있으며, 기업 내 또는 기업 간의 안전관리에 있어서 재해방지를 위한 여러 활동을 총칭해서 말하기도 한다.

한편 미국에서는 우리나라의 직업 안전의 개념보다는 더 사회문화적인 직업 안전·보건(occupational safety and health)의 개념으로 접근하고 있으며, 모든 직업인들의 질병을 예방하고 건강을 유지, 증진시키는 활동을 포함한다. 작업조건으로 인해 발생하는 질병을 예방하고, 유해물질 노출의 위험을 통제하며, 해당 직무에 적합하도록 배치하여 일하도록 함으로써, 직업인의 신체적, 정신적, 사회문화적 건강을 고도로 유지·증진시키는 것으로 정의하고 있다. 또한 노동과 노동환경으로 오는 질병의 문제뿐만 아니라, 인간기능의 한계와 노동의 적응을 과학적으로 연구하며, 산업기술이 요구하는 노동조건을 인간에게 적합하도록 그 방책을 강구함으로써 직업인의 건강을 보호, 증진할 수 있도록 지원하고, 나아가서는 노동생산성을 향상시키는 데 그 목적이 있다.

그러므로 직업 안전은 그 형태와 직업의 종류, 그리고 지역사회에 따라서 안고 있는 과제와 수행방법에 대하여 다르게 접근해야 하는 분야라고 할 수 있다.

2) 직업 안전의 내용

(1) 직업 안전 의식

① 일터에서 일어나는 안전사고 알기

지속가능한 사회를 위해 중요한 역할을 담당할 미래직업인인 영유아가 직업 안전의 중요성을 인식하고, 직업 안전의식을 함양하여, 직업 안전에 대한 문제해결 및 대처능력을 갖추기 위해서는, 직업의 종류와 직업별 안전사고에 대한 교육이 실시되어야 한다. 일단 영유아에게 친근한 장소인 영유아교육기관에서 일어날 수 있는 안전사고부터 출발하여, 부모님이 근무하는 일터, 동네, 시장 등 인근 지역사회 안에서 직업을 관찰할 수 있도록 확장한다. 이후 다양한 직업에 대해 탐색하고, 일반적으로 안전사고가 많이 발생하는 근로환경과 재해 특성에 대한 주제를 심화하여 다룰 수 있다. 다음은 이와 관련하여 우리나라 서비스업을 6대 업종별로 분류한 내용이다.

〈표 4-19〉 근로환경 및 재해 특성과 주요 재해유형

구 분	근로환경 특성	재해 특성	주요 재해유형
건물 관리업	• 소규모 영세업체 다수 • 높은 이직률로 숙련노동자 확보 어려움 • 고령 및 여성 근로자 비중 높음	• 50대 이상 장년 근로자와 여성 근로자의 재해발생률이 높음	• 전도 및 넘어짐 • 추락 • 뇌심혈관 질환
음식 및 숙박업	• 소규모 영세업체 다수 • 높은 휴폐업율 • 비정규직 신규취업률이 높아 비숙련 노동자 비중 높음 • 여성/ 고령/ 청소년 근로자 비중 높음 • 이륜차 이용 배달	• 비숙련 노동자들을 상대로 한 사전교육 및 훈련 부재 • 청소년 근로자들의 이륜차 배달사고 빈번	• 미끄러짐으로 인한 넘어짐 • 이륜차 사고 • 화상사고 • 베임 및 절단 • 근골격계 질환
보건 및 사회복지사업	• 작업 대상이 물체가 아닌 사람이라 작업에 맞춰 대상변경이 불가능 • 여성/ 고령 근로자 비중 높음	• 과도한 신체부담을 요구하는 작업이 많아 근골격계 질환 발생률 높음	• 넘어짐 • 근골격계 질환 • 폭력
교육 서비스업	• 소규모 영세업체 다수 • 여성/ 고령 근로자의 비중 높음 • 고정자세/ 장시간 근로 • 안전 관리 담당자 부재 • 장비의 대형화로 인한 재해위험 상승	• 안전 관리 담당자가 부재한 관계로 체계적인 산업재해 예방관리 부족 • 실험실 안전 관리규정 전무	• 전도 • 화상 • 감정노동으로 인한 불안장애

위생 및 유사 서비스업	• 소규모 사업장 절대 다수 • 대도시 지역 분포 • 작업장이 실외이며, 이동 반경 및 거리 광대 • 야간 및 도로상 작업 빈번 • 고령 근로자 비중 높음	• 야간작업, 교대작업, 도로상 작업이 많아 교통사고 위험 높음 • 부족한 작업시간, 높은 노동 강도로 인해 안전인식 자체가 낮음 • 안전관리시스템 부재	• 추락 • 전도 • 베임 • 뇌심혈관 질환 • 교통사고
도소매 및 소비자 용품수리	• 빠른 산업성장률 • 소규모 작업장 다수 • 아르바이트 근로자 비중 높음	• 25~39세 청년층 재해율 높음 • 미숙련 근로자와 5년 미만 경력자 재해율 높음 • 중장비/ 위험장비를 활용한 작업이 많아 중대재해 발생위험 높음	• 전도 • 질식 • 화재/ 폭발 • 감전 • 교통사고 • 뇌심혈관 질환

출처 : 잡월드 홈페이지.

② 일터안전시설 견학하기

사전활동으로 일터에서 일어나는 안전사고에 대한 활동을 진행했다면, 일터안전시설을 방문하여 둘러보는 현장견학 활동을 진행하는 것이 바람직하다. 시각자료나 동영상 등의 자료만으로는 직업 안전교육의 큰 효과를 기대하기 어렵기 때문이다. 실제 일터안전시설을 관찰하고, 어떠한 설비와 시설이 갖추어져야 안전사고를 예방할 수 있는지, 안전사고 발생 시 어떠한 설비를 사용하고, 안전시설을 활용하여 대피할 수 있는지 등 상황중심 접근을 통해 교육이 이루어져야 한다. 만약 실제 일터안전시설을 견학하기 어려운 상황이라면, 다음과 같은 직업 관련 어린이체험관 등의 프로그램을 활용하여 지역사회연계 프로그램을 진행할 수 있다.

119 안전센터

항공사

출처 : 잡월드 홈페이지.

〈표 4-20〉 직업 관련 프로그램 내용

체험실	체험직종	체험내용
전기안전 건축현장	전기안전기술자 전기목수	가정과 옥외시설에 설치된 분전장치의 전기안전 점검을 실시하고, 목재골조를 조립하여 한옥을 지어봅니다.
항공사	항공기승무원	기내서비스, 안내방송 등을 실습하고, 안전하게 비상탈출하는 미션을 수행합니다.
119 안전센터	응급구조사	119 신고를 접수하여 출동명령을 내리는 종합상황센터와 사고현장에 출동하여 환자를 구조하는 출동팀의 미션을 수행합니다.
소방서	소방관	화재현장에서 화재를 진압하고 인명을 구조하는 임무를 수행합니다.
경호회사	경호원	호신술과 사격연습을 통해 경호원의 훈련과정을 실습하고, 의뢰인을 안전하게 경호하는 미션을 수행합니다.
우주센터	우주비행사 관제요원 과학자	우주비행사와 우주실험을 수행하는 과학자들이 관제센터의 지시에 따라 비행선을 타고 우주정거장으로 이동하여, 우주과학실험을 하고 귀환하는 프로젝트를 수행합니다.
환경기술 연구소	소음진동기술자 수질환경기술자 토양환경기술자	환경정보시스템을 통해 오염지역의 현황을 파악하고, 소음·수질·토양·오염실험을 통해 대책방안을 찾아봅니다.
국토정보센터	공간정보연구원 측량기술자	드론과 레이저 측량기 등을 활용하여 홍수 피해를 입은 잡월드 인근 지역을 3D로 측량하고, 복구계획을 수립해 봅니다.

출처 : 잡월드 홈페이지.

(2) 직업재해의 이해와 예방

직업재해의 종류로는 타박상, 골절, 낙상, 교통사고, 감전, 화상, 가스누출, 독극물 접촉 등의 물리적 재해와 우울, 불안, 대인기피증 등의 정신적인 재해로 구분할 수 있다. 직업재해를 방지하기 위해서는 발생 원인을 이해하고, 예방 대책을 수립하여, 체계적인 안전교육을 실시하는 것이 중요하다.

① 일터에서 안전을 위해 지켜야 할 일

일터에서 안전을 위해 주의해야 할 사항에는 적절한 작업복장 갖추기, 보호구 착용하기, 안전한 근무환경 유지하기, 안전의식 각인하기 등이 포함된다. 다양한 직업과 일터에 대해 탐색하고, 직접 참여하고, 체험해 본 영유아들을 대상으로 다양한 연계활동들을 안전교육의 요소를 포함하여 실시하도록 한다.

〈표 4-21〉 옥외작업자를 위한 미세먼지 대응 건강보호 가이드 기준

<table>
<tr><th></th><th>사전준비</th><th>주의보</th><th>경 보</th></tr>
<tr><td>기준</td><td></td><td>PM2.5 75 ㎍/㎥ 이상 또는
PM10 150 ㎍/㎥ 이상</td><td>PM2.5 150 ㎍/㎥ 이상 또는
PM10 300 ㎍/㎥ 이상</td></tr>
<tr><td>예보 기준</td><td>~나쁨</td><td colspan="2">매우 나쁨</td></tr>
<tr><td rowspan="2">조치 사항</td><td>• 민감군 사전확인
* 폐질환자나 심장질환자, 고령자, 임산부 등
• 비상연락망 구축
• 유해성 주지 및 마스크 착용 교육 · 훈련
• 미세먼지 농도 수시 확인
* TV, 라디오, 인터넷
* 모바일앱(에어코리아)
• 마스크 비치(자율착용)
(※예보기준 '나쁨'단계 이상)</td><td>• 미세먼지 농도 정보 제공
• 마스크 지급 및 착용
• 민감군에 대해 중작업(重作業) 단축 또는 휴식시간 추가 배정</td><td>• 미세먼지 농도 정보 제공
• 마스크 지급 및 착용
• 적절한 휴식
* 휴식하면서 깨끗한 음료 섭취
• 중작업(重作業) 일정 조정 또는 단축
• 민감군 작업단축 또는 휴식시간 추가 부여</td></tr>
<tr><td colspan="3">• 이상 징후자에 대해서는 스스로 작업을 중단하고 휴식하거나 의사의 진료를 받도록 조치</td></tr>
</table>

출처 : 안전보건공단(2019).

② 일터 안전의 중요성

일터 안전의 중요성을 대상별로 구분하여 살펴보면, 먼저 영유아의 입장에서는 영유아기부터 일터 안전에 대해 이해하고 안전의식을 다지게 되며, 영유아교육기관 측에서는 종사자의 직업을 영유아가 이해하고, 영유아교육기관 내에서의 안전사고를 예방하는 것에 도움이 된다. 또한 부모나 지역사회의 입장에서도 영유아가 가정이나 지역사회에서 활동 시 안전하게 일상생활을 영위하고, 즐겁게 놀이할 수 있으며, 여러 가지 위험한 물건 및 설비에 대한 경각심을 가지고 안전하게 사용할 수 있도록 보호하는 데에 의미가 있다.

〈표 4-22〉 안전교육 7대 표준안 직업 안전 내용 체계표

중분류	소분류	주요내용
직업 안전 의식	직업 안전 의식	• 일터에서 위험한 상황 알아보기 • 직업에 따라 필요한 보호장비 알아보기 • 일터에서의 안전보건 표지 알아보기
산업재해의 이해와 예방	산업재해의 이해와 예방	• 산업재해에 대해 알아보기 • 중대재해처벌법 알아보기
직업병	직업병	• 직업병의 의미와 예방 수칙 알아보기

출처 : 교육부(2023).

생각해 봅시다

Q1 '유치원 내에서의 직업 안전'을 주제로 활동을 실시할 경우, 다룰 수 있는 직업의 종류와 역할에 대해 생각해 보시오. 또한 유치원에서 일하는 사람들에게 일어날 수 있는 안전사고 내용을 직업별로 예상하시오.

3) 직업 안전의 실제

〈직업 안전 활동계획안 예시〉

<table>
<tr><td>활동명</td><td colspan="3">유치원에서 일하시는 분들</td></tr>
<tr><td>주제</td><td>직업 안전</td><td>활동시간</td><td>30분</td></tr>
<tr><td>활동유형</td><td>이야기 나누기</td><td>대상연령</td><td>5세</td></tr>
<tr><td>활동목표</td><td colspan="3">• 유치원에서 일하는 사람들에게 일어날 수 있는 안전사고에 대해 알아본다.
• 유치원에서 일어날 수 있는 안전사고에 대한 대처방안을 이야기할 수 있다.
• 서로 다른 생각을 존중하는 태도를 기른다.</td></tr>
<tr><td>활동자료</td><td colspan="3">• 영상 '어른들도 다칠 수 있어요' 편집본, 역할목걸이(15개), 상황 카드, 바구니</td></tr>
<tr><td>활동방법</td><td colspan="2">내 용</td><td>자료 및 유의점</td></tr>
<tr><td>도입</td><td colspan="2">1. '우리는 안전지킴이' 동요를 부르며 주의집중을 한다.
T : 나무반~ 지난 시간에 배웠던 새노래 '우리는 안전지킴이'를 모두 잘 기억하는군요.

2. 〈어른들도 다칠 수 있어요〉 영상으로 동기유발을 한다.
T : '어른들도 다칠 수 있어요'라는 동영상을 보여줄 거예요. 동영상을 볼 때 지켜야 하는 규칙 기억나나요?
C : 조용히 해요./ 앉아서 봐야 해요.
T : 모두들 규칙을 잘 지켜서 동영상을 보도록 해요.
T : 동영상을 보고 기억에 남는 장면이 있나요?
C : 조리사님이 다쳤어요.
T : 조리사님이 기억이 나는구나. 조리사님이 어떤 일을 하다가 다쳤나요? 조리사 선생님께 조심하라고 이야기를 하고 싶었군요.
T : (얼굴과 이름을 융판에 붙이며) ○○선생님, 조리사 선생님, 운전기사 선생님, 영양사 선생님이 있어요.
T : 우리 유치원에서 또 어떤 선생님이 위험한 상황을 겪게 될까요?
T : 선생님이 다친 모습을 본 적이 있나요?

3. 활동을 소개한다.
T : 오늘 우리 나무반이 유치원에서 일하는 사람들에게 일어날 수 있는 안전사고에 대해 이야기해 보도록 해요.</td><td>– 자료) 동요 '안전 지킴이'

– 자료) '어른들도 다칠 수 있어요' 영상

– 영상 시청 시 규칙을 회상한다.</td></tr>
</table>

<table>
<tr>
<td>전개</td>
<td>
4. 토의활동의 전개방법과 내용을 소개한다.
T : 이곳에 있는 선생님들은 유치원에서 위험한 상황을 겪거나 다칠 수 있는 분들이에요.
T : 오늘은 모둠별로 한 선생님씩 정해서, 역할극을 해보려고 해요. 바구니 속에 어떤 것들이 보이나요?
C : 역할목걸이요./ 그림도 있어요.

〈규칙판〉
1. 역할을 정해요.
(우리 모둠 친구들과 각자 하고 싶은 역할을 정해요)
2. 위험한 장면을 행동과 말로 표현해요.
3. 어떻게 하면 선생님이 다치지 않을지 약속으로 생각해 보아요.

T : 모두 할 수 있나요? 큰 바늘이 8에 가는 40분까지 역할극을 준비해 보아요. 선생님이 종을 땡 울려줄게요.
T : 이제 모둠 도우미가 앞으로 나와서 바구니를 가지고 가도록 해요.
T : (뽑기통 활용) 민들레 모둠 자리로 출발~

5. 각자 모둠에 둘러 앉아 토의한다.
T : ○○모둠은 운전기사 선생님이시구나. 역할은 잘 나누었나요? 어떻게 하면 역할을 공평하게 나눌 수 있을까요?
T : 이 상황은 어떤 상황일까요?
T : 아까 보았던 영상에서 운전기사 선생님이 어떻게 되었나요?
T : 역할극으로 보여주려면 어떤 소품이 필요할까요?
T : 친구들은 선생님에게 뭐라고 말해줄 수 있을까요? 약속카드를 가진 친구가 선생님에게 말해줄래요?

6. 대집단으로 모여 역할극을 진행한다.
T : 풀잎반 모두 열심히 역할극을 준비했나요? 오늘은 아쉽지만 시간이 얼마 남지 않아서, 한 팀만 발표를 해보고 나머지 세 팀은 내일 발표를 해도 괜찮을까요?
T : 어떤 모둠부터 역할극을 해볼까요?
C : 뽑기통으로 뽑아요.
T : 그럼 선생님이 뽑기통으로 상황카드를 뽑아보도록 할게요. 오늘의 역할극은 민들레 모둠!
T : 지금부터 민들레 모둠의 역할극을 시작하겠습니다.
</td>
<td>
- 모든 유아들이 공평하게 말할 수 있도록 기회를 준다.

- 역할을 나눌 때, 갈등이 생기지 않는 방법에 대해 생각한다.

- 소극적으로 참여하는 유아를 관찰한다.

- 자료) 뽑기통

- 일상생활과 관련된 다양한 상황을 가정하여 역할극을 구성한다.
</td>
</tr>
</table>

	– 민들레 모둠 역할극 – T : 한 줄로 서서 자신의 역할을 소개해 볼까요? C : 저는 ○○역할을 맡은 ○○○입니다. T : 민들레 모둠의 역할극을 보니 어땠나요? C : 재미있어요./ 웃겨요./ 운전기사 선생님이 위험해 보였어요. T : 민들레 모둠은 어떤 상황이었나요? C : 운전기사 선생님이 사고가 날 뻔 했어요. T : 약속친구인 ○○이는 선생님에게 뭐라고 이야기해 주었지요? C : 조심하세요./ 앞뒤를 살펴야 해요./ 천천히 운전해요. T : 친구들의 역할극을 열심히 들었군요. 운전기사 선생님이 위험한 상황을 겪지 않기 위해 또 어떤 말을 해줄 수 있을까요? C : 신호를 잘 지키세요./ 안전벨트를 꼭 하세요. T : 정말 멋진 생각이네요. 운전기사 선생님께 그렇게 말씀을 드리면 정말 안전하게 운전하실 수 있을 것 같아요.	– 역할극을 본 후 유아가 잘못 이해한 정보는 올바르게 다시 알려준다.
마무리	7. 오늘의 활동을 회상한다. T : 오늘은 유치원에서 일하시는 '어른들도 다칠 수 있어요'라는 영상을 보고 역할극을 해보았어요. C : 우리 모둠은 못했어요. T : 그래요. 시간이 부족해서 한 팀만 역할극을 할 수 있었어요. 내일 꼭 해보도록 해요. 8. 활동을 정리하고 평가한다. T : 오늘 활동하면서 기억에 남는 부분이 있었나요? T : 오늘 어렵거나 아쉬웠던 부분이 있었나요? 9. 확장활동을 안내한다. T : ○○모둠이 이야기한 것처럼 화장실을 다녀온 후에는 우리 유치원에서 다칠 수 있는 선생님들을 위해 언어영역에서 규칙판을 만들어 보도록 해요.	– 모든 유아가 골고루 역할극에 참여할 수 있는 기회를 마련한다.
유의사항	• 활동내용을 가정에서도 부모의 직업과 연계 · 확장하여 지도한다.	

7 응급처치

1) 응급처치의 개념 및 필요성

응급처치란 다친 사람이나 급성질환자에게 사고현장에서 즉시 취하는 조치를 말하며, 신고부터 부상이나 질병을 의학적 처치 없이도 회복될 수 있도록 도와주는 행위를 말한다. 예를 들어, 119 신고, 환자의 기도 및 심박 확보, 기타 상황이 더 악화되지 않도록 지원하는 것을 모두 포함하는 것이 응급처치의 개념이다. 만일 응급처치가 지연되거나 제대로 이루어지지 않을 경우 사망에 이르기도 하며, 소생 후에라도 뇌 손상, 대소근육 손상, 신경 손상 등이 발생하여 정상적 생활을 영위할 수 없게 된다. 예를 들어, 심폐소생술의 경우 발견자의 즉각적 신고와 대응이 생존율을 높이기 때문에, 응급처치 교육은 매우 중요하다.

특히 영유아 안전사고의 경우 발달 특성상 발생하는 안전사고의 종류도 다르고, 성인을 대상으로 하는 응급처치법과는 접근이 다르다. 예를 들어, 심폐소생술이나 하임리히법 같은 경우에도 성인과 시행방법이 다르다. 그렇기 때문에 각 가정의 보호자나 영유아교육기관의 교사가 영유아를 대상으로 한 응급처치 교육에 적극적으로 참여하는 것이 중요하다. 또한 아직 대소근육 사용이 미숙하고 안전의식이 확립되어 있지 못한 영유아들의 경우 불을 좋아하는 특성상 화상사고가 많이 일어나며, 높은 곳에서 뛰어내리는 낙상사고, 혹은 고정된 사물에 부딪치는 사고 등이 빈번하게 발생하기 때문에 다양한 상황을 대비한 응급처치법을 확보하고, 반복하여 연습하여야 한다. 최근 보건소나 소방서 등의 공공기관에서 시민대상 응급처치법 교육참여자가 증가하고 있고, 교사 및 예비교사 대상 안전교육이 의무화되었으며, 영유아교육기관에서는 영유아 대상 응급처치 교육을 연간교육계획안에 포함하여 실시하도록 규정하고 있다.

※ 영유아 화상사고 관련

가열식 가습기에 영·유아 화상 빈발 … "안전장치 미흡"
소비자원 "가습기 피해 92건 중 77% 영·유아"

6일 한국소비자원 발표를 보면, 지난 2020년 1월부터 지난해 10월까지 물을 끓여 수증기를 내뿜는 가열식 가습기를 사용하다가 소비자가 화상을 입은 사례는 모두 92건으로 전체 피해 건수(164건)의 56.1%를 차지했다. 연도별로 보면 2020년 6건, 2021년 16건, 2022년 23건, 2023년 47건으로 매년 증가 추세다. 특히 92건 가운데 77.2%는 만 6살 이하 영·유아에게 발생했다. 호기심이 많은 영·유아가 가습기를 넘어뜨려 화상을 입은 사례가 많았다.

출처 : 한겨레(2024. 2. 6).
https://www.hani.co.kr/arti/economy/consumer/1127457.html

2) 응급처치의 내용

(1) 심폐소생술

① 심폐소생술의 절차

심폐소생술은 다음의 상황이 발생할 때까지 지속되어야 한다.

- 환자의 호흡과 맥박이 되돌아 왔을 때
- 응급구조 요원이 도착하였을 때
- 심폐소생술 처치자가 너무 지쳐서, 처치를 계속 진행할 수 없을 때
- 처치를 지속하기에는 사고 현장이 위험한 상황일 때
- 30분 이상 심정지 상태가 지속될 때

■ 성인 심폐소생술(8세 이상)

i 의식 확인

- 척추 부상이 의심되면 반드시 필요한 경우에만 환자를 움직인다.

- 환자의 어깨를 가볍게 치거나 흔들면서 환자의 귀에 가까이 대고, "괜찮아요?"라고 소리쳐서 의식 상태를 확인한다.

ii 도움 요청

- 주변에 있는 사람을 손가락으로 지목하여, 119에 신고해 달라고 부탁한다.
- 주변에 아무도 없으면 도와달라고 소리치거나 직접 전화한다.

iii 자세 바로잡기(통나무 굴리기법)

- 환자의 머리, 몸, 다리를 동시에 부드럽게 통나무 굴리듯이 돌려서 바로 눕힌다.
- 외상이 의심될 때는 눕히는 과정에서 환자의 부상을 악화시키지 않도록 주의한다.
- 몸이 틀어지면 척추나 목에 손상이 있는 환자에게 치명적인 손상을 입힐 수 있다.

iv 기도 열기

- 환자의 입이 닫히지 않도록, 이마를 누르고 뒤쪽으로 밀어서 머리를 젖힌다.
- 기도가 열릴 수 있게 목을 들어올린다.
- 환자의 턱을 들어올린다. 이때 엄지를 사용하지 않도록 하며, 턱 밑의 살을 누르지 않도록 한다.

※ 척추 부상이 의심될 때는 환자의 머리나 목을 움직여서는 안 된다. 이때는 머리를 뒤로 젖히지 않고 턱을 들어올린다.

v 호흡 확인(10초 이내)

- 기도를 개방한 채로 환자의 입과 코에 귀를 댄다.
- 눈으로 환자의 가슴이 오르내리는지 움직임을 확인하면서, 귀로 호흡을 들으며 뺨으로 숨을 느껴본다.
- 5~10초간 호흡을 확인한다.

vi 인공호흡

- 목을 뒤로 젖혀 기도가 열린 상태를 유지한다.
- 환자의 코를 엄지와 검지로 막는다.

- 숨을 크게 들이쉬고, 처치자의 입으로 환자의 입 전체를 막는다.
- 매회 1초간 공기를 천천히 불어넣는다. 이때 가슴의 상승을 확인하여, 충분히 부풀어 오를 정도로 불어넣는다.
- 숨을 불어넣은 후 코를 잡았던 손을 놓아 숨을 내쉴 수 있도록 한다.
- 한 번 더 실시한다.
- 환자의 가슴으로 숨이 들어가지 않으면, 이물질에 의한 기도폐쇄를 의심할 수 있다.

vii 흉부압박

- 흉부압박으로 효과적인 혈류를 유발하려면, 가슴을 세게 그리고 빠르게 압박하여야 한다.
- 양쪽 젖꼭지를 이은 가상선 흉골의 중앙 아랫부분을 압박한다.
- 양손을 평행하게 깍지 끼고, 손바닥의 아랫부분을 압박점에 댄 후, 어깨 힘이 압박점에 수직으로 실릴 수 있도록 팔꿈치를 곧게 뻗어 압박한다.
- 분당 100회의 속도로, 약 4~5㎝ 정도의 깊이(흉부전후직경의 1/2 또는 1/3)를 30회 압박한다.
- 압박과 이완의 시간은 1:1 정도로 하며, 압박된 가슴은 완전히 이완되도록 한다.
- 흉부압박과 인공호흡의 비율은 30:2를 권장한다.
- 응급의료종사자가 도착하거나, 자동심장충격기를 사용할 수 있게 되거나, 환자가 회복되어 움직이기 시작할 때까지 흉부압박과 인공호흡을 계속 진행한다.
- 압박중단시간이 10초를 넘기지 않도록 한다.

■ 소아 심폐소생술(1~8세)

i 의식 확인

- 소아의 신체 일부에 가볍게 자극을 주거나, 이름을 불러 소아가 반응을 하거나 소리를 내는지 의식 상태를 확인한다.

ii 도움 요청

- 주변에 있는 사람을 손가락으로 지목하여, 119에 신고해 달라고 부탁한다.
- 주변에 아무도 없으면 도와달라고 소리치거나 직접 전화한다.

iii 자세 바로잡기(통나무 굴리기법)

- 소아의 머리, 몸, 다리를 동시에 부드럽게 통나무 굴리듯이 돌려서 바로 눕힌다.
- 외상이 의심될 때는 눕히는 과정에서 더 큰 손상을 더하지 않도록 주의한다.

iv 기도 열기

- 소아의 이마를 누르고 뒤쪽으로 밀어서 머리를 젖히고, 턱을 들어올려서 기도를 유지한다.
- 입 안에 이물질이 확실하게 보이면, 손가락으로 이물질을 쓸어내듯 꺼낸다.
- 소아의 기도 위치와 크기는 성인과 약간 차이가 있으며, 기도가 쉽게 폐쇄될 수 있기 때문에 정확한 기도유지 방법이 필요하다. 소아의 목의 관절각이 180°를 넘은 상태가 되거나 굴곡되면, 오히려 기도를 막을 수 있기 때문에 머리를 성인보다 더 중립 위치에 놓아야 한다.
- 소아의 어깨 밑에 수건을 접어놓아서 기도를 일직선으로 유지하도록 한다.

v 호흡 확인(10초 이내)

- 기도를 개방한 채로 소아의 입과 코에 귀를 댄다.
- 눈으로 소아의 가슴이 오르내리는지 움직임을 확인하면서, 귀로 호흡을 들으며 뺨으로 숨을 느껴본다.
- 5~10초간 호흡을 확인한다.

vi 인공호흡

• 목을 뒤로 젖혀, 기도가 열린 상태를 유지한다.
• 소아의 코를 엄지와 검지로 막는다.
• 숨을 크게 들이쉬고, 처치자의 입으로 소아의 입 전체를 막는다.
• 매회 1초간 공기를 천천히 불어넣는다. 이때 가슴의 상승을 확인하여, 충분히 부풀어 오를 정도로 불어넣는다.
• 숨을 불어넣은 후 코를 잡았던 손을 놓아 숨을 내쉴 수 있도록 한다.
• 한 번 더 실시한다.
• 소아의 가슴으로 숨이 들어가지 않으면, 이물질에 의한 기도폐쇄에 의한 응급처치를 실시해야 한다.

vii 흉부압박

• 소아의 양쪽 젖꼭지를 이은 가상선 흉골의 중앙 아랫부분을 압박한다.
• 소아의 경우 한 손으로 압박을 하고, 다른 한 손으로는 머리가 뒤로 젖혀진 상태를 유지할 수 있도록 이마에 댄다.
• 명치를 누르지 않도록 주의한다.
• 분당 100회의 속도로, 약 4~5㎝ 정도의 깊이(흉부전후직경의 1/2 또는 1/3)를 30회 압박한다.
• 압박과 이완의 시간은 1:1 정도로 하며, 압박된 가슴은 완전히 이완되도록 한다.
• 흉부압박과 인공호흡의 비율은 30:2를 권장한다.
• 응급의료종사자가 도착하거나, 자동심장충격기를 사용할 수 있게 되거나, 소아가 회복되어 움직이기 시작할 때까지 흉부압박과 인공호흡을 계속 진행한다.
• 압박중단시간이 10초를 넘기지 않도록 한다.
• 주위에 도와줄 사람이 없어 응급의료체계에 신고를 못한 경우 인공호흡을 30:2로 하여 5주기 실시 후 응급의료체계에 신고한다.

■ 영아 심폐소생술(12개월 미만)

i 의식 확인

- 영아의 발바닥을 자극하여 반응을 보이는지 확인한다.

ii 도움 요청

- 주변에 있는 사람을 손가락으로 지목하여, 119에 신고해 달라고 부탁한다.
- 주변에 아무도 없으면 도와달라고 소리치거나 직접 119에 전화한다.

iii 자세 바로잡기(통나무 굴리기법)

- 영아를 단단한 표면에 똑바로 눕힌다.

iv 기도 열기

- 영아의 목은 매우 유연하기 때문에 머리를 젖히고 턱을 들어올릴 때 부드럽게 해야 하며, 머리가 너무 지나치게 젖혀지지 않도록 한다.
- 영아의 코나 입 안에 이물질이 확실하게 보이면, 손가락으로 이물질을 쓸어내듯 제거해 낸다.
- 영아의 기도 위치와 크기는 성인과 약간 차이가 있으며, 기도가 쉽게 폐쇄될 수 있기 때문에 정확하게 기도를 유지해야 한다.
- 영아의 어깨 밑에 수건을 접어놓아서 기도를 일직선으로 유지하도록 한다.

v 호흡 확인(10초 이내)

- 기도를 개방한 채로 영아의 입과 코에 귀를 댄다.
- 눈으로 영아의 가슴이 오르내리는지 움직임을 확인하면서, 귀로 호흡을 들으며 뺨으로 숨을 느껴본다.
- 5~10초간 호흡을 확인한다.

vi 인공호흡

- 목을 뒤로 젖혀 기도가 열린 상태를 유지한다.

- 영아의 코를 엄지와 검지로 막는다.
- 숨을 크게 들이쉬고, 처치자의 입으로 영아의 입 전체를 막는다.
- 매회 1초간 공기를 천천히 불어넣는다. 영아의 경우에는 아주 적은 양의 숨으로 가슴의 상승을 확인하면서 불어 넣는다.
- 숨을 불어넣은 후 코를 잡았던 손을 놓아 숨을 내쉴 수 있도록 한다.
- 한 번 더 실시한다.
- 영아의 가슴으로 숨이 들어가지 않으면, 이물질에 의한 기도폐쇄에 의한 응급처치를 실시해야 한다.

ⅶ 흉부압박

- 영아의 양쪽 젖꼭지를 이은 가상선 흉골의 중앙 아랫부분에 3, 4번째 손가락을 놓는다.
- 영아의 경우 3, 4번째 손가락으로 압박한다.
- 명치를 누르지 않도록 주의한다.
- 분당 100회의 속도로 약 4~5㎝ 정도의 깊이(흉부전후직경의 1/2 또는 1/3)를 30회 압박한다.
- 압박과 이완의 시간은 1:1 정도로 하며, 압박된 가슴은 완전히 이완되도록 한다.
- 흉부압박과 인공호흡의 비율은 30:2를 권장한다.
- 응급의료종사자가 도착하거나, 자동심장충격기를 사용할 수 있게 되거나, 영아의 호흡이 돌아올 때까지 흉부압박과 인공호흡을 계속 진행한다.
- 압박중단시간이 10초를 넘기지 않도록 한다.
- 주위에 도와줄 사람이 없어 응급의료체계에 신고를 못한 경우 인공호흡을 30:2로 하여 5주기 실시 후 응급의료체계에 신고한다.

② 심폐소생술의 합병증과 예방법

가. 위 팽만

- 원인 : 성인보다 영유아에게서 흔하게 발생하며, 인공호흡 시 너무 빠르게 많은 호흡량을 불어넣었을 때 나타나는 증상이다. 위 팽만으로 인한 구토

나 위 역류로 구토물이 기도나 폐로 넘어갈 수 있으니 주의한다.

- **예방법** : 인공호흡 시 가슴이 올라오는 정도를 보며, 숨을 천천히 불어넣어야 위 팽만을 최소화할 수 있다.

나. 구토

- **원인** : 위 팽만으로 음식물이 역류하여 나타날 수 있다.
- **예방법** : 구토가 끝날 때까지 옆으로 눕히거나 고개를 옆으로 돌려준다. 구토가 멈추면 다시 심폐소생술을 진행해야 한다.

다. 흉부압박에 따른 골절, 내부 장기 손상, 열상 및 좌상

- **원인** : 흉부를 압박하는 위치나 깊이가 적절하지 않았을 경우, 갈비뼈(늑골) 골절, 폐나 간, 비장 등의 내부 장기 손상을 유발할 수 있다.
- **예방법** : 흉부압박 위치를 정확하게 위치하여 진행하며, 수직으로 누를 수 있도록 한다. 또한 압박 강도를 조절하여 너무 깊게 압박하지 않는다.

(2) 이물흡입으로 인한 기도폐쇄

① 원인

기도폐쇄는 이물질이 기도로 들어가 막히는 것으로, 기도가 막히게 되면 영유아는 숨을 쉴 수 없게 된다. 보통 만 5세 이하의 영유아는 구강을 통해 사물을 탐색하는 시기로, 아직 기도가 작고, 기침을 통해 기도의 이물질을 배출해 낼 수 있는 능력이 미숙하기 때문에 발생한다. 주로 영유아의 기도폐쇄의 원인이 되는 음식으로는 떡, 핫도그, 당근이나 사과 조각, 포도알, 땅콩, 건포도, 젤리, 사탕, 과일의 씨, 토마토, 팝콘, 껌 등이 있다. 음식물 외에도 동전, 구슬, 풍선, 장난감, 원형 배터리 등이 기도폐쇄의 원인이 된다.

② 증상

- 숨 쉬기 힘들어하거나 숨을 쉬지 못한다.
- 호흡 시 천명음(쌕쌕 소리)이 들린다.
- 목 부분을 잡고 기침을 하려고 한다.
- 얼굴이나 입술, 손톱이 파랗게(청색증) 변한다.
- 영유아가 말을 하지 못한다.
- 기침을 제대로 하지 못한다.

기도폐쇄의 종류

- 부분 기도폐쇄 : 기도의 일부만 폐쇄되어 호흡곤란이 심하지 않은 경우로, 기침을 할 수 있고, 울거나 말을 할 수 있다. 영유아가 스스로 세게 기침을 할 수 있다면, 기침을 통해 이물질을 뺄 수 있도록 한다. 이물질이 목에 걸린 것이 보인다면 손가락으로 빼낸다.
- 완전 기도폐쇄 : 기도가 완전히 폐쇄되어 있거나 환기 상태가 불량한 상태로, 기침이나 말을 하는 것이 불가능하며, 호흡곤란이 심하여 청색증이 발생하고, 의식을 잃기도 한다. 이런 경우에는 바로 119나 병원 응급실에 전화하여 구조요청을 하고 응급처치를 진행한다.

③ 응급처치 방법

가. 의식이 있는 소아의 이물흡입에 의한 기도폐쇄 시 처치

소아가 의식이 있는 상태에서 말을 하거나 기침을 할 수 있다면, 부분 기도폐쇄로 기침을 할 수 있도록 격려한다. 그러나 말이나 기침을 할 수 없으며 호흡곤란이 심하다면 완전 기도폐쇄 상태로 보고 하임리히법을 실시한다. 부분 기도폐쇄라도 청색증이나 호흡곤란이 심하다면 하임리히법을 실시한다.

하임리히법(1세 이상)

i	등 뒤에서 소아의 허리를 두 팔로 감싼다(팔뚝이 갈비뼈를 누르지 않도록 주의)
ii	한 손은 주먹을 쥐고 엄지손가락 부분을 소아의 배꼽과 명치 사이의 위장 부분에 둔다.
iii	다른 한 손으로 주먹 쥔 손을 감싼다.
iv	주먹으로 소아의 복부를 빠르게 위로 밀어 올린다. 5회 반복한다.
v	이물질이 빠져 나오거나 기침을 하고 숨을 쉴 수 있을 때까지 반복한다.

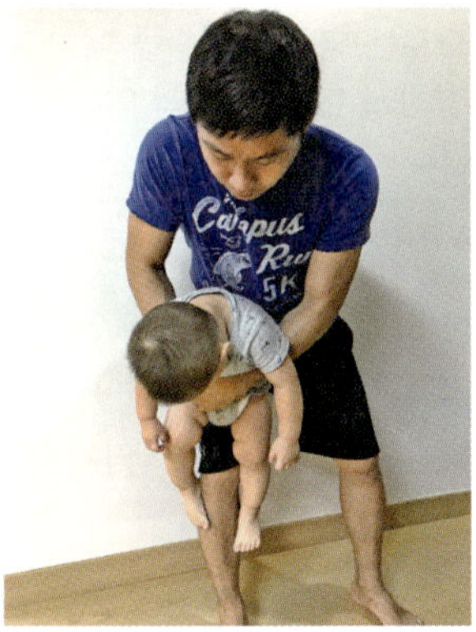

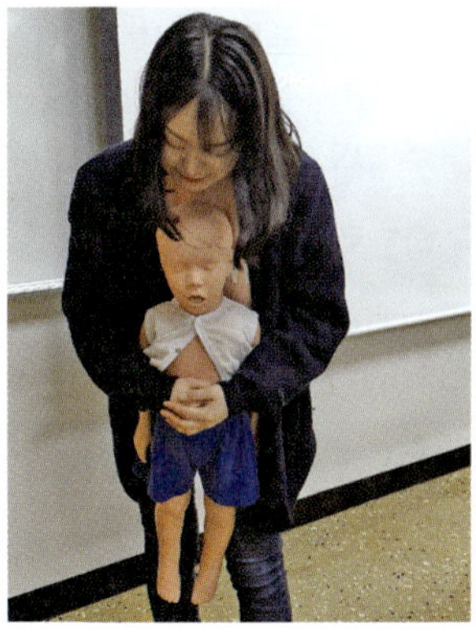

나. 의식이 없는 소아의 이물흡입에 의한 기도폐쇄 시 처치

처치를 진행하는 중에 소아가 숨을 쉬지 않고, 의식을 잃거나, 의식을 잃은 채 발견되면 응급구조대에 신고한 후 심폐소생술을 실시한다.

다. 의식이 있는 영아의 이물흡입에 의한 기도폐쇄 시 처치

영아의 경우에는 복부 내장이 약해 간이 파열될 수 있기 때문에 하임리히법을 사용하지 않는다. 의식이 있는 영아의 이물질에 의한 기도폐쇄 시에는 등치기 5회, 흉부압박 5회를 이물질이 나와 영아가 울거나 의식이 없어질 때까지 반복한다.

라. 의식이 없는 영아의 이물흡입에 의한 기도폐쇄 시 처치

등치기와 흉부압박을 실시하던 중 영아가 의식을 잃은 경우 심폐소생술을 실시한다. 기도를 개방하고 입안을 확인하여 이물질이 보이면 제거한다.

영아가 의식이 없는 채로 발견됐다면, 영아 심폐소생술 절차에 따라 5주기(2분간) 응급처치를 하며 응급구조대에 도움을 요청한다.

하임리히법(12개월 미만)

i	한 손은 영아의 목과 머리를 지지한다. 팔뚝으로는 영아의 가슴을 받치고, 엄지와 검지 사이에 영아의 턱을 끼고 얼굴이 아래로 향하게 한다. 영아의 머리가 몸보다 낮게 유지할 수 있도록 하고, 고개를 한쪽으로 돌린다.
ii	손바닥 하부로 어깨 견갑골(어깨 죽지) 사이를 빠르고 세게, 1초당 한 번씩 5회 쳐준다.
iii	영아를 지지한 상태에서 다른 쪽 팔 위로 안전하게 돌려서 영아의 얼굴이 위를 향하게 한다. 이때 영아의 머리가 가슴보다 낮은 위치에 유지하여야 한다.
iv	양쪽 젖꼭지를 이은 가상선과 흉골의 하부, 흉부중앙선이 만나는 지점에서 손가락 두 개를 놓고 흉부압박을 실시한다.
v	흉부를 1/2에서 1/3 정도의 깊이로 들어가도록, 1초 간격으로 5회 빠르게 누른다. 영아가 의식을 잃을 경우에는 심폐소생술을 실시한다.
vi	이물질이 나오지 않을 경우, 다시 등을 5번 쳐준다.
vii	이물질이 나오고 영아가 울거나, 의식을 잃을 때까지 번갈아 계속 시행한다.

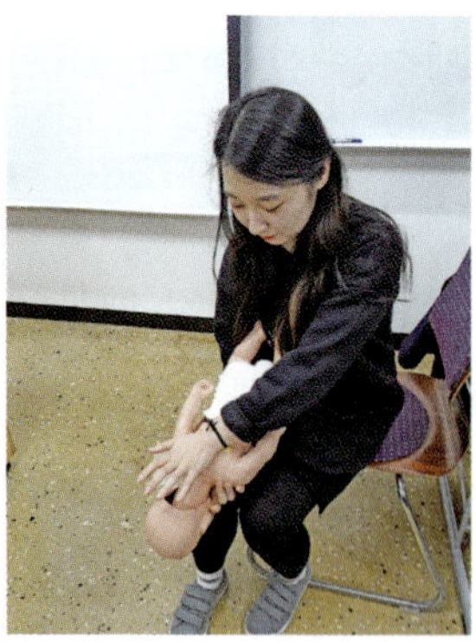

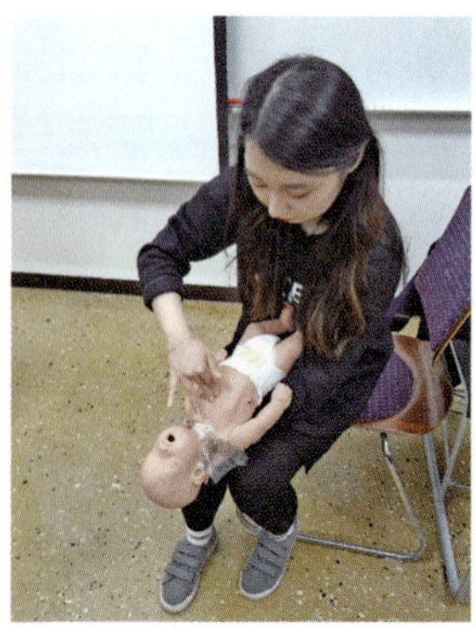

④ 주의할 점

입안에 이물질이 보이면 손으로 잡으려 하지 말고, 손가락 끝으로 훑어낸다. 손가락 끝으로 이물질을 잡으려고 하다가는 자칫 이물질을 안쪽으로 밀어 넣을 수 있으므로, 손을 깊숙이 넣은 다음에 밖으로 훑어내는 방법이 바람직하다.

(3) 골절

① 원인

뼈에 강한 외력이 강해지는 경우 외상 후에 발생하게 된다. 교통사고, 타박 등의 직접적인 외상에 의해서나, 뼈에 붙은 근육이나 인대에 갑작스럽게 힘이 가해지면서 뼈를 잡아당겨 골절이 생긴다.

② 증상

가. 폐쇄골절 : 손상 뼈의 주위 피부가 찢어지지 않는 골절

나. 개방골절 : 상처가 나거나 깨진 뼈가 피부를 뚫는 골절

다. 폐쇄골절과 개방골절이 아닌 경우

- 변형 : 본래의 상태에 위치하지 않고 짧아지거나, 각이 지거나 사지가 회전하게 되는 상태, 손상된 사지와 반대편의 정상적인 사지를 비교하여 구분한다.
- 압통 : 그 부위를 부드럽게 압박하면 골절부위에 통증이 있다.
- 운동제한 : 손상부위를 움직이면 통증을 느끼므로 움직이려 하지 않고, 움직임이 어렵거나 제한된다.
- 부종 및 멍(반상출혈) : 골절부위에서 부어오르거나, 피부·점막에 출혈된 것이 피부색 변화로 보인다.
- 마찰음 : 골절부위에서 골절된 양측 뼈의 면이 서로 부딪힐 때 마찰을 감지한다.

• 가성운동 : 관절이 아닌 부위에서 관절처럼 골격의 움직임이 관찰되기도 한다.

③ 응급처치

상황파악 및 구급대원 현장 도착 전 응급처치
경우 1) 신체부위가 골절되었는가? → 직접적인 위험이 없다면, 영유아를 이동시키거나 골절부위를 건드리지 않는다.
경우 2) 심한 출혈, 척추나 목의 통증 및 마비증상이 있는가? → 영유아를 안정시키고 보온한다.
※ 골절 그 자체는 심각한 상처가 아니나, 다른 합병증이 야기될 때 응급상황이 발생한다.

④ 주의할 점

• 골절된 영유아를 함부로 옮기거나 다친 곳을 건드려, 부러진 뼈끝이 신경, 혈관 또는 근육을 손상시키지 않도록 한다.

• 근육을 손상시키거나 피부를 뚫어, 복합골절이 되게 하는 일이 없도록 조심한다.

• 부목을 대기 전에 다친 곳 아래를 만져보아 감각이 있는지, 맥박을 만져 피가 잘 통하는지, 사지를 움직이게 하여 운동능력이 있는지 확인한다.

• 개방된 상처인 경우 부목을 대기 전에 깨끗하게 드레싱을 해주고, 부목은 개방 상처의 반대편에 대어준다.

• 골절부위에 출혈이 있을 경우 출혈을 방지하고, 부목을 대기 전에 드레싱을 먼저 시행한다.

• 부목 사용 시 손상된 곳의 위아래의 관절을 함께 고정하여 움직이지 않도록 한다.

• 뼈가 외부로 노출된 경우 억지로 뼈를 안으로 밀어 넣으려고 하지 말아야

한다.

- 외부로 노출된 뼈가 다시 안으로 들어간 경우 반드시 119 구급대원이나 의사에게 알린다.

부목법

부목은 통증을 감소시키고 부러진 뼈끝이 움직이지 않도록 하여 근육, 신경이 더 이상 손상되지 않도록 방지한다.

① 다친 곳을 움직이지 않도록 고정한다.
② 얼음을 대주거나 찬물 찜질을 한다.
(혈관수축으로 부종 및 염증 감소와 동시에 근육경련 감소)
③ 다친 곳을 압박 붕대로 감는다.
④ 다친 곳을 올린다(가능하면 다친 후 24시간 동안은 다친 곳을 심장보다 15cm 정도 높이 올린다).

⑤ 만약 주위에 부목이 없으면, 대체할 수 있는 생활용품(신문지 말은 것, 상자, 판자 등)을 이용한다.
⑥ 구급차가 현장에 도착할 때까지 영유아를 움직이지 않도록 한다.

| 그림 4-20 | 부목대용품
출처 : 소방청 홈페이지.

(4) 출혈

① 원인

출혈이란 외상이나 심혈관계 질환으로 혈관이 손상되어, 신체의 외부 혹은 내부에서 피가 나는 상태를 말한다.

② 증상

가. 외부출혈 : 개방성 상처에서 피가 흘러나오는 것을 눈으로 볼 수 있다.

나. 내부출혈 : 몸속에서 진행되어 출혈이 눈에 보이지 않는 경우를 말한다. 육안으로는 관찰이 어려워 발견하기가 힘들며. 출혈량이 많을 경우 쇼크로 생명을 위협할 수 있다.

내부출혈의 징후

- 피부의 멍이나 타박상
- 복통, 복부팽만이나 만질 때 통증을 느끼고, 멍이 나타날 수 있음
- 갈비뼈 골절 혹은 가슴에 멍
- 기침할 때나 대변, 소변, 토사물에 피가 섞여 나옴
- 질 출혈

③ 응급처치

상황파악 및 구급대원 현장 도착 전 응급처치

경우 1) 출혈이 심한가? → 출혈 부위를 계속해서 손으로 압박한다.
경우 2) 쇼크증상을 보이는가? → 다리와 발을 지면에서 15~30cm 높게 위치시킨다(호흡이 나빠지면 일으켜 세운다).
경우 3) 신체의 일부분이 절단되었는가? → 절단 부위를 찾는다.
경우 4) 속이 미식거리거나, 구토를 하는가? → 옆으로 눕힌다.
경우 5) 신체에 이물질이 박혀있는가? → 제거하지 않는다.

가. 직접압박 지혈 : 가장 보편적이며 효과적인 지혈법으로, 직접압박으로 대부분의 출혈을 멈출 수 있다. 만약 직접압박 지혈로 지혈이 되지 않을 때는 출혈부위에서 몸통 방향으로 가까이 위치한 동맥부위를 압박한다

(예 팔에서 피가 나면 윗팔동맥, 다리에서 피가 나면 사타구니 동맥을 눌러 멈추게 할 수 있다).

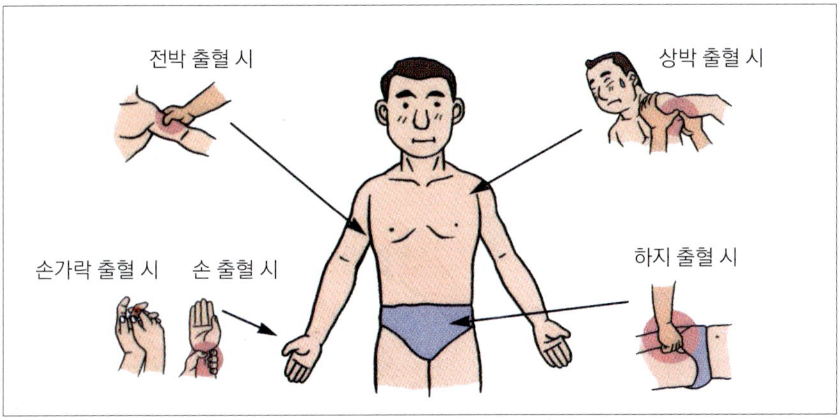

| 그림 4-21 | 위치별 지혈방법

출처 : 소방청 홈페이지.

- 상처부위를 소독거즈나 깨끗한 헝겊으로 덮는다.
- 출혈이 멈추지 않으면, 더 강하게 부위를 넓혀서 압박한다.
- 출혈이 멈추면, 소독 거즈를 덮은 채로 압박붕대를 감아준다.
- 출혈부위를 심장보다 높여준다.

나. **동맥점 압박 지혈** : 팔이나 다리의 출혈이 직접압박으로 멈추지 않으면, 동맥의 근위부를 압박하여 지혈한다. 직접압박, 거상, 압박점 이용 지혈을 동시에 시행한다. 상지출혈은 상완동맥을, 하지출혈은 대퇴동맥을 압박한다.

다. **지혈대를 이용한 지혈** : 지혈대는 다른 방법으로도 출혈을 멈출 수 없을 때 사용하는 방법이다. 신경이나 혈관에 손상을 줄 수 있기 때문에, 시간마다 지혈대를 풀어서 팔이나 다리가 괴사되지 않도록 하는 것이 중요하다.

- 생명과 직결되지 않는 한 지혈대를 사용하지 않는다.
- 지혈대의 착용시간을 환자인 영유아의 이마에 기록한다.
- 무릎이나 팔꿈치 등 관절부위는 착용시키지 않는다.
- 밧줄이나 철사와 같이 폭이 좁은 것은 절대 사용하지 말아야 하며, 폭이 넓고 평평한 것을 사용한다.
- 병원 도착 전까지 지혈대를 풀지 않는다.

④ 주의할 점

- 출혈이 심한 경우에는 수술을 받을 경우를 생각하여, 다친 영유아에게 물을 주어서는 안 된다.
- 지혈을 할 때 상처부위의 이물질을 빼거나, 지혈용 가루를 사용하는 것은 오히려 상태를 악화시키거나 병원에서의 처치를 지연시킬 수 있다.
- 특별히 필요한 경우가 아니면 맨손으로 상처부위를 만지지 않는다. 처치가 끝나면 반드시 손을 비누 등으로 깨끗하게 씻는다.
- 눈의 상처, 상처에 이물이 박혀있을 때, 두개골 골절의 경우에는 직접압박지혈을 하지 않는다.
- 만일 거즈를 대고 감았으나 피가 멈추지 않고, 상처에 댄 소독거즈 위로 피가 배어나와 계속 피가 흐르는 경우는 피로 젖은 거즈를 제거하지 말고, 그 위에 새 거즈를 계속 덧대고 누른다.
- 압박붕대는 피가 순환되지 않을 정도로 너무 단단히 감지 않는다.

⑤ 출혈이 멈추지 않을 때

출혈이 심하고, 멈추지 않을 경우에는 쇼크에 빠질 수 있다. 영유아의 피부가 창백하고, 차갑고, 축축해지며, 빠르고 얕은 숨을 쉴 경우, 맥박이 약할 경우, 어지러워하는 경우에는 출혈에 대한 치료를 계속하면서 응급구조대에 연락을 해야 한다. 봉합해야 하는 상처가 있거나, 이물이 깊이 박혀 제거되지 않을 경우에는 반드시 병원으로 데리고 가서 신속하게 치료를 해야 2차 감염을 예방할 수 있다.

코의 출혈

코피는 대부분 공기가 건조하고 바람이 강하게 불 때, 코 후비기, 머리나 얼굴에 충격이 가해졌을 때, 코의 외상 등에 의해 나타난다.

일단 코피가 나는 영유아를 앉은 상태에서 머리를 앞으로 숙여, 피가 폐로 넘어가지 않도록 한다. 영유아에게 입으로 호흡하도록 하고, 윗입술과 잇몸 사이에 둥글게 말은 거즈를 넣고, 코를 손가락으로 눌러 약 5분간 압박을 가해준다. 계속 코피가 흐르면 10분을 더 압박한다. 코 위에 얼음주머니를 올려주는 것도 지혈에 도움이 된다. 15~20분 이상 출혈이 계속되고 피가 목으로 넘어갔다면, 질식하거나 구토, 메스꺼움을 일으킬 수 있으므로 의사에게 진찰을 받는다.

코피가 30분 이상 지속되거나, 자주 코피가 나는 영유아는 병원을 방문하여 치료를 받도록 한다.

귀의 출혈

영유아의 귀를 손상된 쪽으로 기울여서 피나 액체가 흘러나오도록 한 후, 소독거즈로 귀를 덮고, 테이프로 살짝 붙인다. 이때 귀를 귀마개로 막거나 흐르는 혈액을 막지 말아야 한다.

(5) 화상

① 원인

화상은 열이나 화학물질이 피부에 닿거나, 마찰로 인해 피부와 피하조직이 손상된 상태를 말하며, 보통 화재나 뜨거운 증기, 기름, 물, 주방기구, 화학약품, 전기 등으로 인해 발생한다. 화상은 전해질과 체액의 손실 및 세균의 침투를 유발하기도 한다. 또한 열에 의한 손상은 직접적인 열에 의해서도 일어나지만, 일산화탄소와 분진들을 흡입하여도 발생한다.

② 증상

일반적으로 화상은 손상된 신체조직의 깊이와 정도에 따라 1도에서부터 3도 화상으로 나눈다.

- 1도 화상 : 피부 표피층에 화상을 입은 경우로, 피부는 빨갛게 변하고 부종이 생길 수 있으며 통증은 있지만 수포는 없다.
- 2도 화상 : 피부 표피층과 진피층까지 완전히 손상된 상태로, 수포가 생기며 통증이 심하다.
- 3도 화상 : 피부층뿐만 아니라 피하조직과 근육층까지 손상된 심각한 화상으로, 피부가 까맣게 타버리거나 회백색으로 변한다. 신경이 손상된 경우에는 화상부위를 눌러도 통증을 느끼지 못하고, 감각이 마비된다.

③ 응급처치

영유아가 정신을 잃거나 맥박과 호흡이 희미해지면 쇼크로 인해 위험하므로, 빨리 응급구조대로 연락한다.

- 화상부위에 빠르게 차가운 물을 끼얹거나, 차가운 물에 담가서 10분 정도 식혀준다.
- 입고 있는 옷은 억지로 벗기지 말고 가위로 잘라내야 하며, 떨어지지 않는 옷은 떼지 말고 그대로 식힌다.
- 소독된 거즈나 손수건으로 상처부위를 넓게 덮어준다.
- 상처에 크림이나 로션 등은 절대로 발라주지 않는다. 이러한 것들은 살균

되어 있지 않아 감염의 위험이 있고, 열기를 내보내지 못해 상처를 악화시킨다.

- 산이나 알칼리 등 화학물질에 의한 화상일 경우에는, 상처부위를 낮게 하고 즉시 수돗물로 씻어낸다.
- 석회가루는 물에 접촉하면 열이 발생하기 때문에 가루를 먼저 충분히 털어낸 후, 흐르는 물로 세척한다.
- 증기나 전기에 의한 화상은 즉시 응급실로 간다.
- 화상부위가 넓고 영유아가 어지러워하고 기운이 없으며, 피부가 창백하고 차가우면 쇼크가 오는 것으로 생각하고 응급구조체계에 신고 후, 쇼크에 대한 응급처치를 실시한다.

④ 주의할 점

- 환부를 식히거나 옷을 벗기려는 시도는 영유아의 상태를 더욱 악화시켜 생명에 영향을 미칠 수도 있다.
- 흐르는 물로 상처를 식힐 때, 수압이 너무 세면 상처에 흠집이 생길 수 있으므로 물은 약하게 튼다.
- 죽은 피부를 제거하거나 물집을 터트리는 것은 세균감염을 일으킬 수 있다.
- 화상부위를 찬물에 10분 이상 담그지 않는다.
- 얼음, 된장이나 간장, 연고, 보풀이 있는 면붕대 또는 압박붕대 등을 화상부위에 절대 적용하지 않는다.
- 화상에 대해 아는 것이 없을 경우 응급구조대에 연락한다.

(6) 경련

① 원인

영유아 경련의 가장 흔한 원인은 대부분 고열로 인한 열성경련이다. 그 외에도 간질, 감염, 중독, 저혈당, 감정적 변화로 인한 분노발작, 알레르기, 두부손상을 포함한 외상, 저산소 등으로도 경련이 나타날 수 있다. 그러나 상당수의 경우는 원인불명인 경우도 많다.

② 증상

열성경련의 경우 보통 생후 6개월~6세 영유아에게서 흔히 발생하며, 처음 고열이 오르면서 2~3분 경련 후 열이 내리면 대부분은 멈춘다. 영유아의 경련은 잠깐 또는 장기화될 수 있으나, 생명을 위협하는 경우는 드물다. 영유아가 경련을 일으킬 때 응급처치의 목적은 경련을 멈추는 것보다는 경련 중에 외상을 입지 않도록 보호하는 데에 목적이 있다. 경련의 주요 증상은 다음과 같다.

- 몸이 뻣뻣하게 굳어지면서 통제할 수 없는 몸의 움직임
- 입술이 파래지고 안색이 창백해짐
- 안구가 뒤로 넘어감
- 입에서 거품이 남
- 대소변 조절능력 상실
- 호흡곤란
- 의식 상실

③ 응급처치

- 영유아의 몸을 편안하게 누이고 옷을 느슨히 풀어준다.
- 주변의 위험한 물건을 치운다.
- 경련을 하는 동안 영유아를 붙잡거나, 근육의 움직임을 강제로 억제하지 않는다.
- 영유아가 경련을 하는 중에 구토를 한다면, 고개를 옆으로 돌려 토한 것이

기도로 넘어가지 않도록 한다.

- 대부분 열에 의한 경련이므로 열을 내려준다.
- 영유아의 전신을 골고루 미지근한 물로 닦아준다.

④ 주의할 점

- 대부분의 경련은 5~10분 이내에 멈추니 침착하게 대처한다.
- 영유아의 경련은 대부분 고열 때문이고, 이것은 심각한 것이 아닌 경우가 많다.
- 오래 지연되지 않은 발작(30~45분 이상)은 뇌 손상을 야기하지 않는다.
- 영유아의 몸을 억지로 통제하지 않는다.
- 입을 강제로 열어 영유아의 혀를 잡으려고 시도하지 않는다.
- 경련이 10분 이상 계속될 경우, 응급의료서비스 기관에 연락한다.

(7) 중독

① 원인

중독은 독성이 있는 물질이 신체에 들어와 일시적이거나 영구적인 손상을 가져오는 것을 말한다. 중독은 독성이 있는 물질을 입으로 삼키거나, 코로 기체를 들이마시거나, 피부를 통해 흡수되거나, 눈을 통해 스며들어 발생하며, 주사로 주입되는 경우도 있다. 중독은 흔히 집이나 교육현장 등의 일상생활에서 사용하는 독성이 있는 물질에 의하여 우연한 사고로 발생하는 경우가 많으나, 종종 일부러 자행될 때도 있다. 가정에서 사용하는 약이나 맑은 액체, 집에서 키우는 화초에 주는 농약이 중독의 일반적인 원인이 된다. 종종 변질된 음식이나 독성이 있는 음식물을 섭취하였을 때, 약물을 잘못 사용하였을 때 중독이 일어나는 경우도 많다.

중독의 종류

- 저독성 물질 섭취 : 흙, 풀, 크레용 등
- 위험물질에 의한 중독 : 강산, 강알칼리 등
- 흡입에 의한 중독 : 일산화탄소 등
- 피부를 통한 중독

② 증상

보통 중독된 경우에는 구토, 호흡곤란, 복통, 발한, 의식장애, 경련 등의 증상을 보인다. 어떤 중독은 호흡정지를 유발함으로써 순환계와 신경계에 치명적인 상태를 초래할 수도 있다. 부식성 물질을 먹게 되면 기도와 위장에 화상을 입게 되며, 그로 인해 구토를 동반하게 된다.

- **아스피린 중독** : 구토와 발한이 있으며 심한 경우 발작, 혼수, 쇼크를 유발한다.
- **아세트아미노펜 중독** : 타이레놀을 포함한 많은 약물에 이 화학물질이 포함되어 있다. 영유아는 불안정 혹은 기면상태를 보이며 오심(메스꺼움), 구토, 심한 발한이 나타난다. 심하면 의식소실이 나타나기도 한다.
- **납 중독** : 보통 납으로 된 페인트 조각을 먹어서 일어난다. 복통과 구토를 동반한 오심이 나타난다. 종종 근육경련, 두통, 근육 허약, 불안정한 모습을 보이기도 한다.
- **철 중독** : 황화철 등 철 화합물은 비타민 정이나 용액에서 발견된다. 영유아에게는 황화철 1g 정도의 적은 양도 치명적일 수 있다. 30분에서 몇 시간 내에 영유아는 설사를 동반한 오심과 토혈을 한다. 심해지면 쇼크로 진행되는 경우가 많다.

- **석유제품 중독** : 보통 기침이나 질식과 함께 구토를 한다. 대부분의 경우 토사물에서 석유 증류 제품(휘발유, 케로센, 난방연료)의 독특한 냄새가 난다.

③ 응급처치

- 주변을 확인하여 영유아가 섭취했을 가능성이 있는 물질이 무엇인지 파악한다.
- 영유아의 의식을 확인하고, 기도를 유지한다.
- 의식이 없다면 호흡과 맥박을 확인한 후, 응급의료서비스 기관에 연락한다. 필요시 심폐소생술을 실시한다.
- 의식이 없거나 경련이 있을 경우에는 구토를 유발시키지 않도록 한다.
- 피부가 독성이 있는 화학물질에 노출되었을 때에는 흐르는 물로 깨끗이 씻어준다.
- 중독 가능성이 있는 물질을 수거하여 병원으로 가지고 간다.

④ 주의할 점

- 영유아가 섭취한 물질을 알고, 즉각적으로 필요한 처치를 해야 한다.
- 빠르고 정확한 분석을 위해, 가능하면 섭취한 약병이나 구토물의 일부를 가지고 병원에 간다.

구토를 유발시키면 안 되는 경우

- 의식이 혼미한 경우
- 경련 중인 경우
- 부식성 독극물(강산, 강알칼리, 휘발유 등)을 복용한 경우
  - 식도 등 내장기관의 조직을 손상시킴
- 석유화학물질(석유·경유 제품이나 배수구 청소액, 가구세척액, 살균제)을 삼켰을 경우
  - 조직을 부식시키는 특성 때문에 구토하는 과정에서 조직을 반복적으로 손상시킴
- 입 주위나 입속에 복용물질에 의한 화상 흔적이 있는 경우
  - 구토를 일으킬 경우 2차 화학 화상을 초래할 수 있음
- 구토반사가 손실된 경우
  - 구토물이 기도로 유입되어 기도폐쇄의 가능성

영유아 중독사고 예방법

- 위험한 화학물질은 영유아의 손이 닿지 않는 곳에 보관한다.
- 약은 잠글 수 있는 장 안에 보관한다.
- 독성이 있는 물질들을 본래의 용기에 보관하고, 절대로 빈 음료수 병에 덜어서 보관하지 않는다.
- 약이나 가사에 쓰는 물질은 반드시 안전용기에 들어 있는 것으로 구입한다.

i	영유아가 의식이 있을 경우, 무엇을 삼켰는지 알아본다.
ii	영유아의 의식이 있고, 중독물질이 석유제품이나 부식성 물질이 아닌 경우라면, 구토를 유발시키기 위해 2잔의 물과 함께 토근시럽 한 테이블스푼(15㎖)을 먹인다.
iii	구토를 유발시키면 안 되는 물질을 삼켰을 경우, 구토를 하게 하지 말고 중독 가능성이 있는 물질을 챙기고, 응급의료체계로 신고하거나 응급실로 데리고 간다.

(8) 두부손상

① 원인

각종 외상으로 인해 발생하는 두부손상은 다량의 출혈을 유발시키는 두피열상도 있지만, 뇌 손상에 의한 사망을 일으킬 수 있으므로 주의해야 한다.

② 증상

- 경한 두부손상 : 머리의 혹 또는 찢어진 상처, 일시적인 구토, 두통, 일시적인 의식 상실이나 혼미, 복시(하나의 물체가 둘로 보이는 것), 어지러움
- 심한 두부손상 : 머리의 혹 또는 찢어진 상처, 사출성 구토, 두통, 장시간의 의식 상실, 기억손실, 흐릿한 기억, 혼미, 복시, 어지러움, 경련, 피가 섞인 콧물, 대답 불가능함, 신체동작의 조정력 손실, 사지 감각 또는 힘의 손실

③ 응급처치

두부손상을 입은 영유아에게 제공할 수 있는 최상의 처치는 두부를 고정해 주는 것이다.

- 응급의료체계에 신고 후 호흡과 의식을 확인한다.
- 두피에 출혈이 있는 경우 소독된 거즈나 드레싱으로 상처부위를 감싼다.
- 상처부위를 깨끗한 거즈로 압박해서 출혈을 멈추게 한다.
- 다친 영유아의 목을 고정시켜 움직이지 않도록 한다.
- 함부로 들어서 옮기거나 들어올리지 않는다.

④ 주의할 점

두부손상이 있을 경우 반드시 척추손상 가능성도 살펴보아야 한다. 조금이

라도 의심이 된다면, 영유아의 척추고정을 철저히 하여야 한다. 척추손상으로 척수신경이 손상되는 경우 평생을 장애를 가지고 살아야 한다.

(9) 알레르기

① 원인

알레르기란 항원(antigen)에 노출되었을 때 나타나는 비정상적인 과민반응으로 특별한 물질(음식, 약, 벌침의 독 등)에 대한 민감성이다. 알레르기 항원에 노출된 적이 있는 사람이 다시 동일한 알레르기 항원에 노출되었을 때 나타나는 과민하고 격렬한 면역반응이다. 알레르기 반응의 정도는 건초열이나 알레르기 비염 증세에서 몸 전체에 일어나는 전신 아나필락시스까지 다양하게 나타난다(Chabner, 2013).

② 증상

두드러기를 동반하거나 동반하지 않은 발진, 입술 부음, 코 막힘, 복통, 구토, 설사, 호흡곤란, 심한 경우에는 쇼크(습한 피부, 빠르고 얕은 호흡, 빠르고 약한 맥박)를 동반한다. 가장 심각한 반응은 원인물질을 섭취하였거나 접촉한 후 곧바로 일어나지만, 어떤 반응은 서서히 나타날 수 있다. 대부분의 알레르기 반응은 가볍고 가정에서 치료 가능하다.

가. 경도에서 중간 정도의 알레르기 반응

- 입술, 얼굴, 눈 등이 부풀어 오름
- 두드러기나 부푼 자극
- 복부통증, 구토

나. 과민 알레르기 반응

- 호흡곤란
- 거친 숨소리
- 혀, 목, 성대 등이 부어올라 말하기가 힘들거나 쉰 목소리
- 숨 쉴 때 쌕쌕 소리가 남
- 기침
- 의식 손상
- 창백하고 축 늘어짐

③ 응급처치

가. 경도에서 중간 정도의 알레르기일 경우

- 영유아가 처방을 받은 약이 있다면 약을 먹임
- 과민징후가 나타나는지 살펴봄

나. 과민 알레르기일 경우

- 영유아가 처방을 받은 약이 있다면 약을 먹임
- 응급의료체계에 신고함
- 호흡곤란이 있는 경우 심폐소생술 실시

i	일단 영유아를 안정시킨다. 불안해하면 반응을 악화시킬 수 있다.
ii	처방받은 약이 있다면 약을 먹인다. 처방받은 약이 없다면, 반응이 약할 경우 의사의 처방을 받지 않아도 구입할 수 있는 항히스타민제를 설명서에 안내된 용량에 따라 먹인다.
iii	영유아가 가려워하는 발진이 있으면 칼라민 로션을 발라 가려움을 완화시켜 주거나, 차가운 습포를 대준다.

(10) 발열

① 원인

발열은 신체에 이상이나 급성질환이 있음을 나타내는 중요한 신호 중에 하나이다. 특히 발진이 있는 발열은 중환의 가능성이 있는 징후가 되기도 한다. 발열은 고온의 노출, 감염, 기타 비감염성 질환 때문인 경우가 많다. 많은 영유아들은 약한 바이러스성 질환에도 고열을 경험한다. 발열 정도와 세균감염의 관계가 있으며 40.5~41℃ 이상의 고열이 지속될 경우 뇌수막염, 균혈증, 폐렴, 열사병, 뇌출혈의 빈도가 2배로 높은 것으로 보고된다.

② 증상

발열은 수두, 폐렴, 후두개염, 뇌수막염과 같은 질환과 마찬가지로 대개 감염을 수반한다. 또한 생후 6개월에서 3년 사이의 영유아의 경우 열로 인해 열성경련(febrile seizure)이 자주 일어난다. 대부분 바이러스성 감염과 같은 질병에 의한 고열에 의해 일어나며, 성장기 고열에 의한 경련은 6세 정도가 되면 멈추게 되며, 장기적인 문제를 일으키지 않는다. 원인이 무엇이든 간에 발열에 대한 응급처치는 영유아가 저체온증이 되지 않도록 하면서, 체온을 내리고, 탈수를 예방하며, 질병의 상황을 조절하는 것이 중요한 처치의 목표이다.

③ 응급처치

- 영유아의 체온을 측정하여, 열이 있는 경우 옷을 벗긴다.
- 과도한 열에 노출되었기 때문이라면, 미온수에 적신 수건으로 덮어 영유아의 몸을 식혀준다.
- 체온이 38℃ 이상 오르는 경우에는 열패치를 사용하여 체온을 낮추며, 체온이 낮아지지 않을 경우 처방된 해열제를 영유아에게 투여한다.

- 해열제를 먹어도 열이 떨어지지 않으면, 영유아를 미지근한 물이 담긴 욕조에 있도록 하는 것도 도움이 된다.
- 의식이 있다면 영유아를 안정시키기 위해, 구강으로 물을 주거나 얼음을 물고 있게 한다.
- 영유아의 열이 내리면, 편히 휴식하도록 한다.
- 경련이 있는지를 관찰하고 저체온을 방지한다. 영유아 경우 진행속도가 빠를 수 있다.
- 경련이 시작되면 체온을 떨어뜨리는 행위는 중지하고, 영유아를 가벼운 담요로 덮어준다.
- 경련이 지속되면 가능한 한 빨리 전문가의 처치를 받도록 한다.

④ 주의할 점

- 영유아의 체온을 떨어뜨리기 위해 얼음물이나 알코올로 몸을 문지르지 않는다. 얼음물로 몸을 닦으면, 떨림과 함께 체온이 다시 오르는 효과가 있을 수 있다. 또한 피부를 통해 알코올이 흡수될 경우 중독, 저혈당 및 혼수의 위험이 있다.
- 열이 나는 영유아의 몸을 담요로 감싸지 않는다.
- 수면이 더 중요하므로 약을 주거나 체온을 재기 위해 잠을 자는 영유아를 깨우지 않는다.
- 영유아의 체온이 37.5℃ 이상일 경우 휴식을 취하도록 한 후, 주기적으로 체온을 잰다.
- 3~4개월 이하의 영아가 38.5℃ 이상의 고열이 있거나, 39.5℃ 이상의 고열이 다른 증상과 관련 없이 24시간 이상 지속되면, 의사에게 진찰을 받는다.

i	영유아의 체온이 39℃ 이상이거나 힘들어할 경우, 해열제(알약이나 물약)를 설명서에 표시되어 있는 용량에 맞게 먹인다.
ii	해열제를 준 후 1~2시간 후에도 영유아의 체온이 40℃ 이상이면, 미지근한 물이 있는 욕조에 들어가게 한다. 이때 욕조 내 물의 높이는 영유아가 앉았을 때 배꼽 수준까지 오도록 한다. 20분 동안 또는 영유아가 참을 수 있을 때까지 젖은 수건으로 몸을 살살 문질러 준다.
iii	편안한 옷을 입히고 영유아에게 물을 준다. 서늘한 방에서 휴식할 수 있도록 한다.

(11) 천식

① 원인

천식은 특정한 자극원에 노출되면서 인체가 과도하게 이상반응(호흡곤란, 쌕쌕거림, 기침 등)을 일으키는 만성염증성 질환이다. 보통 꽃가루, 담배연기, 찬 공기, 운동, 스트레스, 악취, 알레르기 균(먼지, 곰팡이 등), 음식(아스피린, beta-blocker), 공해물질 등이 천식 발작의 특정 자극원이 된다. 이러한 물질들이 기도염증을 유발하여 기관지 협착, 부종, 분비물 증가 등에 의한 기도막힘이 일어난다.

② 증상

기침, 쌕쌕거리는 소리(특히 숨을 내쉴 때), 호흡곤란, 흉통, 가슴이 답답함, 피부창백, 불안 등을 수반한다.

③ 응급처치

- 영유아를 바르게 앉도록 한 후 안심시킨다. 불안은 천식발작을 악화시킬 수 있다.
- 처방된 약이나 천식완화용 기구가 있다면 영유아에게 사용할 수 있도록 한다.

• 약이나 기구를 사용해도 천식이 계속 지속되어 호흡곤란이 온다면, 응급의료서비스 기관에 신고하거나 응급실로 데리고 간다.

④ 주의할 점

다음과 같은 경우에는 전문가의 진찰을 받도록 한다.

• 영유아가 처음으로 천식을 경험하는 경우
• 처방된 약에 효과가 없는 경우
• 39℃ 이상의 고열을 동반한 경우
• 영유아의 피부에 검푸른 반점이 생길 경우
• 의식을 잃을 경우

(12) 열사병

① 원인

열사병은 햇볕에 심하게 노출된 경우 나타난다. 보통 서서히 일어나며 지나치게 땀을 흘려 무기질과 수분을 손실하면, 열피로와 탈진이 발생하기도 한다. 날씨가 너무 더울 때는 체열방출 작용이 일어나지 못할 수도 있으며, 주위 온도가 체온과 같을 때에는 복사에 의한 체열방출이 불가능해진다. 또한 습도가 높을 때는 땀의 증발이 잘 일어나지 않는다. 이런 경우 심한 운동을 하면, 근육에서 여분의 열이 발생하여 위험한 열발작이 발생할 수 있다.

② 증상

• **열피로의 증상** : 피로, 오심(메스꺼움), 어지러움, 다량의 땀 흘림, 목마름, 체온은 정상이거나 약간 상승되어 있음
• **열발작의 증상** : 땀을 흘리지 않으며 뜨겁고 달아오른 피부, 두통, 어지러움, 혼미, 오심(메스꺼움), 구토, 근육 경련, 빠르고 약한 맥박, 의식 상실, 39~41℃의 고열

③ 응급처치

- 영유아를 바람이 잘 통하고, 그늘지고, 서늘한 곳으로 빨리 옮긴다.
- 영유아를 바닥에 똑바로 눕힌 후, 옷을 벗기고 미지근한 물수건으로 몸을 닦아준다.
- 의식이 있거나 회복된 경우, 이온음료나 물을 자주 먹여 손실한 수분과 전해질을 보충하여 준다.
- 경련이 있는 부위는 압력을 주어 마사지하거나 찬 수건을 대어주는 것이 좋다.
- 영유아의 체온이 높은데도 땀을 흘리지 않거나 고열이 지속되거나 또는 고열과 함께 의식이 없는 경우에는 병원으로 데리고 간다.

④ 주의할 점

- 영유아에게 카페인이 들어있는 음료수나 약 등 자극적인 것을 먹이지 않는다.
- 맹물은 근육경련이 일어날 수 있으니 이온음료를 주는 것이 좋다.

(13) 교상 및 자상

① 원인

교상이나 자상(찔리는 상처)은 동물이나 사람에게 물리는 것, 벌에 쏘임, 뱀에게 물림 등이 원인이 된다.

② 증상

- **동물이나 사람에게 물렸을 때** : 구멍 난 상처(이빨로 인한 자국), 눈에 보이는 상처는 크지 않으나 상처가 깊다. 통증과 염증을 동반할 수 있다.

• 벌에 쏘였을 때

– 경한 반응 : 통증, 발적, 물린 부위에서 2.5~5cm가량의 부종 등 경한 반응이 24~48시간 동안 남아 있음

– 심한 반응 : 가려움증을 동반하거나 동반하지 않은 홍반, 두드러기, 기침, 쌕쌕거리는 숨소리, 호흡곤란 등

• 뱀에게 물렸을 때

– 피부에 1cm 정도 간격으로 한두 개의 송곳니 자국

– 물린 부위가 부풀어 오르며, 화끈거리고, 부종, 변색이 생김

– 독액이 혈류에 들어갔을 경우에는 오심, 구토가 일어나고, 쇼크상태로 진행됨(축축한 피부, 빠르고 얕은 호흡, 빠르고 약한 맥박)

③ 응급처치

■ 동물이나 사람에게 물렸을 때

i	상처에서 타액이 제거될 수 있도록 혈액이 잠시 흘러나오도록 한 후, 소독패드로 피가 멈출 때까지 압박하여 지혈한다.
ii	출혈이 심하지 않은 경우에는 비누를 사용하여, 흐르는 미지근한 물로 3~5분 동안 세척 후 가볍게 두드려 건조시킨다.
iii	깨끗한 붕대로 상처를 감싼다.
iv	물린 후 24~48시간 동안 감염 여부를 확인하기 위해 증후를 관찰한다(발적된 부위가 커지고, 붓고 통증이 있는지).
v	만약 물린 부분이 감염된 것으로 보이면, 의사에게 진찰을 받거나 응급시설에 영유아를 데리고 간다.
vi	영유아를 문 동물을 동물병원에 보내 병원균 보유 여부를 확인한다.

■ 벌에 쏘였을 때

i	벌에 쏘였을 때에는 일단 벌침이 박혔는지를 확인한다.
ii	벌침이 박혔다면 벌침에서 2~3분 동안 독이 나올 수 있으므로 즉시 벌침을 제거한다. 벌침을 뺄 때에는 손톱이나 신용카드 또는 식탁 칼의 무딘 면으로 부드럽게 누르면 쉽게 빼낼 수 있다. 제거할 수 없을 정도로 깊이 박혀 있을 경우, 의사에게 진찰을 받는다.
iii	감염을 방지하기 위하여 벌에 쏘인 부위를 비누와 미지근한 물로 씻는다. 불쾌감을 완화시키기 위해 상처부위에 칼라민 로션을 약간 두드려 발라준다.
iv	꿀벌의 독은 산성이기 때문에 암모니아수나 베이킹파우더와 같은 알칼리성 제제로 독을 중화시키면 가려움과 부종을 줄여줄 수 있다.
v	쏘인 부분에 통증과 독이 흡수되는 것을 완화시키기 위해, 깨끗하고 차가운 수건으로 냉찜질을 해준다.
vi	물린 후 24~48시간 동안 감염 여부를 관찰한다(발적이 커지고, 붓고 통증이 있는지). 만약 물린 부분이 감염된 것으로 판단되면, 의사에게 진찰을 받거나 응급실로 데리고 간다.

■ 뱀에게 물렸을 때

i	영유아를 일단 안정시키고, 움직임을 줄이도록 한다. 움직임이 많으면 혈액순환이 좋아져 독이 몸속에 더욱 빨리 퍼진다. 독액의 흐름을 감소시키기 위해서 물린 부위를 심장보다 낮은 위치에 둔다.
ii	물린 부위 주변의 몸을 조이는 옷이나 신발 등을 제거한다.
iii	물린 자리를 비누와 물로 부드럽게 씻어준다.
iv	물린 부위의 윗부분을 묶어 팔걸이나 부목 등에 고정시키면, 독이 빠르게 확산되는 것을 막을 수 있다.
v	부종과 불쾌감을 완화시키기 위해, 물린 부위에 깨끗하고 차가운 수건이나 깨끗하고 습기가 있는 붕대로 덮어준다.
vi	가능한 한 신속하게 병원으로 이송하여야 하며, 독사에게 물린 경우 4시간 이내에 항독소 혈청 주사를 맞아야 한다.

④ 주의할 점

■ 동물이나 사람에게 물렸을 때

– 개에 물렸을 경우, 광견병 여부를 확인해야 한다.
– 동물의 행동을 관찰한다. 다람쥐, 토끼, 햄스터, 게르빌루스 쥐나 다른 설치류와 광견병은 대체로 관련이 없다.
– 물린 부위는 정상적인 조직까지 손상시킬 수 있으므로, 알코올이나 과산화수소로 소독하지 않는다.

■ 벌에 쏘였을 때

– 벌에 쏘임에 대한 심한 반응은 매우 드물고, 대부분 쏘인 즉시 짧은 시간 내에 일어난다.
– 영유아가 숨 쉬기 힘들어하거나 발진이 생기면, 바로 의사의 진찰을 받는다.

■ 뱀에게 물렸을 때

– 물을 포함하여 아무것도 먹이지 않는다.
– 지혈대를 사용하거나, 상처부위를 절개하거나, 독액을 빠는 것은 영유아에게 해로운 결과를 초래할 수 있다.
– 항사독소는 주로 대형 종합병원이나 군병원에 준비되어 있다. 따라서 그 지역에서 가까운 군병원이나 야전병원에 연락을 하는 것도 좋은 방법이다.

〈표 4-23〉 안전교육 7대 표준안 응급처치 내용 체계표

<table>
<tr><th>중분류</th><th>소분류</th><th>주요 내용</th></tr>
<tr><td>응급처치의 이해와 필요성</td><td>응급처치의 이해와 필요성</td><td>• 응급처치의 의미와 중요성 알아보기
• 생활 속 응급상황과 응급처치 물품 알아보기</td></tr>
<tr><td rowspan="2">심폐소생술</td><td>심폐소생술</td><td>• 심폐소생술 의미 알아보기
• 심폐소생술 방법 알아보기</td></tr>
<tr><td>자동심장충격기의 사용</td><td>• 자동심장충격기 알아 보기
• 자동심장충격기 위치 알아보기</td></tr>
<tr><td rowspan="5">상황별 응급처치</td><td>기도폐쇄</td><td>• 기도폐쇄의 의미와 원인 알아보기
• 기도폐쇄 응급처치 방법 알아보기</td></tr>
<tr><td>지혈 및 상처 처치</td><td>• 코피가 났을 때 대처 방법 알아보기
• 상처의 종류와 처치 방법 알아보기</td></tr>
<tr><td>염좌 및 골절 처치</td><td>• 염좌의 의미와 응급처치 방법 알아보기
• 골절의 의미와 응급처치 방법 알아보기</td></tr>
<tr><td>화상 응급처치</td><td>• 화상 예방 및 응급처치 방법 알아보기</td></tr>
<tr><td>갑작스러운 상황에서 응급처치</td><td>• 일사병 및 열사병 응급처치 방법 알아보기
• 치아 손상 시 응급처치 방법 알아보기
• 동상 및 저체온증 응급처치 방법 알아보기</td></tr>
</table>

출처 : 교육부(2023).

생각해 봅시다

Q1 유아가 고정사물에 부딪혀서 멍든 경우의 응급처치 방법에 대해 논하시오.

Q2 유아가 독극물을 마셨을 때의 응급처치 방법에 대해 논하시오.

Q3 응급상황 시 119 구급상황관리센터에 연락을 하였을 때, 구급대원에게 알려야 할 내용에는 무엇이 있는지 논하시오.

3) 응급처치의 실제

〈응급처치 활동계획안 예시〉

<table>
<tr><th>활동명</th><td colspan="4">아파요 도와주세요.</td></tr>
<tr><th>주제</th><td>응급처치</td><th>활동시간</th><td colspan="2">20분</td></tr>
<tr><th>활동유형</th><td>이야기 나누기</td><th>대상연령</th><td colspan="2">5세</td></tr>
<tr><th>활동목표</th><td colspan="4">• 몸이 갑자기 아프거나 다쳤을 때는 도움을 요청해야 함을 안다.
• 응급상황에서 도움을 요청하는 방법을 알고, 도움을 요청할 수 있다.</td></tr>
<tr><th>활동자료</th><td colspan="4">• 동화 「한결이가 아파요」, 상황그림, 애니메이션, 활동지, 구급상자, 모형 전화기, 역할목걸이</td></tr>
<tr><th>활동방법</th><th colspan="3">내 용</th><th>자료 및 유의점</th></tr>
<tr><th>도입</th><td colspan="3">1. 지난 시간에 본 동화내용을 회상하며 주의집중을 한다.

〈한결이가 아파요〉
한결이와 아리는 놀이터에서 술래잡기를 하면서 놀고 있다. 술래잡기를 하다 한결이가 심하게 넘어져 다친다. 아리는 빨리 한결이 엄마를 불렀고, 한결이는 집으로 가서 치료를 받는다. 한결이를 다치게 한 것이 자신인 것 같아 아리는 미안했지만 한결이 엄마는 아리가 알려줘서 한결이를 빨리 치료할 수 있었다며 고맙다고 오히려 아리를 위로해 준다.

T : 너희들도 친구들과 놀거나 혼자 놀다가 다친 적이 있나요?
T : 어디서 어떻게 다쳤나요?
C : 놀이터에서 넘어져서 무릎을 다쳤어요.
T : 다쳤을 때 어떻게 했나요?
T : 조금 다쳤을 때는 어떻게 할까요?
T : 심하게 다쳤을 때는 어떻게 할까요?
C : 병원에 가야 해요!

2. 여러 가지 다치는 상황의 그림을 보며 도움요청에 대해 이야기 나눈다.
T : (떨어지거나 심하게 넘어져 다친 경우, 벌레에 물린 경우, 못 등 날카로운 물체에 찔린 경우, 치아가 부러지거나 흔들리는 경우, 동물들에게 물린 경우 등 그림을 보며) 그림의 아이들이 모두 어떻게 되었나요?</td><td>– 자료) 멀티미디어 동화 ‘한결이가 아파요’

– 유아에게 이야기를 들려줄 때 높은 집중력을 위해 목소리의 강약을 조절한다.

– 자료) 떨어지거나 심하게 넘어져 다친 경우, 벌레에 물린 경우, 못 등 날카로운 물체에 찔린 경우, 치아가 부러지거나 흔들리는 경우, 동물들에게 물린 경우 등의 그림</td></tr>
</table>

	T : 그림처럼 상처를 입게 되었을 때 어떻게 해야 할까요? C : 어른에게 이야기해요. T : 그래요. 너희들이 말했듯이 어른께 도움을 요청해야 해요. T : 상처부위를 함부로 만지거나 치료를 하지 않은 채 있게 된다면 어떻게 될까요? 3. 활동을 소개한다. T : 오늘 몸이 아프거나 다쳤을 때 도움을 요청하는 방법에 대해 이야기 나눠보도록 해요.	
전개	4. 가벼운 상처와 응급상처를 구별한다. T : 응급상황이라는 말을 들어본 적이 있나요? T : 어떤 상황이 응급상황일까요? C : 급한 상황이요! T : 몸에 상처를 입었을 때 어린이들은 스스로 치료를 할 수 없기 때문에 빨리 어른에게 도움을 요청해야 해요. T : 상처 치료가 늦어지면 상처가 더 심해질 수 있어요. T : 심하게 다치거나 상처를 입었을 때는 가까운 어른에게 도움을 요청하는 것도 중요하지만 어른이 도와줄 수 없을 정도의 큰 상처는 빨리 119에 도움을 요청해야 해요. 5. 119에 도움을 요청하는 방법에 대해 이야기 나눈다. 〈119 신고내용〉 1. 119에 도움을 요청할 때에는 다음의 내용을 전달한다. – 사고의 내용, 사고 발생장소 "○○ 유치원에서 아이가 떡을 먹다가 목에 걸렸어요." – 부상자의 상태 "아이가 숨을 잘 쉬지 못하고 있어요." – 부상자 수, 성별, 연령 "7세 남자 아이 한 명입니다." – 신고하는 사람의 이름과 전화번호, 주소를 정확하게 알려준다. "제 이름은 ○○○이고, 전화번호는 ○○○-○○○○-○○○○번이에요. 위치는 ○○구 ○○동 ○○번지 ○○ 유치원입니다." (번지를 잘 모르면 주변의 잘 알려진 건물을 알려준다) 2. 구급차가 도착하기 전까지는 119로부터 부상자에 대한 도움을 받을 수도 있으므로, 전화를 끊으라고 하기 전까지 전화를 끊지 않는다.	– 교사의 일반적인 선입견과 편견으로 활동을 전개하지 않는다. – 자료) 119 신고내용 – 손을 든 유아에게 먼저 기회를 주고 대답하지 않는 유아에게도 강요하지 않는 선에서 대답할 기회를 준다. – 유아가 응급상황에서도 능숙하게 대처할 수 있도록 반복한다.

<table>
<tr>
<td></td>
<td>T : 119에 도움을 요청해 본 적 있나요?
T : 119에 도움을 요청할 때는 어떻게 요청해야 할까요?
C : 주소를 이야기해요./ 누가 다쳤는지 말해요.
T : 당황하지 말고 천천히 분명하게 어떻게 되었는지, 어디인지 알려주어야 해요. 만약에 내가 먼저 전화를 끊으면 어떻게 될까요?
T : 그리고 119는 아주 급할 때 전화하는 곳이기 때문에 평소에 절대 장난 전화를 해서는 안 돼요. 만약 장난 전화를 하게 되면 진짜 급하고 큰일이 난 사람들이 119에 도움을 요청하지 못하게 돼요.

6. 역할극 규칙을 정한다.
T : 선생님이 우리가 보았던 상황카드로 역할극을 하려고 역할목걸이를 준비해 왔어요. 앞에 나와서 어른과 어린이 역할을 직접 해볼 친구와 도와줄 친구가 있나요?
T : 우리 친구들이 말한 것처럼, 다른 친구들은 앞에 나온 친구가 잘 하고 있는지 지켜봐 주고 우리가 정했던 동작을 같이 해주면 좋겠어요.
T : 역할극을 할 때는 꼭, 아까 들은 목소리대로 하지 않아도 되고 자유롭게 표현하면 돼요.

7. 응급상황에서 신고하는 역할극을 한다.
T : 어른 역할을 맡고 싶은 친구 있나요?
T : 어린이 역할을 맡고 싶은 친구 있나요?
T : 카드 네 가지 중에 역할극을 하고 싶은 카드를 골라보세요.
T : △△이는 어른 역할을 어떻게 해볼지 생각해 보고, ○○이는 아까 배웠던 대처방법을 다시 생각해 봐요.
T : 준비되었나요? 그럼 시작해 보도록 해요.
T : 똑같은 상황을 다르게 표현하고 싶은 친구들 있나요?
T : 다른 상황카드로 역할극을 해봐요.</td>
<td>- 자료) 역할목걸이

- 일상생활과 관련된 다양한 상황을 가정하여 역할극을 정한다.

- 역할극을 할 상황과 역할은 친구들과 토의하여 정해본다.

- 역할영역의 소품 활용 및 꾸미기 활동을 통해 자유놀이 시간에 미리 역할준비를 한다.

- 유아가 잘못 이해한 정보는 올바르게 다시 알려준다.

- 모든 유아가 골고루 역할극에 참여할 수 있는 기회를 마련한다.</td>
</tr>
<tr>
<td>마무리</td>
<td>8. 오늘의 활동을 회상한다.
T : 오늘 선생님이랑 응급상황일 때 119센터에 전화하는 방법에 대해 알아보았어요.

9. 활동을 정리하고 평가한다.
T : 오늘 활동하면서, 기억에 남는 부분이 있었나요?
T : 오늘 어렵거나 아쉬웠던 부분이 있었나요?</td>
<td></td>
</tr>
</table>

	10. 확장활동을 안내한다. T : 119센터에 용감하게 전화를 해서 신고하고, 응급상황 시 어떻게 행동해야 하는지 게임을 통해 알아보도록 해요.
유의사항	• 응급상황 시 유아가 판단력이 흐려질 수 있으므로, 충분히 침착하게 생각을 하면 모두 해결할 수 있음을 알려준다. • 실제 상황에서 연습과 같이 행동할 수 있도록 반복적으로 연습하고 회상한다.
관련사진	 

부록

1. 역할놀이를 통한 상황중심 안전교육 프로그램 사례(20회)
2. 유아교육기관 안전교육 관련 서식
3. 학교안전 7대 표준안 관련 안전체험 시설
4. 학교안전 7대 표준안 관련 사이트

부록 1 역할놀이를 통한 상황중심 안전교육 프로그램 사례(20회)*

1~2회기			
동 화 명	신데렐라 파티 가는 날	동화 유형	낱장그림동화
활 동 명	안전한 교통생활	활동 자료	동화자료, 역할극 대본, 역할극 자료
안전교육 영역	교통안전	안전교육 하위범주	교통안전 규칙 지키기
활동목표	■ 위험한 상황에 대해 이해하고 자신의 행동을 조절한다. ■ 교통기관을 이용할 때 일어날 수 있는 사고에 대해 안다. ■ 안전하게 교통기관을 이용하는 방법을 표현한다.		
누리과정 관련요소	■ 신체운동 · 건강 〉 안전하게 생활하기 〉 교통안전 규칙을 지킨다. ■ 의사소통 〉 듣기와 말하기 〉 상황에 적절한 단어를 사용하여 말한다. ■ 사회관계 〉 더불어 생활하기 〉 친구와 서로 도우며 사이좋게 지낸다. ■ 예술경험 〉 창의적으로 표현하기 〉 극놀이로 경험이나 이야기를 표현한다.		

회기	절차	수업모형	교수-학습과정	
1	도입	상황분석	· 신데렐라의 유리구두 막대그림으로 유아들의 흥미를 유발한다. · 그림동화를 유아들에게 들려준다. (문제해결 상황 장면은 가린다)	
	전개	상황설계 및 상황구성	· 유아들에게 문제상황 장면 그림을 제시하고 어떤 문제가 있는지 이야기 나눈다. ❶ 문제상황 1 : 주차되어 있는 차 뒤에 서있는 상황 – 무슨 일이 일어났나요? – 왜 문제일까요? – 이 다음에 어떤 일이 일어날 것 같나요?	
			❷ 문제상황 2 : 신호등이 빨간 불일 때 무단횡단하는 상황 – 신데렐라가 언니들에게 무엇이라고 말할까요? – 이 다음에 어떤 일이 일어날 것 같나요?	

* 부록 1은 김윤정(2019). 동화를 통한 상황역할극 중심 안전교육이 유아의 안전지식과 안전문제해결 사고에 미치는 영향. 인천대학교 교육대학원 석사학위논문에서 발췌하였으며, 누리과정 관련요소는 개정 내용으로 수정하여 삽입하였음.

			❸ 문제상황 3 : 신호등이 초록불로 바뀌자마자 횡단보도로 뛰어든 상황 – 신데렐라가 언니들에게 무엇이라고 말할까요? – 신데렐라 언니들은 어떻게 해야 할까요?	
			❹ 문제상황 4 : 차 안에 있을 때 문이 잠긴 상황 – 왜 문제가 될까요? – 신데렐라는 어떻게 해야 하나요? – 이럴 때는 어떻게 해야 할까요?	
			• 모둠별로 이끔이 친구가 나와 문제상황 장면과 토의용 대본활동지를 하나씩 무작위로 가져간다. (궁금이상자에서 번호를 뽑는다) • 뽑은 문제상황에 해당되는 문제해결방법에 대해 토의한다. • 토의한 내용을 대사나 행동으로 정하고 대본활동지에 기입한다.	
	마무리		• 역할을 정하고 역할판에 표시한다. • 모둠자리를 정리하고 자유놀이를 시작한다.	

2	역할극 준비		【자유놀이 시간】 • 모둠별로 모여서 모둠에서 정한 역할극 대본을 보면서 적절한 언어나 행동으로 표현해 본다. – ○○모둠에서 토의한 내용으로 만든 대본을 가지고 역할극을 해볼까요? – 다른 방법은 없을까요? • 유아들이 토의한 대로 역할극을 진행할 수 있도록 교사가 도움을 준다. • 다른 해결방법이 있는지 상호작용하여 수정할 수도 있다. • 간단한 소품과 준비물을 만들거나 준비할 수 있도록 자료를 지원한다.
	도입		• 대그룹으로 모인 후 동화 속 문제상황 장면 그림을 다시 보면서 내용을 회상한다.
	전개	실행 및 상황재현	• 동화를 유아들이 만든 대본으로 재구성하여 시연한다. – 지금부터 ○○반의 첫 번째 동화역할극 〈신데렐라 파티 가는 날〉 공연이 있겠습니다. 맡은 역할을 소개해 주세요. • 교사는 해설을 맡아 유아들이 상황극을 동화 이야기의 흐름에 따라 공연할 수 있도록 돕는다. • 유아별 역할과 약속을 먼저 상기시킨다. (관객/ 카메라/ 사진/ 제목알림)
		평가	• 상황극 시연 후 문제해결 내용에 대해 이야기 나눈다. – ○○모둠은 어떻게 문제를 해결했나요? – 어떤 행동이 올바른 행동인 것 같아요? 왜 그렇게 생각하나요? • 안전에 대해 알게 된 점을 이야기 나눈다.

	마무리		• 오늘의 〈안전지킴이 날〉 활동에 대한 전반적인 평가를 해본다. – 오늘 우리들이 알아본 안전지킴이 활동에 대해 느낀 점을 이야기해 보자. – 아쉬운 점은 없었니?/ 좋았던 점을 이야기해 보자. • 역할극 자료와 소품은 역할놀이 영역에 두어 유아들이 자유놀이 시간에 자유롭게 활동해 보도록 지원한다. • 원본 동화와 유아들이 만든 역할극 대본/ 동화를 언어영역에 비치해 두고 유아들이 자유롭게 회상하고 활동해 보도록 한다.

<table>
<tr><th colspan="4">3~4회기</th></tr>
<tr><td>동 화 명</td><td>조심조심, 교통안전</td><td>동화 유형</td><td>낱장그림동화</td></tr>
<tr><td>활 동 명</td><td>안전한 교통생활</td><td>활동 자료</td><td>동화자료, 역할극 대본,
역할극 자료</td></tr>
<tr><td>안전교육 영역</td><td>교통안전</td><td>안전교육 하위범주</td><td>교통안전 규칙 지키기</td></tr>
<tr><td>활동목표</td><td colspan="3">■ 위험한 상황에 대해 이해하고 자신의 행동을 조절한다.
■ 표지판의 의미를 알고 위험한 장소를 구분한다.
■ 안전하게 대중교통을 이용하는 방법을 알고 표현한다.</td></tr>
<tr><td>누리과정
관련요소</td><td colspan="3">■ 신체운동 · 건강 〉 안전하게 생활하기 〉 교통안전 규칙을 지킨다.
■ 의사소통 〉 듣기와 말하기 〉 상황에 적절한 단어를 사용하여 말한다.
■ 사회관계 〉 더불어 생활하기 〉 친구와 서로 도우며 사이좋게 지낸다.
■ 예술경험 〉 창의적으로 표현하기 〉 극놀이로 경험이나 이야기를 표현한다.</td></tr>
</table>

<table>
<tr><th>회기</th><th>절차</th><th>수업
모형</th><th colspan="2">교수-학습과정</th></tr>
<tr><td rowspan="4">3</td><td>도입</td><td>상황분석</td><td colspan="2">• 그림책 표지 그림을 보며 어떤 내용일까 생각해 본다.
• 그림동화를 유아들에게 들려준다. (문제해결 상황 장면은 가린다)</td></tr>
<tr><td rowspan="3">전개</td><td rowspan="3">상황설계
및
상황구성</td><td>• 유아들에게 문제상황 장면 그림을 제시하고 어떤 문제가 있는지 이야기 나눈다.
❶ 문제상황 1 : 표지판을 무시하고 아무 데나 들어간 상황
– 무슨 일이 일어났나요?
– 왜 문제일까요?
– 이 다음에 어떤 일이 일어날 것 같나요?</td><td></td></tr>
<tr><td>❷ 문제상황 2 : 차도에 굴러간 공을 잡으려고 뛰어드는 상황
– 어떤 일이 생겼나요?
– 이 다음에 어떤 일이 일어날 것 같나요?
– 공이 차도로 굴러가면 어떻게 해야 할까요?</td><td></td></tr>
<tr><td>❸ 문제상황 3 : 위험표지판을 안 보고 공사장에 들어간 상황
– 이런 적이 있나요?
– 이런 표지판은 무엇을 알려주는 걸까요?
– 공사장은 왜 위험할까요?</td><td></td></tr>
</table>

			❹ 문제상황 4 : 지하철 안전선을 넘어서 서있는 상황 – 왜 문제가 될까요? – 지하철을 안전하게 이용하는 방법이 무엇일까요? 
			• 모둠별로 이끔이 친구가 나와 문제상황 장면과 토의용 대본활동지를 하나씩 무작위로 가져간다. (궁금이상자에서 번호를 뽑는다) • 뽑은 문제상황에 해당되는 문제해결방법에 대해 토의한다. • 토의한 내용을 대사나 행동으로 정하고 대본활동지에 기입한다.
	마무리		• 역할을 정하고 역할판에 표시한다. • 모둠자리를 정리하고 자유놀이를 시작한다.

4	역할극 준비		【자유놀이 시간】 • 모둠별로 모여서 모둠에서 정한 역할극 대본을 보면서 적절한 언어나 행동으로 표현해 본다. – ○○모둠에서 토의한 내용으로 만든 대본을 가지고 역할극을 해볼까요? – 다른 방법은 없을까요? • 유아들이 토의한 대로 역할극을 진행할 수 있도록 교사가 도움을 준다. • 다른 해결방법이 있는지 상호작용하여 수정할 수도 있다. • 간단한 소품과 준비물을 만들거나 준비할 수 있도록 자료를 지원한다.
	도입		• 대그룹으로 모인 후 동화 속 문제상황 장면 그림을 다시 보면서 내용을 회상한다.
	전개	실행 및 상황재현	• 동화를 유아들이 만든 대본으로 재구성하여 시연한다. – 지금부터 ○○반의 역할극 〈조심조심, 교통안전〉 공연이 있겠습니다. 맡은 역할을 소개해 주세요. • 교사는 해설을 맡아 유아들이 상황극을 동화 이야기의 흐름에 따라 공연할 수 있도록 돕는다. • 유아별 역할과 약속을 먼저 상기시킨다. (관객/ 카메라/ 사진/ 제목알림)
		평가	• 상황극 시연 후 문제해결 내용에 대해 이야기 나눈다. – ○○모둠은 어떻게 문제를 해결했나요? – 어떤 행동이 올바른 행동인 것 같아요? 왜 그렇게 생각하나요? • 안전에 대해 알게 된 점을 이야기 나눈다.

	마무리		• 오늘의 〈안전지킴이 날〉 활동에 대한 전반적인 평가를 해본다. – 오늘 우리들이 알아본 안전지킴이 활동에 대해 느낀 점을 이야기해 보자. – 아쉬운 점은 없었니?/ 좋았던 점을 이야기해 보자. • 역할극 자료와 소품은 역할놀이 영역에 두어 유아들이 자유놀이 시간에 자유롭게 활동해 보도록 지원한다. • 원본 동화와 유아들이 만든 역할극 대본/ 동화를 언어영역에 비치해 두고 유아들이 자유롭게 회상하고 활동해 보도록 한다.

<table>
<tr><th colspan="5">5~6회기</th></tr>
<tr><td colspan="3">동 화 명</td><td>여기서 놀아도 될까</td><td>동화 유형: 막대인형</td></tr>
<tr><td colspan="3">활 동 명</td><td>안전탐정놀이</td><td>활동 자료: 동화자료, 역할극 대본,
역할극 자료</td></tr>
<tr><td colspan="3">안전교육 영역</td><td>생활안전
약물오 · 남용</td><td>안전교육 하위범주: 안전한 장소에서 놀이하기
실내외에서 안전하게 생활하기</td></tr>
<tr><td colspan="3">활동목표</td><td colspan="2">■ 위험한 상황에 대해 이해하고 자신의 행동을 조절한다.
■ 놀이를 안전한 장소에서 해야 함을 알고 구분한다.
■ 안전하게 생활하는 방법을 알고 표현한다.</td></tr>
<tr><td colspan="3">누리과정 관련요소</td><td colspan="2">■ 신체운동 · 건강 〉 안전하게 생활하기 〉 일상에서 안전하게 놀이하고 생활한다.
■ 의사소통 〉 듣기와 말하기 〉 상황에 적절한 단어를 사용하여 말한다.
■ 사회관계 〉 더불어 생활하기 〉 친구와 서로 도우며 사이좋게 지낸다.
■ 예술경험 〉 창의적으로 표현하기 〉 극놀이로 경험이나 이야기를 표현한다.</td></tr>
<tr><th>회기</th><th>절차</th><th>수업 모형</th><th colspan="2">교수–학습과정</th></tr>
<tr><td rowspan="4">5</td><td>도입</td><td>상황분석</td><td colspan="2">• 주인공 막대인형이 나와 유아들에게 흥미를 유발한다.
• 막대인형을 이용하여 유아들에게 이야기를 들려준다. (스토리텔링)</td></tr>
<tr><td rowspan="3">전개</td><td rowspan="3">상황설계 및 상황구성</td><td>• 유아들에게 문제상황 장면에 대해 들려주고 어떤 문제가 있는지 이야기 나눈다.
❶ 문제상황 1 : 침대에서 뛰면서 놀이하는 상황
– 무슨 일이 일어났나요?
– 왜 문제일까요?
– 뽀꾸탐정이 무슨 말을 해야 하나요?</td><td></td></tr>
<tr><td>❷ 문제상황 2 : 뜨거운 물이 나오는 수도를 만지려는 상황
– 어떤 일이 생길까요?
– 왜 만지면 안 될까요?
– 뽀꾸탐정이 무엇이라고 말할까요?</td><td></td></tr>
<tr><td>❸ 문제상황 3 : 젖은 손으로 전기플러그를 만지려는 상황
– 이런 적이 있나요?
– 왜 그러면 안 될까요?
– 뽀꾸탐정이 무엇이라고 말할까요?</td><td></td></tr>
</table>

			❹ 문제상황 4 : 사탕인줄 알고 약을 먹으려는 상황 – 왜 문제가 될까요? – 뽀꾸탐정이 뭐라고 말할까요? – 약은 어떻게 먹어야 하는 걸까요? 
			• 모둠별로 이끔이 친구가 나와 문제상황 장면과 토의용 대본활동지를 하나씩 무작위로 가져간다. (궁금이상자에서 번호를 뽑는다) • 뽑은 문제상황에 해당되는 문제해결 방법에 대해 토의한다. • 토의한 내용을 대사나 행동으로 정하고 대본활동지에 기입한다.
	마무리		• 역할을 정하고 역할판에 표시한다. • 모둠자리를 정리하고 자유놀이를 시작한다.

6	역할극 준비		【자유놀이 시간】 • 모둠별로 모여서 모둠에서 정한 역할극 대본을 보면서 적절한 언어나 행동으로 표현해 본다. – ○○모둠에서 토의한 내용으로 만든 대본을 가지고 역할극을 해볼까요? – 다른 방법은 없을까요? • 유아들이 토의한 대로 역할극을 진행할 수 있도록 교사가 도움을 준다. • 다른 해결방법이 있는지 상호작용하여 수정할 수도 있다. • 간단한 소품과 준비물을 만들거나 준비할 수 있도록 자료를 지원한다.
	도입		• 대그룹으로 모인 후 동화 속 문제상황 장면 그림을 다시 보면서 내용을 회상한다.
	전개	실행 및 상황재현	• 동화를 유아들이 만든 대본으로 재구성하여 시연한다. – 지금부터 ○○반의 역할극 〈여기서 놀아도 될까〉 공연이 있겠습니다. 맡은 역할을 소개해 주세요. • 교사는 해설을 맡아 유아들이 상황극을 동화 이야기의 흐름에 따라 공연할 수 있도록 돕는다. • 유아별 역할과 약속을 먼저 상기시킨다. (관객/ 카메라/ 사진/ 제목알림)
		평가	• 상황극 시연 후 문제해결 내용에 대해 이야기 나눈다. – ○○모둠은 어떻게 문제를 해결했나요? – 어떤 행동이 올바른 행동인 것 같아요? 왜 그렇게 생각하나요? • 안전에 대해 알게 된 점을 이야기 나눈다.

	마무리		• 오늘의 〈안전지킴이 날〉 활동에 대한 전반적인 평가를 해본다. – 오늘 우리들이 알아본 안전지킴이 활동에 대해 느낀 점을 이야기해 보자. – 아쉬운 점은 없었니?/ 좋았던 점을 이야기해 보자. • 역할극 자료와 소품은 역할놀이 영역에 두어 유아들이 자유놀이 시간에 자유롭게 활동해 보도록 지원한다. • 원본 동화와 유아들이 만든 역할극 대본/ 동화를 언어영역에 비치해 두고 유아들이 자유롭게 회상하고 활동해 보도록 한다.

<table>
<tr><th colspan="5">7~8회기</th></tr>
<tr><td colspan="3">동 화 명</td><td>링링은 미세먼지를 싫어해</td><td>동화 유형 | 손인형</td></tr>
<tr><td colspan="3">활 동 명</td><td>링링을 도와줘!</td><td>활동 자료 | 손인형, 그림사진, 역할극 대본, 역할극 자료</td></tr>
<tr><td colspan="3">안전교육 영역</td><td>재난안전</td><td>안전교육 하위범주 | 미세먼지 대처방법 알기</td></tr>
<tr><td colspan="3">활동목표</td><td colspan="2">■ 위험한 상황에 대해 이해하고 자신의 행동을 조절한다.
■ 미세먼지에 대처하는 방법을 안다.
■ 안전하게 생활하는 방법을 알고 표현한다.</td></tr>
<tr><td colspan="3">누리과정 관련요소</td><td colspan="2">■ 신체운동 · 건강 〉 안전하게 생활하기 〉 안전사고, 화재, 재난, 학대, 유괴 등에 대처하는 방법을 경험한다.
■ 의사소통 〉 듣기와 말하기 〉 상황에 적절한 단어를 사용하여 말한다.
■ 사회관계 〉 더불어 생활하기 〉 친구와 서로 도우며 사이좋게 지낸다.
■ 예술경험 〉 창의적으로 표현하기 〉 극놀이로 경험이나 이야기를 표현한다.</td></tr>
<tr><th>회기</th><th>절차</th><th>수업 모형</th><th colspan="2">교수–학습과정</th></tr>
<tr><td rowspan="3">7</td><td>도입</td><td>상황분석</td><td colspan="2">• 그림책 표지를 보여주어 유아들에게 흥미를 유발한다.
• 막대인형(보자기로 미세먼지 표현)을 이용하여 유아들에게 이야기를 들려준다.(스토리텔링)</td></tr>
<tr><td rowspan="2">전개</td><td rowspan="2">상황설계 및 상황구성</td><td>• 유아들에게 문제상황 장면에 대해 들려주고 어떤 문제가 있는지 이야기 나눈다.
❶ 문제상황 1 : 미세먼지 때문에 기침을 심하게 하는 상황
– 왜 링링이 기침을 심하게 할까요?
– 미세먼지는 우리 몸에 어떤 영향을 미칠까요?
– 링링에게 무엇을 해줘야 할까요?</td><td></td></tr>
<tr><td>❷ 문제상황 2 : 미세먼지가 창문으로 들어오려고 하는 상황
– 어떤 일이 생길까요?
– 미세먼지가 집 안으로 들어오지 않게 하려면 어떻게 해야 하나요?</td><td></td></tr>
</table>

			❸ 문제상황 3 : 미세먼지 때문에 눈이 빨갛게 된 상황 – 이런 적이 있나요? – 왜 그런 걸까요? – 어떻게 해야 하나요? – 엄마에게 뭐라고 말할까요?	
			❹ 문제상황 4 : 미세먼지가 생겼을 때 외출하려는 상황 – 링링이 엄마 약을 사러 약국에 가야 하는데 어떻게 해야 하나요? – 어쩔 수 없이 나가야 할 때는 어떻게 해야 하나요? – 미세먼지나 황사가 있을 때는 어떻게 해야 할까요?	
			• 모둠별로 이끔이 친구가 나와 문제상황 장면과 토의용 대본활동지를 하나씩 무작위로 가져간다. (궁금이상자에서 번호를 뽑는다) • 뽑은 문제상황에 해당되는 문제해결방법에 대해 토의한다. • 토의한 내용을 대사나 행동으로 정하고 대본활동지에 기입한다.	
	마무리		• 역할을 정하고 역할판에 표시한다. • 모둠자리를 정리하고 자유놀이를 시작한다.	

8	역할극 준비		【자유놀이 시간】 • 모둠별로 모여서 모둠에서 정한 역할극 대본을 보면서 적절한 언어나 행동으로 표현해 본다. – ○○모둠에서 토의한 내용으로 만든 대본을 가지고 역할극을 해볼까요? – 다른 방법은 없을까요? • 유아들이 토의한 대로 역할극을 진행할 수 있도록 교사가 도움을 준다. • 다른 해결방법이 있는지 상호작용하여 수정할 수도 있다. • 간단한 소품과 준비물을 만들거나 준비할 수 있도록 자료를 지원한다.
	도입		• 대그룹으로 모인 후 동화 속 문제상황 장면 그림을 다시 보면서 내용을 회상한다.
	전개	실행 및 상황재현	• 동화를 유아들이 만든 대본으로 재구성하여 시연한다. – 지금부터 ○○반의 역할극 〈링링은 미세먼지를 싫어해〉 공연이 있겠습니다. 맡은 역할을 소개해 주세요. • 교사는 해설을 맡아 유아들이 상황극을 동화 이야기의 흐름에 따라 공연할 수 있도록 돕는다. • 유아별 역할과 약속을 먼저 상기시킨다. (관객/ 카메라/ 사진/ 제목알림)

		평가	• 상황극 시연 후 문제해결 내용에 대해 이야기 나눈다. – ○○모둠은 어떻게 문제를 해결했나요? – 어떤 행동이 올바른 행동인 것 같아요? 왜 그렇게 생각하나요? • 안전에 대해 알게 된 점을 이야기 나눈다.
	마무리		• 오늘의 〈안전지킴이 날〉 활동에 대한 전반적인 평가를 해본다. – 오늘 우리들이 알아본 안전지킴이 활동에 대해 느낀 점을 이야기해 보자. – 아쉬운 점은 없었니?/ 좋았던 점을 이야기해 보자. • 역할극 자료와 소품은 역할놀이 영역에 두어 유아들이 자유놀이 시간에 자유롭게 활동해 보도록 지원한다. • 원본 동화와 유아들이 만든 역할극 대본/ 동화를 언어영역에 비치해 두고 유아들이 자유롭게 회상하고 활동해 보도록 한다.

<table>
<tr><th colspan="5">9~10회기</th></tr>
<tr><td colspan="3">동 화 명</td><td>꾀쟁이 여우와 동상</td><td>동화 유형</td><td>그림동화</td></tr>
<tr><td colspan="3">활 동 명</td><td>병아리 구출작전</td><td>활동 자료</td><td>동화자료, 역할극 대본,
역할극 자료</td></tr>
<tr><td colspan="3">안전교육 영역</td><td>재난안전</td><td>안전교육
하위범주</td><td>화재발생 시 대처방법 알기</td></tr>
<tr><td colspan="3">활동목표</td><td colspan="3">■ 위험한 상황에 대해 이해하고 자신의 행동을 조절한다.
■ 화재 시 대처하는 방법을 안다.
■ 안전하게 생활하는 방법을 알고 표현한다.</td></tr>
<tr><td colspan="3">누리과정
관련요소</td><td colspan="3">■ 신체운동 · 건강 〉 안전하게 생활하기 〉 안전사고, 화재, 재난, 학대, 유괴 등에 대처하는 방법을 경험한다.
■ 의사소통 〉 듣기와 말하기 〉 상황에 적절한 단어를 사용하여 말한다.
■ 사회관계 〉 더불어 생활하기 〉 친구와 서로 도우며 사이좋게 지낸다.
■ 예술경험 〉 창의적으로 표현하기 〉 극놀이로 경험이나 이야기를 표현한다.</td></tr>
<tr><td>회기</td><td>절차</td><td>수업
모형</td><td colspan="3">교수-학습과정</td></tr>
<tr><td rowspan="3">9</td><td>도입</td><td>상황분석</td><td colspan="3">• 역할극 자료인 동상을 보여주어 유아들에게 흥미를 유발한다.
• 꾀쟁이 여우 막대인형이 나와 사전 이야기를 들려준다.</td></tr>
<tr><td rowspan="2">전개</td><td rowspan="2">상황설계
및
상황구성</td><td colspan="2">• 유아들에게 문제상황 장면에 대해 들려주고 어떤 문제가 있는지 이야기 나눈다.
❶ 문제상황 1 : 병아리의 집에서 검은 연기가 나는 상황
– 무슨 일이 생긴 걸까요? 연기가 날 때 어떻게 해야 할까요?
– 동상의 버튼을 누르면 어떤 말이 나올까요?
(불이야! 외치고 비상벨을 누른다)</td><td></td></tr>
<tr><td colspan="2">❷ 문제상황 2 : 병아리의 집에 연기가 가득 찬 상황
– 비상벨을 누르고 어떻게 해야 하나요?
– 동상의 버튼을 누르면 뭐라고 할까요?
– 어떻게 대피해야 하나요?
(수건으로 얼굴을 감싸고 낮은 자세로 기어간다)</td><td></td></tr>
</table>

			❸ 문제상황 3 : 소화기를 사용하는 상황 – 어린이는 바로 대피하고 어른들이 소화기를 사용하는 데 어떻게 해야 하나요? – 동상의 버튼을 누르면 뭐라고 할까요? – 소화기를 사용해야 한다면 어떻게 해야 하지요?	
			❹ 문제상황 4 : 대피하고 나서 집 밖으로 나온 상황 – 무사히 대피해서 무엇을 해야 하나요? – 동상의 버튼을 누르면 뭐라고 할까요? (119에 신고해요)	
			• 모둠별로 이끔이 친구가 나와 문제상황 장면과 토의용 대본활동지를 하나씩 무작위로 가져간다. (궁금이상자에서 번호를 뽑는다) • 뽑은 문제상황에 해당되는 문제해결방법에 대해 토의한다. • 토의한 내용을 대사나 행동으로 정하고 대본활동지에 기입한다.	
	마무리		• 역할을 정하고 역할판에 표시한다. • 모둠자리를 정리하고 자유놀이를 시작한다.	

10	역할극 준비		【자유놀이 시간】 • 모둠별로 모여서 모둠에서 정한 역할극 대본을 보면서 적절한 언어나 행동으로 표현해 본다. – ○○모둠에서 토의한 내용으로 만든 대본을 가지고 역할극을 해볼까요? – 다른 방법은 없을까요? • 유아들이 토의한 대로 역할극을 진행할 수 있도록 교사가 도움을 준다. • 다른 해결방법이 있는지 상호작용하여 수정할 수도 있다. • 간단한 소품과 준비물을 만들거나 준비할 수 있도록 자료를 지원한다.
	도입		• 대그룹으로 모인 후 동화 속 문제상황 장면 그림을 다시 보면서 내용을 회상한다.
	전개	실행 및 상황재현	• 동화를 유아들이 만든 대본으로 재구성하여 시연한다. – 지금부터 ○○반의 역할극 〈꾀쟁이 여우와 동상〉 공연이 있겠습니다. 맡은 역할을 소개해 주세요. • 교사는 해설을 맡아 유아들이 상황극을 동화 이야기의 흐름에 따라 공연할 수 있도록 돕는다. • 유아별 역할과 약속을 먼저 상기시킨다. (관객/ 카메라/ 사진/ 제목알림)

<table>
<tr><td></td><td></td><td>평가</td><td>• 상황극 시연 후 문제해결 내용에 대해 이야기 나눈다.
– ○○모둠은 어떻게 문제를 해결했나요?
– 어떤 행동이 올바른 행동인 것 같아요? 왜 그렇게 생각하나요?
• 안전에 대해 알게 된 점을 이야기 나눈다.</td></tr>
<tr><td></td><td>마무리</td><td></td><td>• 오늘의 〈안전지킴이 날〉 활동에 대한 전반적인 평가를 해본다.
– 오늘 우리들이 알아본 안전지킴이 활동에 대해 느낀 점을 이야기해 보자.
– 아쉬운 점은 없었니?/ 좋았던 점을 이야기해 보자.
• 역할극 자료와 소품은 역할놀이 영역에 두어 유아들이 자유놀이 시간에 자유롭게 활동해 보도록 지원한다.
• 원본 동화와 유아들이 만든 역할극 대본/ 동화를 언어영역에 비치해 두고 유아들이 자유롭게 회상하고 활동해 보도록 한다.</td></tr>
</table>

<table>
<tr><th colspan="6">11~12회기</th></tr>
<tr><td colspan="3">동 화 명</td><td>그건 안 되겠어요</td><td>동화 유형</td><td>융판동화</td></tr>
<tr><td colspan="3">활 동 명</td><td>그건 안 되겠어요</td><td>활동 자료</td><td>동화자료, 역할극 대본,
역할극 자료</td></tr>
<tr><td colspan="3">안전교육 영역</td><td>폭력 · 신변안전</td><td>안전교육
하위범주</td><td>유괴상황 시 대처방법 알기
위험한 상황에서 대처방법 알기</td></tr>
<tr><td colspan="3">활동목표</td><td colspan="3">■ 위험한 상황에 대해 이해하고 자신의 행동을 조절한다.
■ 유괴상황 시 대처하는 방법을 안다.
■ 안전하게 생활하는 방법을 알고 표현한다.</td></tr>
<tr><td colspan="3">누리과정
관련요소</td><td colspan="3">■ 신체운동 · 건강 〉 안전하게 생활하기 〉 안전사고, 화재, 재난, 학대, 유괴 등에 대처하는 방법을 경험한다.
■ 의사소통 〉 듣기와 말하기 〉 상황에 적절한 단어를 사용하여 말한다.
■ 사회관계 〉 더불어 생활하기 〉 친구와 서로 도우며 사이좋게 지낸다.
■ 예술경험 〉 창의적으로 표현하기 〉 극놀이로 경험이나 이야기를 표현한다.</td></tr>
<tr><th>회기</th><th>절차</th><th>수업
모형</th><th colspan="3">교수-학습과정</th></tr>
<tr><td rowspan="3">11</td><td>도입</td><td>상황분석</td><td colspan="3">• 쫌쫌이 막대인형이 나와 짬콩이들을 잡으러 가겠다고 말한다.
• 짬콩이들을 소개하며 융판에 붙인다.</td></tr>
<tr><td rowspan="2">전개</td><td rowspan="2">상황설계
및
상황구성</td><td colspan="2">• 유아들에게 문제상황 장면에 대해 들려주고 어떤 문제가 있는지 이야기 나눈다.
❶ 문제상황 1 : 다리 다친 아주머니가 도와달라는 상황
– 짬콩이가 어떻게 말해야 할까요?
(그건 안 되겠어요. 다른 어른한테 도와달라고 하세요)
– 왜 그렇게 해야 할까요?</td><td></td></tr>
<tr><td colspan="2">❷ 문제상황 2 : 차 트렁크에 들어간 햄스터를 꺼내달라고 할아버지가 도움을 요청하는 상황
– 짬콩이가 어떻게 말해야 할까요? 어떻게 해야 할까요?
(그건 안 되겠어요. 나는 지금 유치원에 가야 해요. 나중에 어른들과 와서 도와드릴게요)
– 왜 그렇게 해야 할까요?</td><td></td></tr>
</table>

			❸ 문제상황 3 : 낯선 언니가 고양이에게 먹이를 주러 같이 가자는 상황 – 짬콩이가 어떻게 말해야 할까요? 어떻게 해야 할까요? (나는 지금 유치원에 가는 길이에요. 우리 선생님께 여쭤보고 올게요. 우리 엄마한테 허락받고 올게요) – 왜 그렇게 해야 할까요?	
			❹ 문제상황 4 : 모르는 형이 강아지를 잡아달라는 상황 – 짬콩이가 어떻게 말해야 할까요? 어떻게 해야 할까요? (그건 안 되겠어요. 우리 선생님께 여쭤보고 올게요. 엄마한테 허락받고 올게요. 강아지를 제가 잡을 수 없어요) – 왜 그렇게 해야 할까요?	
			• 모둠별로 이끔이 친구가 나와 문제상황 장면과 토의용 대본활동지를 하나씩 무작위로 가져간다. (궁금이상자에서 번호를 뽑는다) • 뽑은 문제상황에 해당되는 문제해결방법에 대해 토의한다. • 토의한 내용을 대사나 행동으로 정하고 대본활동지에 기입한다.	
	마무리		• 역할을 정하고 역할판에 표시한다. • 모둠자리를 정리하고 자유놀이를 시작한다.	

12	역할극 준비		【자유놀이 시간】 • 모둠별로 모여서 모둠에서 정한 역할극 대본을 보면서 적절한 언어나 행동으로 표현해 본다. – ○○모둠에서 토의한 내용으로 만든 대본을 가지고 역할극을 해볼까요? – 다른 방법은 없을까요? • 유아들이 토의한 대로 역할극을 진행할 수 있도록 교사가 도움을 준다. • 다른 해결방법이 있는지 상호작용하여 수정할 수도 있다. • 간단한 소품과 준비물을 만들거나 준비할 수 있도록 자료를 지원한다.
	도입		• 대그룹으로 모인 후 동화 속 문제상황 장면 그림을 다시 보면서 내용을 회상한다.
	전개	실행 및 상황재현	• 동화를 유아들이 만든 대본으로 재구성하여 시연한다. – 지금부터 ○○반의 역할극 〈그건 안 되겠어요〉 공연이 있겠습니다. 맡은 역할을 소개해 주세요. • 교사는 해설을 맡아 유아들이 상황극을 동화 이야기의 흐름에 따라 공연할 수 있도록 돕는다. • 유아별 역할과 약속을 먼저 상기시킨다. (관객/ 카메라/ 사진/ 제목알림)

		평가	• 상황극 시연 후 문제해결 내용에 대해 이야기 나눈다. – ○○모둠은 어떻게 문제를 해결했나요? – 어떤 행동이 올바른 행동인 것 같아요? 왜 그렇게 생각하나요? • 안전에 대해 알게 된 점을 이야기 나눈다.
	마무리		• 오늘의 〈안전지킴이 날〉 활동에 대한 전반적인 평가를 해본다. – 오늘 우리들이 알아본 안전지킴이 활동에 대해 느낀 점을 이야기해 보자. – 아쉬운 점은 없었니?/ 좋았던 점을 이야기해 보자. • 역할극 자료와 소품은 역할놀이 영역에 두어 유아들이 자유놀이 시간에 자유롭게 활동해 보도록 지원한다. • 원본 동화와 유아들이 만든 역할극 대본/ 동화를 언어영역에 비치해 두고 유아들이 자유롭게 회상하고 활동해 보도록 한다.

<table>
<tr><th colspan="6">13~14회기</th></tr>
<tr><td colspan="3">동 화 명</td><td>나를 지켜요</td><td>동화 유형</td><td>그림동화</td></tr>
<tr><td colspan="3">활 동 명</td><td>나를 지켜요</td><td>활동 자료</td><td>동화자료, 역할극 대본,
역할극 자료</td></tr>
<tr><td colspan="3">안전교육 영역</td><td>폭력 · 신변안전</td><td>안전교육
하위범주</td><td>유괴상황 시 대처방법 알기
위험한 상황에서 대처방법 알기</td></tr>
<tr><td colspan="3">활동목표</td><td colspan="3">■ 위험한 상황에 대해 이해하고 자신의 행동을 조절한다.
■ 신변위험 시 대처하는 방법을 안다.
■ 안전하게 생활하는 방법을 알고 표현한다.</td></tr>
<tr><td colspan="3">누리과정
관련요소</td><td colspan="3">■ 신체운동 · 건강 〉 안전하게 생활하기 〉 안전사고, 화재, 재난, 학대, 유괴 등에 대처하는 방법을 경험한다.
■ 의사소통 〉 듣기와 말하기 〉 상황에 적절한 단어를 사용하여 말한다.
■ 사회관계 〉 더불어 생활하기 〉 친구와 서로 도우며 사이좋게 지낸다.
■ 예술경험 〉 창의적으로 표현하기 〉 극놀이로 경험이나 이야기를 표현한다.</td></tr>
<tr><td>회기</td><td>절차</td><td>수업
모형</td><td colspan="3">교수–학습과정</td></tr>
<tr><td rowspan="3">13</td><td>도입</td><td>상황분석</td><td colspan="3">• 친구들의 편지가 우체통에 들어있음을 보여주고 교사가 읽어준다.
• 친구들이 위험했던 상황이 무엇인지 생각해 본다.</td></tr>
<tr><td rowspan="2">전개</td><td rowspan="2">상황설계
및
상황구성</td><td colspan="2">• 유아들에게 문제상황 장면에 대해 들려주고 어떤 문제가 있는지 이야기 나눈다.
❶ 문제상황 1 : 낯선 사람이 전화번호를 물어보는 상황
– 건희가 어떻게 해야 할까요?
(안 돼요 말하고 경비실이나 주변 어른께 도움을 청해요)
– 왜 그렇게 해야 할까요?</td><td></td></tr>
<tr><td colspan="2">❷ 문제상황 2 : 낯선 사람이 벨을 누르는 상황, 택배 기사가 벨을 누르는 상황
– 은규는 어떻게 해야 할까요?
(집에 없는 척해요. 대답하지 말아요)
– 왜 그렇게 해야 할까요?</td><td></td></tr>
</table>

<table>
<tr><td rowspan="4"></td><td rowspan="3"></td><td rowspan="3"></td><td>❸ 문제상황 3 : 옆집 아저씨가 몸을 만지면서 비밀이라고 하는 상황
– 가온이는 어떻게 해야 할까요?
– 비밀을 지켜야 착한 어린이가 되는 것일까요?
– 왜 그렇게 해야 할까요?</td><td></td></tr>
<tr><td>❹ 문제상황 4 : 낯선 사람과 엘리베이터에 같이 탄 상황
– 혜리는 어떻게 해야 할까요?
– 어떻게 도움을 요청해야 할까요?
– 왜 그렇게 해야 할까요?</td><td></td></tr>
<tr><td colspan="2">• 모둠별로 이끔이 친구가 나와 문제상황 장면과 토의용 대본활동지를 하나씩 무작위로 가져간다. (궁금이상자에서 번호를 뽑는다)
• 뽑은 문제상황에 해당되는 문제해결방법에 대해 토의한다.
• 토의한 내용을 대사나 행동으로 정하고 대본활동지에 기입한다.</td></tr>
<tr><td>마무리</td><td></td><td colspan="2">• 역할을 정하고 역할판에 표시한다.
• 모둠자리를 정리하고 자유놀이를 시작한다.</td></tr>
</table>

<table>
<tr><td rowspan="3">14</td><td colspan="2">역할극
준비</td><td>【자유놀이 시간】
• 모둠별로 모여서 모둠에서 정한 역할극 대본을 보면서 적절한 언어나 행동으로 표현해 본다.
– ○○모둠에서 토의한 내용으로 만든 대본을 가지고 역할극을 해볼까요?
– 다른 방법은 없을까요?
• 유아들이 토의한 대로 역할극을 진행할 수 있도록 교사가 도움을 준다.
• 다른 해결방법이 있는지 상호작용하여 수정할 수도 있다.
• 간단한 소품과 준비물을 만들거나 준비할 수 있도록 자료를 지원한다.</td></tr>
<tr><td>도입</td><td></td><td>• 대그룹으로 모인 후 동화 속 문제상황 장면 그림을 다시 보면서 내용을 회상한다.</td></tr>
<tr><td>전개</td><td>실행 및
상황재현</td><td>• 동화를 유아들이 만든 대본으로 재구성하여 시연한다.
– 지금부터 ○○반의 역할극 〈나를 지켜요〉 공연이 있겠습니다. 맡은 역할을 소개해 주세요.
• 교사는 해설을 맡아 유아들이 상황극을 동화 이야기의 흐름에 따라 공연할 수 있도록 돕는다.
• 유아별 역할과 약속을 먼저 상기시킨다. (관객/ 카메라/ 사진/ 제목알림)</td></tr>
</table>

		평가	• 상황극 시연 후 문제해결 내용에 대해 이야기 나눈다. – ○○모둠은 어떻게 문제를 해결했나요? – 어떤 행동이 올바른 행동인 것 같아요? 왜 그렇게 생각하나요? • 안전에 대해 알게 된 점을 이야기 나눈다.
	마무리		• 오늘의 〈안전지킴이 날〉 활동에 대한 전반적인 평가를 해본다. – 오늘 우리들이 알아본 안전지킴이 활동에 대해 느낀 점을 이야기해 보자. – 아쉬운 점은 없었니?/ 좋았던 점을 이야기해 보자. • 역할극 자료와 소품은 역할놀이 영역에 두어 유아들이 자유놀이 시간에 자유롭게 활동해 보도록 지원한다. • 원본 동화와 유아들이 만든 역할극 대본/ 동화를 언어영역에 비치해 두고 유아들이 자유롭게 회상하고 활동해 보도록 한다.

15~16회기			
동 화 명	어떻게 볼까요	동화 유형	그림동화
활 동 명	올바르게 사용해요	활동 자료	동화자료, 역할극 대본, 역할극 자료
안전교육 영역	사이버 중독 예방	안전교육 하위범주	미디어의 올바른 사용습관 형성하기
활동목표	▪ 미디어의 유해함을 안다. ▪ 텔레비전과 컴퓨터 등 미디어기기를 올바르게 사용하는 방법을 안다. ▪ 미디어의 올바른 사용법을 언어와 신체로 표현한다.		
누리과정 관련요소	▪ 신체운동 · 건강 〉 안전하게 생활하기 〉 안전사고, 화재, 재난, 학대, 유괴 등에 대처하는 방법을 경험한다. ▪ 의사소통 〉 듣기와 말하기 〉 상황에 적절한 단어를 사용하여 말한다. ▪ 사회관계 〉 더불어 생활하기 〉 친구와 서로 도우며 사이좋게 지낸다. ▪ 예술경험 〉 창의적으로 표현하기 〉 극놀이로 경험이나 이야기를 표현한다.		

회기	절차	수업 모형	교수-학습과정	
15	도입	상황분석	• 과일마을 친구들이 이상해졌다는 편지를 읽어주어 유아들의 흥미를 유발한다.	
	전개	상황설계 및 상황구성	• 유아들에게 문제상황 장면에 대해 들려주고 어떤 문제가 있는지 이야기 나눈다. ❶ 문제상황 1 : 복숭아가 텔레비전의 레슬링과 만화의 폭력적인 내용을 따라 하는 상황 – 복숭아에게 엄마가 어떤 말씀을 하실 것 같나요? (텔레비전은 시간을 정해서 어린이 프로그램을 본다) – 왜 그렇게 해야 할까요?	
			❷ 문제상황 2 : 수박이 컴퓨터 게임에 빠져 뚱뚱해진 상황 – 수박이 왜 이렇게 된 것일까요? (컴퓨터 게임을 하느라 운동도 안 하고 먹기만 해서요) – 수박 아빠는 수박에게 무엇이라고 할 것 같나요? (시간을 정해서 컴퓨터를 사용한다. 정보를 찾고 지식을 찾을 때 사용한다. 네티켓을 지킨다)	

			❸ 문제상황 3 : 게임에 빠진 귤이 눈이 나빠진 상황 – 귤이 왜 눈이 나빠진 걸까요? – 안과 선생님이 귤에게 무엇이라고 할까요? (시간을 정해서 게임을 해야 한다. 운동과 책 읽기도 해야 한다. 게임을 따라 하지 않는다) – 왜 그렇게 해야 할까요?	
			❹ 문제상황 4 : 스마트폰 게임 하느라 다친 사과 – 사과가 왜 다쳤나요? – 사과에게 선생님이 무엇이라고 하실까요? (걸어가거나 차 안에서 스마트폰을 하지 않는다. 게임이나 유해한 동영상을 보지 않는다. 부모님과의 사용약속을 지킨다) – 왜 그렇게 사용해야 할까요?	
			• 모둠별로 이끔이 친구가 나와 문제상황 장면과 토의용 대본활동지를 하나씩 무작위로 가져간다. (궁금이상자에서 번호를 뽑는다) • 뽑은 문제상황에 해당되는 문제해결방법에 대해 토의한다. • 토의한 내용을 대사나 행동으로 정하고 대본활동지에 기입한다.	
	마무리		• 역할을 정하고 역할판에 표시한다. • 모둠자리를 정리하고 자유놀이를 시작한다.	

16	역할극 준비		【자유놀이 시간】 • 모둠별로 모여서 모둠에서 정한 역할극 대본을 보면서 적절한 언어나 행동으로 표현해 본다. – ○○모둠에서 토의한 내용으로 만든 대본을 가지고 역할극을 해볼까요? – 다른 방법은 없을까요? • 유아들이 토의한 대로 역할극을 진행할 수 있도록 교사가 도움을 준다. • 다른 해결방법이 있는지 상호작용하여 수정할 수도 있다. • 간단한 소품과 준비물을 만들거나 준비할 수 있도록 자료를 지원한다.
	도입		• 대그룹으로 모인 후 동화 속 문제상황 장면 그림을 다시 보면서 내용을 회상한다.
	전개	실행 및 상황재현	• 동화를 유아들이 만든 대본으로 재구성하여 시연한다. – 지금부터 ○○반의 역할극 〈어떻게 볼까요〉 공연이 있겠습니다. 맡은 역할을 소개해 주세요. • 교사는 해설을 맡아 유아들이 상황극을 동화 이야기의 흐름에 따라 공연할 수 있도록 돕는다. • 유아별 역할과 약속을 먼저 상기시킨다. (관객/ 카메라/ 사진/ 제목알림)

		평가	• 상황극 시연 후 문제해결 내용에 대해 이야기 나눈다. – ○○모둠은 어떻게 문제를 해결했나요? – 어떤 행동이 올바른 행동인 것 같아요? 왜 그렇게 생각하나요? • 안전에 대해 알게 된 점을 이야기 나눈다.
	마무리		• 오늘의 〈안전지킴이 날〉 활동에 대한 전반적인 평가를 해본다. – 오늘 우리들이 알아본 안전지킴이 활동에 대해 느낀 점을 이야기해 보자. – 아쉬운 점은 없었니?/ 좋았던 점을 이야기해 보자. • 역할극 자료와 소품은 역할놀이 영역에 두어 유아들이 자유놀이 시간에 자유롭게 활동해 보도록 지원한다. • 원본 동화와 유아들이 만든 역할극 대본/ 동화를 언어영역에 비치해 두고 유아들이 자유롭게 회상하고 활동해 보도록 한다.

<table>
<tr><th colspan="6">17~18회기</th></tr>
<tr><td colspan="3">동 화 명</td><td>도와줘요, 119</td><td>동화 유형</td><td>막대인형</td></tr>
<tr><td colspan="3">활 동 명</td><td>도와줘요, 119</td><td>활동 자료</td><td>동화자료, 역할극 대본,
역할극 자료</td></tr>
<tr><td colspan="3">안전교육 영역</td><td>응급처치</td><td>안전교육
하위범주</td><td>119 신고하기
응급상황 발생 시 대처방법 알기</td></tr>
<tr><td colspan="3">활동목표</td><td colspan="3">■ 응급상황을 알고 도움을 요청할 수 있다.
■ 응급상황 시 상황별 대처방법을 안다.
■ 119 신고방법을 알고 언어와 신체로 표현한다.</td></tr>
<tr><td colspan="3">누리과정
관련요소</td><td colspan="3">■ 신체운동 · 건강 〉 안전하게 생활하기 〉 안전사고, 화재, 재난, 학대, 유괴 등에 대처하는 방법을 경험한다.
■ 의사소통 〉 듣기와 말하기 〉 상황에 적절한 단어를 사용하여 말한다.
■ 사회관계 〉 더불어 생활하기 〉 친구와 서로 도우며 사이좋게 지낸다.
■ 예술경험 〉 창의적으로 표현하기 〉 극놀이로 경험이나 이야기를 표현한다.</td></tr>
<tr><th>회기</th><th>절차</th><th>수업
모형</th><th colspan="3">교수-학습과정</th></tr>
<tr><td rowspan="3">17</td><td>도입</td><td>상황분석</td><td colspan="3">• 사전 이야기를 들려주어 유아들이 상황을 파악할 수 있도록 돕는다.
– 아기양 엄마가 할머니댁으로 가면서 늑대를 조심하라고 구급상자를 주고 가시는데, 늑대가 아기양들을 노리고 있다.</td></tr>
<tr><td rowspan="2">전개</td><td rowspan="2">상황설계
및
상황구성</td><td colspan="2">• 유아들에게 문제상황 장면에 대해 들려주고 어떤 문제가 있는지 이야기 나눈다.
❶ 문제상황 1 : 늑대가 아기양들을 쫓아오다가 넘어져 다침
– 상처가 났을 때는 어떻게 해야 할까요?
(손을 씻고, 상처를 물로 씻은 후 소독약과 반창고를 이용한다)
– 왜 그렇게 해야 할까요?</td><td></td></tr>
<tr><td colspan="2">❷ 문제상황 2 : 늑대가 못 들어오게 창문을 닫다 손이 끼임
– 문에 손이 끼었을 때 어떻게 해야 할까요?
(손을 뺀 다음 움직여 보고 계속 아프다면 딱딱한 것을 아픈 손에 대고 붕대로 고정 후 병원에 간다)
– 만약 주변에 어른이 안 계시면 어떻게 할까요?
(119에 전화해서 응급상황임을 알리고 도움을 받는다)</td><td></td></tr>
</table>

			❸ 문제상황 3 : 늑대가 코피가 나는 상황 – 코피가 난 적 있나요? – 늑대를 도와준다면 어떻게 해주고 싶나요? (고개를 살짝 앞으로 숙이고 코를 손가락으로 눌러준다) – 왜 그렇게 해야 할까? 만약 코피가 멈추지 않는다면 어떻게 해야 할까요?	
			❹ 문제상황 4 : 늑대가 굴뚝으로 들어가려다 화상을 입고 지붕에서 떨어진 상황 – 뜨거운 것에 데었을 때 어떻게 해야 할까요? (흐르는 찬물에 열을 식힌 후 상처를 소독한다. 병원에 가서 치료를 받는다) – 지붕에서 떨어진 늑대를 도와주려면 어떻게 할까요? (119에 알려요. 상황을 설명하고 도움을 받아요. 전화를 끊지 않고 위치, 상황 등을 자세히 설명해요)	
			• 모둠별로 이끔이 친구가 나와 문제상황 장면과 토의용 대본활동지를 하나씩 무작위로 가져간다. (궁금이상자에서 번호를 뽑는다) • 뽑은 문제상황에 해당되는 문제해결방법에 대해 토의한다. • 토의한 내용을 대사나 행동으로 정하고 대본활동지에 기입한다.	
	마무리		• 역할을 정하고 역할판에 표시한다. • 모둠자리를 정리하고 자유놀이를 시작한다.	

18	역할극 준비		【자유놀이 시간】 • 모둠별로 모여서 모둠에서 정한 역할극 대본을 보면서 적절한 언어나 행동으로 표현해 본다. – ○○모둠에서 토의한 내용으로 만든 대본을 가지고 역할극을 해볼까요? – 다른 방법은 없을까요? • 유아들이 토의한 대로 역할극을 진행할 수 있도록 교사가 도움을 준다. • 다른 해결방법이 있는지 상호작용하여 수정할 수도 있다. • 간단한 소품과 준비물을 만들거나 준비할 수 있도록 자료를 지원한다.
	도입		• 대그룹으로 모인 후 동화 속 문제상황 장면 그림을 다시 보면서 내용을 회상한다.
	전개	실행 및 상황재현	• 동화를 유아들이 만든 대본으로 재구성하여 시연한다. – 지금부터 ○○반의 역할극 〈도와줘요, 119〉 공연이 있겠습니다. 맡은 역할을 소개해 주세요. • 교사는 해설을 맡아 유아들이 상황극을 동화 이야기의 흐름에 따라 공연할 수 있도록 돕는다. • 유아별 역할과 약속을 먼저 상기시킨다. (관객/ 카메라/ 사진/ 제목알림)

		평가	• 상황극 시연 후 문제해결 내용에 대해 이야기 나눈다. – ○○모둠은 어떻게 문제를 해결했나요? – 어떤 행동이 올바른 행동인 것 같아요? 왜 그렇게 생각하나요? • 안전에 대해 알게 된 점을 이야기 나눈다.
	마무리		• 오늘의 〈안전지킴이 날〉 활동에 대한 전반적인 평가를 해본다. – 오늘 우리들이 알아본 안전지킴이 활동에 대해 느낀 점을 이야기해 보자. – 아쉬운 점은 없었니?/ 좋았던 점을 이야기해 보자. • 역할극 자료와 소품은 역할놀이 영역에 두어 유아들이 자유놀이 시간에 자유롭게 활동해 보도록 지원한다. • 원본 동화와 유아들이 만든 역할극 대본/ 동화를 언어영역에 비치해 두고 유아들이 자유롭게 회상하고 활동해 보도록 한다.

<table>
<tr><th colspan="6">19~20회기</th></tr>
<tr><td colspan="3">동 화 명</td><td>어른들도 다칠 수 있어요</td><td>동화 유형</td><td>그림동화</td></tr>
<tr><td colspan="3">활 동 명</td><td>선생님, 위험해요</td><td>활동 자료</td><td>동화자료, 역할극 대본, 역할극 자료</td></tr>
<tr><td colspan="3">안전교육 영역</td><td>직업안전</td><td>안전교육 하위범주</td><td>일터의 안전사고 알기</td></tr>
<tr><td colspan="3">활동목표</td><td colspan="3">■응급상황을 알고 도움을 요청할 수 있다.
■응급상황 시 상황별 대처방법을 안다.
■119 신고방법을 알고 언어와 신체로 표현한다.</td></tr>
<tr><td colspan="3">누리과정 관련요소</td><td colspan="3">■신체운동 · 건강 〉 안전하게 생활하기 〉 안전사고, 화재, 재난, 학대, 유괴 등에 대처하는 방법을 경험한다.
■의사소통 〉 듣기와 말하기 〉 상황에 적절한 단어를 사용하여 말한다.
■사회관계 〉 더불어 생활하기 〉 친구와 서로 도우며 사이좋게 지낸다.
■예술경험 〉 창의적으로 표현하기 〉 극놀이로 경험이나 이야기를 표현한다.</td></tr>
<tr><th>회기</th><th>절차</th><th>수업 모형</th><th colspan="3">교수-학습과정</th></tr>
<tr><td rowspan="3">19</td><td>도입</td><td>상황분석</td><td colspan="3">• 안전이가 등장하여 유치원에서 일하시는 선생님, 도우미 선생님, 행정 선생님, 영양 선생님들은 어른이지만 일하시는 곳에서 다칠 수 있음을 알려준다.</td></tr>
<tr><td rowspan="2">전개</td><td rowspan="2">상황설계 및 상황구성</td><td colspan="2">• 유아들에게 문제상황 장면에 대해 들려주고 어떤 문제가 있는지 이야기 나눈다.
❶ 문제상황 1 : 선생님이 의자를 딛고 올라가시는데 의자가 흔들리는 상황
– 이때 어떻게 해야 할까요?
(선생님과 주변 어른께 위험을 알려요, '위험해요'라고 말해요)
– 왜 그렇게 해야 할까요?</td><td></td></tr>
<tr><td colspan="2">❷ 문제상황 2 : 도우미 선생님이 화장실에서 미끄러지는 상황
– 이때 어떻게 해야겠니?
(선생님과 주변 어른께 위험을 알려요, '위험해요'라고 말해요)
– 왜 그렇게 해야 할까요?</td><td></td></tr>
</table>

<table>
<tr><td rowspan="4"></td><td rowspan="3"></td><td rowspan="3"></td><td>❸ 문제상황 3 : 행정 선생님의 공구가 떨어지려는 상황
– 이때 어떻게 해야 할까요?
(선생님과 주변 어른께 위험을 알려요. ‘위험해요’라고 말해요)
– 왜 그렇게 해야 할까요?</td><td>
</td></tr>
<tr><td>❹ 문제상황 4 : 영양 선생님이 주방에서 델 뻔한 상황
– 이때 어떻게 해야겠니?
(선생님과 주변 어른께 위험을 알려요. ‘위험해요’라고 말해요)
– 왜 그렇게 해야 할까요?</td><td>
</td></tr>
<tr><td colspan="2">• 모둠별로 이끔이 친구가 나와 문제상황 장면과 토의용 대본활동지를 하나씩 무작위로 가져간다. (궁금이상자에서 번호를 뽑는다)
• 뽑은 문제상황에 해당되는 문제해결방법에 대해 토의한다.
• 토의한 내용을 대사나 행동으로 정하고 대본활동지에 기입한다.</td></tr>
<tr><td>마무리</td><td></td><td colspan="2">• 역할을 정하고 역할판에 표시한다.
• 모둠자리를 정리하고 자유놀이를 시작한다.</td></tr>
</table>

<table>
<tr><td rowspan="3">20</td><td colspan="2">역할극
준비</td><td>【자유놀이 시간】
• 모둠별로 모여서 모둠에서 정한 역할극 대본을 보면서 적절한 언어나 행동으로 표현해 본다.
– ○○모둠에서 토의한 내용으로 만든 대본을 가지고 역할극을 해볼까요?
– 다른 방법은 없을까요?
• 유아들이 토의한 대로 역할극을 진행할 수 있도록 교사가 도움을 준다.
• 다른 해결방법이 있는지 상호작용하여 수정할 수도 있다.
• 간단한 소품과 준비물을 만들거나 준비할 수 있도록 자료를 지원한다.</td></tr>
<tr><td>도입</td><td></td><td>• 대그룹으로 모인 후 동화 속 문제상황 장면 그림을 다시 보면서 내용을 회상한다.</td></tr>
<tr><td>전개</td><td>실행 및
상황재현</td><td>• 동화를 유아들이 만든 대본으로 재구성하여 시연한다.
– 지금부터 ○○반의 역할극 〈어른들도 다칠 수 있어요〉 공연이 있겠습니다. 맡은 역할을 소개해 주세요.
• 교사는 해설을 맡아 유아들이 상황극을 동화 이야기의 흐름에 따라 공연할 수 있도록 돕는다.
• 유아별 역할과 약속을 먼저 상기시킨다. (관객/ 카메라/ 사진/ 제목알림)</td></tr>
</table>

		평가	• 상황극 시연 후 문제해결 내용에 대해 이야기 나눈다. – ○○모둠은 어떻게 문제를 해결했나요? – 어떤 행동이 올바른 행동인 것 같아요? 왜 그렇게 생각하나요? • 안전에 대해 알게 된 점을 이야기 나눈다.
	마무리		• 오늘의 〈안전지킴이 날〉 활동에 대한 전반적인 평가를 해본다. – 오늘 우리들이 알아본 안전지킴이 활동에 대해 느낀 점을 이야기해 보자. – 아쉬운 점은 없었니?/ 좋았던 점을 이야기해 보자. • 역할극 자료와 소품은 역할놀이 영역에 두어 유아들이 자유놀이 시간에 자유롭게 활동해 보도록 지원한다. • 원본 동화와 유아들이 만든 역할극 대본/ 동화를 언어영역에 비치해 두고 유아들이 자유롭게 회상하고 활동해 보도록 한다.

부록 2 유아교육기관 안전교육 관련 서식

학교안전 7대 표준안	서 식
생활안전	겨울철 야외 활동 안전점검 체크리스트
	갯벌 체험 활동 안전점검 체크리스트
	물놀이 활동 안전점검 체크리스트
	산행활동 안전점검 체크리스트
	유치원 식중독 의심환자 발생 보고서/ 원인조사 결과보고서
	어린이집 급식관리 체크리스트
	어린이 놀이시설 사고 보고서
	어린이 놀이시설 점검 항목 및 주기 (어린이 놀이시설 안전관리제도 운영요령)
	어린이집 실내 · 외 안전점검 체크리스트
	전시 · 관람 활동 안전점검 체크리스트
교통안전	안전사고 보고서
	어린이 통학차량 일일안전점검표
	어린이 통학차량 전수조사표
	어린이 통학버스 신고서
	유아 수송버스 호송 협조 요청 공문
	유아 수송버스 호송 협조(음주측정 등) 요청서
	차량보호표시
	출발 전 교육 및 차량안전점검표

폭력 및 신변안전	유치원 아동학대 예방을 위한 자체, 지도 점검표
	아동학대 예방교육 실적 및 현장 지원 결과
	아동권리 자가 체크리스트
약물 및 사이버 중독	투약의뢰서
	사이버 보안점검 양식
재난안전	재해 대피 훈련 일지
	화재발생 상황 보고 내용 및 서식
	화재예방 점검표
직업안전	-
응급처치	비상 상황 긴급 연락망 및 업무 분장표
	응급처치 동의서
	학교안전공제회 보상금 지급 신청서
	일일 환자 발생 및 치료 현황
	사고 경위서

부록 3 학교안전 7대 표준안 관련 안전체험 시설

기관명	위 치	관련 7대 안전 영역	홈페이지 주소 또는 전화번호
강원어린이 안전학교	강원 춘천시	생활 · 교통 · 재난	http://www.gw119.or.kr
경기도 어린이식품안전 체험관(부천센터)	경기 부천시	생활	http://bcfood.bucheon.go.kr
경기도 어린이식품안전 체험관(안양센터)	경기 안양시	생활	http://www.ay-safefood.or.kr
경기도 어린이식품안전 체험관(오산센터)	경기 오산시	생활	http://www.osan.go.kr/osanSafefood
광나루 안전체험관 (서울시민안전체험관)	서울 광진구	화재 · 재난	https://fire.seoul.go.kr/gwangnaru
레니의 안전체험관	경기 용인시	생활 · 재난 · 응급처치	031-320-5000
로보카 폴리 어린이안전 교육관	서울 노원구	교통	031-908-0649
보라매 안전체험관 (서울시민안전체험관)	서울 동작구	교통 · 재난	https://fire.seoul.go.kr/boramea
부평안전체험관	인천 부평구	생활 · 재난 · 응급처치	http://portal.icbp.go.kr/safe
분당어린이안전체험관	경기 성남시	교통 · 재난	http://www.bdkids.co.kr
새싹어린이 교통공원	서울 강서구	교통	http://www.safelife.or.kr
성교육 체험관 '뭐야' (대야종합사회복지관)	경기 시흥시	폭력 및 신변안전	http://www.dywelfare.or.kr
스포원 재난안전체험관	부산 동구	재난	1577-0880
시민안전테마파크	대구 동구	생활 · 재난 · 응급처치	http://www.daegu.go.kr/safe119

어린이교통공원	각 지역별로 어린이 교통 공원이 있음	교통	https://www.koroad.or.kr/kp_web/bldgGuide2.do
어린이 교통나라	경기 부천시	교통	http://www.bcs.or.kr/subpage/index/60
어린이 교통랜드	대구 수성구	교통	http://www.ctl.or.kr
울산 안전체험관 (서울시민안전체험관)	울산 북구	생활 · 재난 · 응급처치	http://fire.ulsan.go.kr/safety
의왕시 철도박물관 안전체험장	경기 의왕시	교통	http://www.railroadmuseum.co.kr
전라북도119 물놀이안전체험	전북 임실군	생활 · 재난 · 응급처치	http://safe119.sobang.kr/index.sko
제주안전체험관	제주	교통 · 재난 · 생활 · 응급처치	https://www.jeju.go.kr/119safe/index.htm
키즈세피아 (시흥어린이안전체험관)	경기 시흥시	교통 · 재난	https://kidsepia.siheung.go.kr/main
키즈오토파크	서울 광진구 울산 북구	교통	https://www.kidsautopark.org
포돌이 교통나라 (부산지방경찰청)	부산 연제구	교통	https://www.bspolice.go.kr/view.do?no=90
포스코 글로벌안전센터	경북 포항시	직업	https://safety.posco.co.kr:4450/S91050/S91050010/front/home/main.do
한탄강 어린이 교통랜드	경기 연천군	교통	http://www.hantanctl.or.kr
119소방안전센터	각 지역별로 소방서 안전체험 교실이 있음	재난	http://www.119.go.kr/Center119/main.do : 전국소방본부 연결
365세이프타운	강원 태백시	생활 · 교통 · 재난 · 약물 및 사이버중독	http://www.365safetown.com

부록 4 학교안전 7대 표준안 관련 사이트

학교안전 7대 표준안 영역	홈페이지명	주소(URL)
생활안전	식품안전정보원	https://www.foodinfo.or.kr
	안전생활실천시민연합	http://www.safelife.or.kr
	어린이급식관리지원센터	https://ccfsm.foodnara.go.kr
	학교안전공제회	https://www.ssif.or.kr
	한국생활안전연합	https://www.safia.org
	한국소비자원	http://www.kca.go.kr
	한국어린이안전재단	http://www.childsafe.or.kr/childSafetyFoundation
	한국제품안전협회	https://www.lifesafety.or.kr
교통안전	교통안전공단	http://www.kotsa.or.kr
	도로교통공단	http://www.koroad.or.kr
	한국생활안전연합	http://www.slow.or.kr
	서울교통공사	http://www.seoulmetro.co.kr
폭력 및 신변안전	굿네이버스	http://www.goodneighbors.kr
	서울해바라기아동센터	http://www.child1375.or.kr
	초록우산 어린이재단	http://www.childfund.or.kr
	한국성폭력상담소	http://www.sisters.or.kr
약물 및 사이버 중독	아동안전사이버교육센터	https://childsafe.kohi.or.kr
	한국인터넷진흥원	https://www.kisa.or.kr
	한국지능정보사회진흥원	https://www.nia.or.kr

재난안전	기상청 날씨누리	http://weather.go.kr
	국민재난안전포털	http://www.safekorea.go.kr
	국립과학원	http://www.nimr.go.kr
	국립재난안전연구원	http://ndmi.go.kr
	에어코리아	https://www.airkorea.or.kr
	원자력안전정보공개센터	http://nsic.nssc.go.kr
	중앙119구조본부	http://www.rescue.go.kr
	한국119소년단	http://www.young119.or.kr
	한국소방안전원	http://www.kfsi.or.kr
	한국원자력안전기술원	http://www.kins.re.kr
직업안전	한국산업안전보건공단	http://www.kosha.or.kr
응급처치	중앙응급의료센터	http://www.e-gen.or.kr
	한국응급처치교육원	http://www.ket.or.kr

참/고/문/헌

곽은복(2008). 교사를 위한 아동 안전교육. 서울 : 창지사.

교육과학기술부(2012). 유치원교육과정 운영지원을 위한 유아재난대비 생활안전교육프로그램.

교육과학기술부·보건복지부(2013). 3-5세 연령별 누리과정 지침서.

교육부(2016). 학교폭력 예방 리플릿 학부모용[학교폭력으로부터 우리아이 지키기].

______(2019). 개정 누리과정 고시문[2019 개정 누리과정 확정·발표].

______(2023). 학교안전 7대 표준안(유치원용).

______(2023). 학교 감염병 예방·위기대응 매뉴얼 제3차 개정판.

______(2024). 학교안전교육 7대 표준안 내용체계표 및 고시안.

교육부 학교안전정보센터(2016). 유치원에서 활용할 수 있는 유익한 안전교육 자료.

김계자(2008). 영유아를 위한 안전교육. 서울 : 동문사.

김윤정(2019). 동화를 통한 상황역할극 중심 안전교육이 유아의 안전지식과 안전문제해결 사고에 미치는 영향. 인천대학교 교육대학원 석사학위논문.

김현자·신지현(2009). 안전교육의 이론과 실제. 서울 : 동문사.

방두연·김광진·김형진·이규성·정동옥(2007). 공중보건학. 경기 : 동화기술.

보건복지부(2017). 어린이집 고농도 미세먼지 대응매뉴얼.

__________(2024). 2024년도 보육사업안내.

보건복지부·육아정책연구소(2020). 어린이집 표준보육과정 해설서.

보건복지부·중앙보육정보센터(2012). 어린이집 아동학대 예방교육자료.

보건복지부·한국보육진흥원(2024). 어린이집 평가 매뉴(평가지표와 평가기준).

서미정(2017). 산업재해 예방을 위한 규제순응과 안전참여에 관한 연구. 숙명여자대학교

대학원 박사학위논문.
송남두(2000). 가정폭력이 아동의 자아존중감에 미치는 영향. 제주대학교 대학원 석사학위논문.
심은정(2017). 유아기 학교폭력 및 예방교육에 대한 부모와 교사의 인식 차이에 관한 연구. 중앙대학교 대학원 석사학위논문.
안전보건공단(2019). 옥외작업자를 위한 미세먼지 대응 건강보호 지침서.
안효섭(2007). 홍창의 소아과학(제9판). 서울 : 대한교과서.
여성가족부(2011). 가정폭력 사례를 통한 예방지침서.
유구종·한명옥(2016). 상황중심 유아안전교육 수업모형 적용을 위한 프로그램 개발 및 효과. 한국유아교육학회, 302–322.
이기숙·장영희·정미라·배소연·박희숙(1997). 영유아를 위한 안전교육. 서울 : 양서원.
이기숙·장영희·정미라·윤선화(2011). 영유아 안전교육. 경기 : 양서원.
조메리명희·현은자(2014). 유아기 어머니를 대상으로 한 스마트폰 중독 예방 활동의 효과. 유아교육연구, 34(5), 347–368.
중앙자살예방센터(2017). 한국자살 현황.
한국소비자원(2011). 소비자교육교재 : 어린이식품안전(유치원 교사용).
__________(2012). 어린이 가공식품의 알레르기 표시 실태 조사.
__________(2016). 소비자 주의사항(방안). 소비자안전주의보.
__________(2019). 소비자안전법제 개선방안 연구 I : 어린이 안전.
__________(2022). 어린이 안전사고 동향분석.
한국아동안전관리교육협회(2003). 아동안전교육개론. 서울 : 학문사.
한국정보화진흥원(2013). 건강한 스마트미디어 활용 가이드북.

Bever, D. L.(1984). *Safe : A Personal Focus*. Times Mirror/ Mosby College Pub.
Chabner, D. E.(2013). 필수의학용어. 박경한·윤 호·정진규 공역. 서울 : 범문에듀케이션.
Marotz, L. R., Rush, J., & Cross, M.(1989). *Health, Safty and Nutrition for the Young Child*(2nd ed.). Delmar Pub. Co.
NAEYC(2006). *NAEYC Academy for Early Childhood Program Accreditation*. DC : NAEYC.

USDHHS(2012). 2012 National strategy for suicide prevention goals and objectives for action : A report of the US. Surgeon and of the National Action Aliance for Suicide Prevention.

〈웹사이트〉

교육부(http://www.moe.go.kr).
교육부 학교안전정보센터(http://www.schoolsafe.kr).
국민안전처(http://www.mpss.go.kr).
대한심폐소생협회(http://www.kacpr.org).
도로교통공단(http://www.koroad.or.kr).
법제처(http://www.law.go.kr).
보건복지부(http://www.mohw.go.kr).
서울 해바라기아동센터(http://www.child1375.or.kr).
소방청(http://www.nfa.go.kr/nfa).
식품의약안전처(http://www.mfds.go.kr).
어린이집안전공제회(http://www.csia.or.kr).
어린이집정보공개포털(http://info.childcare.go.kr).
유치원 알리미(http://e-childschoolinfo.moe.go.kr).
잡월드(http://www.koreajobworld.or.kr).
질병관리청(http://www.kcdc.go.kr).
통계청-국가지표(http://www.index.go.kr).
학교안전공제중앙회(http://www.ssif.or.kr).
학교안전정보센터(http://www.schoolsafe.kr).
한국어린이미디어교육연구소(http://www.childedu.net).
행전안전부(https://www.mois.go.kr).
환경부(http://me.go.kr).

저/자/약/력

■ 이현정

인하대학교 소비자아동학과 박사
인하대학교 소비자아동학과 겸임교수 역임
인천대학교 유아교육과 겸임교수 역임
인천대학교 교육대학원 강사

개정판

개정 누리과정과 안전교육 표준안에 기반한

영유아 안전교육

| 저자 | 이현정

| 1판 1쇄 | 발행 2023년 10월 30일
| 2판 1쇄 | 발행 2024년 7월 10일

| 발행인 | 김동훈
| 펴낸곳 | 공동체

| 주소 | 경기도 고양시 일산동구 호수로 358-39, 동문타워 1차 905호(백석동)
| 전화 | 031)814-3000(대표)
| 팩스 | 031)814-3100
| 홈페이지 | http://www.compub.co.kr
| 전자우편 | compub@naver.com
| 출판등록 | 2005년 10월 6일
| 등록번호 | 제396-2005-36호

| ISBN | 979-11-6725-727-7
정가 24,000원